本书为国家社科青年基金（16CJY060），河南省高等学校重点科研项目(21A630003)，河南省高等学校青年骨干教师培养计划(2019GGJS118)结项成果

国家社科基金丛书
GUOJIA SHEKE JIJIN CONGSHU

基于渠道变革、时空质均衡 发展的零售业竞争力提升研究

Research on the Promotion of Retail Competitiveness Based on Channel Reform and Balanced Development of time, Space and Quality

雷 蕾 著

人民出版社

目　录

绪　　论

一、　研究背景与研究意义

（一）研究背景

2012年开始，随着网络零售席卷市场，我国传统零售企业销售额增长降至个位数，开始遭遇关店潮。激烈的市场竞争也迫使外资零售企业纷纷撤店，如韩国乐天玛特在2018年5月基本退出在中国打拼11年的市场；美国梅西百货也于2018年6月关闭了其在天猫的官方旗舰店，停止中国市场的所有业务。① 内外资零售企业的萧条，折射出中国市场变化过快的现状，企业要适应多变的市场，就要积极主动拥抱变化。

另外，随着新兴消费群体"90"后"00"后的崛起，他们是网络的原住民，习惯网购，喜欢新生事物，面对新生代消费者，传统零售企业面临生存危机，进行渠道变革势在必行，多数传统企业开始利用互联网、移动渠道以及线下的实体渠道的融合来实现从过去的单渠道向多渠道、跨渠道、全渠道的不断变革转型。

然而，传统零售企业触网后发展并不是一路高歌，统计数据显示，2019年1—2月，全国网上零售额同比增长14%，低于2018年的增长率24%，更低于2017年32%的增长率，②线上获客成本提高、线上红利逐渐降低，可见，网络

---

① 数据来源：中国商报网 http://www.zgswcn.com/。
② 数据来源：国家统计局 http://www.stats.gov.cn/。

零售在经历前几年的高速扩张增长后渐趋理性发展,进入提质增效的新阶段。自 2016 年 11 月,"新零售"的概念提出后,线下零售巨头银泰、高鑫零售、永辉、大润发等纷纷与阿里、腾讯等线上巨头结合,价格不再是零售企业竞争的必杀技,相应的服务能力、大数据应用水平、物流与金融等配套程度各项因素决定了传统零售企业被线上赋能后能否突破当前发展瓶颈,重构人货场、重塑价值链。

同时在宏观层面,零售业的规模、业态随着时间的演进在不断发生变化,东、中、西部及发达城市与落后城市之间零售业的区域发展差异逐年在变化,即存在时空差异,不同零售企业发展的效率高低即质量也参差不齐。零售的本质是以商品和消费者为中心展开的,竞争的本质是以效率与成本为中心展开的。波特指出:"生产率是竞争优势的根本,是维持长期经济活力的基础,一个企业只有通过提高生产率,才能增强本身的竞争力。"而我国零售业在时、空、质方面尚未达到均衡协调发展,竞争力的提升也受到约束。

传统零售企业如何进行有效变革以更好地满足消费者的需求,实现自身竞争力的提升,是每个企业都需要深思的问题。

(二)研究意义

伴随着网络与信息技术的升级,研究传统零售企业通过渠道变革,自身竞争力能达到时、空、质三方面的均衡,对亟待转型的传统零售业具有重要的理论意义和实践意义。

理论意义

学界对竞争力的研究成果较多,多集中在控制成本、提升管理运营能力、价值创造、技术进步[1]等方面。研究方法主要有定量和定性方法,定量方法以

---

① 孙永波:《零售企业竞争力影响因素分析——基于互联网时代分水岭》,《商业经济研究》2015 年第 34 期。

静态因子分析居多[1]，构建竞争力指标体系也是以传统零售业为对象[2]，研究视角单一。本书从零售业时空质均衡的视角研究零售业竞争力，不仅拓展了竞争力理论、零售理论，还将动态因子分析法、基尼系数等规范的计量分析工具应用到零售业竞争力研究中，并结合新形势下零售渠道变革理论、演化经济学理论，综合研究零售业竞争力问题，具有重要的理论意义。

实践意义

在移动互联网、云计算、大数据、智能化等零售环境下，消费者的购物体验得到改善，刺激了消费者的潜在需求，推动了传统零售企业进行变革。全渠道商店、智慧零售、新零售、无界零售成行业热点，给社会产生深远影响，给传统零售企业提出了新的要求，推动着企业加码线上渠道，推动渠道融合。同时近两年传统零售企业还积极探索"新零售"模式发展，根据《2017—2022年中国零售行业市场前瞻与投资战略规划分析报告》显示，到2022年我国的新零售交易规模将达到1.8万亿元，届时以无人零售、智慧零售为代表的新零售模式将引领行业发展。传统零售企业该何去何从，如何在巨变的环境中提升自身竞争力，寻找自己的生存之地。本书试图从零售业时空质均衡发展的视角，以渠道变革为契机，为迷茫的传统零售业发展提供一些转型升级的思路进行借鉴，实现零售业的高质量发展。

二、　概念界定

（一）零售业的界定

祝合良[3]、柳思维与高觉民[4]认为零售业是向最终消费者个人或社会团

---

① 李金铠：《中国内外资零售企业竞争态势比较分析》，《商业经济与管理》2006年第5期。
② 易艳红：《基于财务视角的不同业态零售企业核心竞争力实证分析》，《企业经济》2013年第7期。
③ 祝合良：《现代商业经济学》，首都经济贸易大学出版社2008年版。
④ 柳思维、高觉民：《贸易经济学》，高等教育出版社2010年版。

体销售所需商品和服务为主的商业形式,是商品流通过程的最后一道环节,由多业种、多业态、多种经济形式的零售商组成。本书主要是以实施渠道变革的传统实体零售企业作为研究对象的。

(二)渠道的内涵

渠道主要是指营销渠道的范畴,指产品或服务转移到消费者手中所经过的路径,包括参与产品或服务转移的各种组织①。本书所陈述的渠道主要是指零售商主导的营销渠道,包括各种零售业态所构成的营销渠道。②

(三)时空质的内涵

零售业的时、空、质主要从零售规模与业态的变迁、区域分布、零售效率的改变三方面进行描述。

三、 文献综述

(一)渠道变革研究综述

自 20 世纪 90 年代以来,中国的信息技术得到了高速发展,零售业逐渐从以企业为中心转变成消费者主权时代,并开始呈现出 SoLoMo 的特点,即社交化(So-social)、本地化(Lo-local)、移动化(Mo-mobile),零售渠道也随着零售业的发展而不断得到演化、变革。零售渠道在市场环境不断变化和网络技术蓬勃发展的影响下,经历了从单渠道(1990—1999)、多渠道(2000—2009)、跨渠道(2010—2011)到全渠道(2012 年以来)的不断转型升级的过程。近年来国内外的学者对渠道的演化与融合进行了大量的研究,并取得了一些成果。

---

① Coughlan, A., E. Anderson, "New Jersey: Prentice - Hall, Inc", *Marketing Channels*, 2006, pp.3-6.

② 庄贵军:《营销渠道管理》,北京大学出版社 2018 年版。

本部分对这些研究成果展开了梳理和整合,并从单渠道、多渠道、跨渠道和全渠道的概念、内涵与特点等方面,对渠道演化升级的路径进行了系统性、全面性的综述。

1.单渠道零售的概念与相关研究

(1)单渠道零售的概念

最初一些学者研究单渠道零售的含义,认为单渠道是只通过一种渠道(例如电话、实体店、电视等)将商品和服务由零售商传递给消费者的过程。后来随着对零售渠道的深入剖析,单渠道的概念也有了一些变化。齐永智等[①]将单渠道定义为:消费者在购买商品的过程中,只使用实体店或者网上平台或者社交商店等其中的一种渠道,并且在这条渠道中完成了所有的零售功能。张沛然等[②]根据渠道的宽度和数量指出,单渠道零售是指零售商使用单一的渠道(例如实体渠道、电子商务渠道、目录渠道、移动商务渠道等)向消费者销售商品和提供服务的一系列商业活动,而这也是一种"渠道"的零售策略。

(2)基于不同视角下单渠道零售的研究

在单渠道零售环境下,无论是渠道的数量还是渠道间的融合程度都只是零售业的初始状态。单渠道零售概念的丰富和发展使一些学者在不同视角下对单渠道零售展开了更为深层次的研究。基于顾客价值的视角,赵卫宏[③]通过对产品、服务、情感和社会四个价值维度的分析指出,线上零售商可以通过为顾客创造价值来使顾客对网上店铺产生忠诚度。基于零售体验的视角,黄珍[④]从顾客关怀以及关系产出两个方面出发,指出实体零售商更加注重消费

[①]　齐永智等:《全渠道零售:演化、过程与实施》,《中国流通经济》2014 年第 12 期。

[②]　张沛然等:《互联网环境下的多渠道管理研究——一个综述》,《经济管理》2017 年第 1 期。

[③]　赵卫宏:《网络零售中的顾客价值及其对店铺忠诚的影响》,《经济管理》2010 年第 5 期。

[④]　黄珍:《实体零售企业的顾客关怀与关系产出——基于顾客体验的中介效应》,《中国流通经济》2017 年第 8 期。

者的体验,通过接触更能发觉消费者的现实需求。基于零售商效率的视角,雷蕾①认为纯实体零售的零售商在客户黏性及客户体验方面具有得大独厚的优势,但相较于布局网络零售的零售商则面临全要素生产率较低的劣势。

(3)单渠道零售的特征

基于以上关于单渠道零售的研究可以看出,单渠道零售主要的特点是:消费者只能从一个渠道去获取商品的相关信息,而且在购买商品过程中会受到时间和空间的限制。李飞等②认为单渠道零售的时代又被称为砖头加水泥的实体店铺时代,在单渠道零售时代,巨型连锁实体店较为盛行,因此线下实体店铺占据了统治地位。单渠道策略有其自身的优势,它的部署比较便捷,易于对渠道进行管理和控制,而且单渠道成本相对较低,便于有竞争优势的零售商垄断市场。但是贾康等③认为,因为渠道单一、人力成本和租金上升而导致的无法变通的困境,可能会给零售商带来致命的打击。因此,为了突破单渠道的局限和使零售企业持续良性的发展,渠道的拓展日益成为一个无法回避的问题。

2. 多渠道零售的概念与相关研究

(1)多渠道零售的概念

随着单渠道零售无法满足消费者日益增长的多样化需求以及互联网技术的发展,学术界对多渠道零售的研究开始不断深入,关于多渠道的含义也形成了不同的观点。Berman 和 Thelens④ 将多渠道零售定义为零售商提供的能够满足消费者购物便利的一系列商业活动。多渠道零售是指零售商通过实体渠

① 雷蕾:《纯实体零售、网络零售、多渠道零售企业效率比较研究》,《北京工商大学学报》(社会科学版)2018 年第 1 期。

② 李飞等:《全渠道零售理论研究的发展进程》,《北京工商大学学报》(社会科学版)2018年第 5 期。

③ 贾康等:《中国大型零售业现状、趋势及行业发展战略设想》,《经济研究参考》2017 年第46 期。

④ Berman B., Thelen S., "A Guide to Developing and Managing a Well - integrated Multi - channel Retail Strategy", *International Journal of Retail & Distribution Management*, 2004, pp.147–156.

道、目录渠道以及电子商务渠道等两种以上的零售渠道向消费者销售商品,但有别于仅仅使用一种零售业态向消费者提供商品的单渠道零售的商品销售活动①。胡正明和王亚卓②从消费者购买的角度出发,认为多渠道零售就是指消费者通过两个或两个以上不同的渠道获得相同或者相似的商品的过程。汪旭晖等③从营销渠道的视角下分析提出,多渠道零售是网站、电子商务等多种营销渠道直接与顾客产生接触的零售模式。李飞④从路径或过程学的角度,提出了多渠道的两层含义:一是零售商采取多条完整的销售渠道且各个渠道都拥有完成销售所需要的全部功能;二是零售商采取多条非完整的零售渠道且每条渠道只具有完成销售的部分功能,这两层含义被称为"多渠道的组合与整合"。

(2)基于多种视角下多渠道零售的研究

多渠道零售时代被认为是"鼠标加水泥"的时代,在多渠道零售环境下,不论是实体零售还是线上零售,学者都对其进行了研究与分析。根据上述关于多渠道零售的内涵与特点的定义,可以看出多渠道零售的内涵是:零售商通过两个或者两个以上分离的渠道向消费者提供商品或者服务的一系列商业活动。根据组织结构的特点,Gulati 和 Garino⑤ 分析指出,多渠道零售在组织结构上具有更大的灵活性,其维系了独立的状态,并且利用了更加分散的形式。从营销效率来看,⑥Min 认为相较于拥有纯粹线上或者纯粹线下的渠道的零

① Rangaswamy A.,"Opportunities and Challenges in Multichannel Marketing:an Introductionto the Special Issue",*Journal of Interactive Marketing*,2005,pp.5-11.

② 胡正明、王亚卓:《基于中国多渠道情境下消费者购买选择研究》,《东岳论丛》2011 年第 4 期。

③ 汪旭晖等:《多渠道零售商的定价策略研究》,《价格理论与实践》2012 年第 3 期。

④ 李飞:《迎接中国多渠道零售革命的风暴》,《北京工商大学学报》(社会科学版)2012 年第 3 期。

⑤ Gulati R.,Garino J.,"Get the Right Mix of Bricks & Clicks",*Harvard Business Review*,1999,pp.107-114.

⑥ Min S.,"Market share,profit margin,and marketing efficiency of early movers,bricks and clicks,and specialists in e-commerce",*Journal of Business Research*,2005,pp.1030-1039.

售商来说，同时拥有多种不同类型的销售渠道的零售商在营销效率和市场空间上具有更大的竞争优势。而冯艳芳和陈永平[①]认为线上和线下的价格体验会对渠道营销效率产生较大的影响。基于消费者渠道的选择，Voorveld[②]指出，商品种类的可选择程度会对消费者实体与网上渠道的选择产生显著的影响；郭燕等[③]认为，在多渠道环境下渠道属性（搜索属性和购买属性）会对消费者选择渠道产生重要的影响。

（3）多渠道零售的特征

通过对多渠道零售的分析可以得出，它丰富了零售的渠道，使消费者拥有更多可供替代的选择。相对于单一的零售渠道，多渠道零售在经营效益方面也具有较大的优势。牛志勇等[④]指出多渠道零售会为消费者带来更低的购买成本，获得更多的市场利润。但它是以企业为中心，并没有将消费者放在核心位置。零售企业在不同的渠道之间没有进行渠道整合，消费者也不可以在不同渠道间进行跨渠道购买商品。多渠道零售在信息传递、订单管理、渠道支付、物流配送、渠道服务等方面无法进行跨渠道的管理。齐永智等[⑤]则认为从零售商的销售过程来看，多渠道零售在营销策略、产品展示以及客户关系管理等方面缺少数字化分析；从消费者的购买过程来看，多渠道零售在搜索信息、下单支付以及售后服务等方面缺少渠道间的协同；从渠道的长度和宽度来看，多渠道零售所经历的从生产商到消费者的中间商的数量以及消费者可以自由选择的渠道数量都是有限的。由此可知，多渠道零售在不同渠道

① 冯艳芳、陈永平：《"互联网+"环境下零售企业营销效率影响因素研究——基于消费体验需求的分析》，《价格理论与实践》2018 年第 5 期。

② Voorveld H. A. M.，"Consumers' cross-channel use in online and offline purchases"，*Journal of Advertising Research*，2016，pp.385-400.

③ 郭燕等：《多渠道零售环境下消费者渠道选择意愿形成机理研究——产品类别特征的调节作用》，《中国管理科学》2018 年第 9 期。

④ 牛志勇等：《基于消费者购买成本的多渠道零售商价格竞争与均衡分析》，《软科学》2018 年第 5 期。

⑤ 齐永智等：《全渠道零售：演化、过程与实施》，《中国流通经济》2014 年第 12 期。

间的互动程度和个性化信息接受度都比较低。而且由于渠道过于分散,导致了管理费用的增加以及渠道间的恶性竞争,多渠道零售也因此面临发展瓶颈。

3. 跨渠道零售的概念与相关研究

（1）跨渠道零售的概念

因为需要使多渠道零售得到更加完善的发展,所以需要深刻考虑到不同渠道的属性,并充分利用每个渠道的特质,以达到一定程度上跨越多条渠道的协作。Berman 等[1]基于搜索信息、产品购买、下单支付及售后服务等四个零售阶段,分析指出消费者可以在某一个渠道进行产品搜索,然后通过另一个渠道完成商品购买,或者可以再使用其他的渠道支付费用和获取售后服务。Frambach 等[2]在考虑到错综复杂的商品信息的基础上,认为跨渠道零售就是指消费者可以在一个零售渠道里进行信息搜索,而在其他的渠道实现商品购买。齐永智和张梦霞[3]对于跨渠道的看法则是,在整个商品购买的过程中,消费者需要跨越不同的渠道,如线下的实体商店、线上网络平台、移动电子商务等来完成商品交易过程。Beck 和 Rygl[4] 从零售商的角度出发,认为跨渠道零售是零售商通过仅能独自承担部分功能的多种不同渠道的整合实现零售中所有购买环节的一系列商业活动。汪旭晖等[5]在消费者渠道选择的视角下,认为跨渠道零售就是指消费者为了购买商品或服务在不同阶段选择多种不同的

---

[1]　Berman B., "A Guide to Developing and Managing a Well-integrated Multi-channel Retail Strategy", *International Journal of Retail & Distribution Management*, 2004, pp.147-156.

[2]　Frambach R.T., "The Impact of Consumer Internet Experience on Channel Preference and Usage Intentions Across the Different Stages of the Buying Process", *Journalof Interactive Marketing*, 2007, pp.26-41.

[3]　齐永智、张梦霞:《全渠道零售:演化、过程与实施》,《中国流通经济》2014 年第 12 期。

[4]　Beck N., Rygl D., "Categorization of Multiple Channel Retailing in Multi-, Cross and Omni-Channel Retailing for Retailers and Retailing", *Journal of Retailing and Consumer Services*, 2015, pp.170-178.

[5]　汪旭晖等:《从多渠道到全渠道:互联网背景下传统零售企业转型升级路径——基于银泰百货和永辉超市的双案例研究》,《北京工商大学学报》2018 年第 4 期。

渠道的行为方式。

（2）基于多种视角下跨渠道零售的研究

从跨渠道零售的定义来看，跨渠道零售并不是简单地增加数条渠道，而是强调不同的渠道承担着差异化的功能。基于跨渠道协作的角度，Neslin 和 Shankar[1] 指出在跨渠道零售的环境下，零售商在其中一个渠道开展营销活动，那么也会对在零售过程中所使用的其他渠道产生积极的影响，也就是正强化的作用；Lee 和 Kim[2] 认为，跨渠道实际上会由于渠道变得更加丰富和多样而产生叠加效应，最终增强各条渠道的经营效益。而且消费者可以对在不同渠道所搜索到的商品和服务的信息进行理性的分析和选择，进而合理规避购买风险，实现跨越渠道的成功交易。跨渠道零售使不同的渠道形成了一定程度的交互作用，比起分离的多渠道来它能为零售商和顾客创造更大的价值。基于跨渠道的交互作用，有三种观点，Pauwel 和 Nesin[3] 指出，在原有目录渠道以及网上渠道的基础上再加入新的实体渠道，可能会对原来的目录渠道产生**蚕食效应**；而 Wang 和 Goldfarb[4] 认为，线上企业布局实体渠道会使其原来的网上渠道的流量以及绩效更高；李靖华和曾锵[5]考虑到网络空间对地理商圈的作用指出，消费者在线上购物会对实体店购物产生一定程度的**替代与互补效应**。基于跨渠道的购买行为，郭燕[6]认为消费者会在购买决策的过程中

---

① Neslin S.A., Shankar V., "Key Issues in Multichannel Customer Management: Current Knowledge and Future Directions", *Journal of Interactive Marketing*, 2009, pp.70−81.

② Lee H−H, Kim J., "Investigating Dimensional of Multichannel Retailer′s Cross−channel Integration Practices and Effectiveness: Shopping Orientation and Loyalty Intention", *Journal of Marketing Channels*, 2010, pp.281−312.

③ Pauwels K, Neslin S.A., "Building with Bricks and Mortar: The Revenue Impact of Opening Physical Stores in a Multichannel Environment", *Journal of Retailing*, 2015, pp.182−197.

④ Wang K, Goldfarb A., "Can offline stores drive online sales?", *Journal of Marketing Research*, 2017, pp.706−719.

⑤ 李靖华、曾锵：《商圈视角的网络购物对实体零售影响：替代抑或互补》，《商业经济与管理》2018 年第 4 期。

⑥ 郭燕：《消费者跨渠道购买行为形成机理及其调控策略研究》，中国矿业大学出版社 2016 年版。

使用不同的渠道,以实现利益的最大化;胡莹莹[1]从信任转移方面分析,认为在跨渠道环境下原渠道习惯与新渠道存在正向推动和负向拉动的关系。

(3)跨渠道零售的特征

通过众多学者关于跨渠道的分析可以发现,跨渠道零售相较于多渠道零售可以为零售商创造更多的市场机会、带来更大的竞争优势。张沛然[2]认为跨渠道零售实质是一种跨空间、跨时间的购买行为;而 Pauwel 和 Neslin[3] 则指出在跨渠道零售中协同效应和蚕食效应可能会并存。但是在跨渠道零售环境下渠道间的融合程度仍然较低,它在零售商的战略层面、经营流程层面以及协同营销层面依旧是有限程度的整合。汪旭晖[4]同时强调跨渠道零售在客流、商品流、信息流、资金流和物流也就是"零售五流"方面缺乏数字化的统计分析。当然更重要的是它也没有改变以企业作为零售中心的实际状况,在渠道场景方面始终坚持"货—场—人"的方式。这些跨渠道的局限使零售商面对日益变化的环境和日趋激烈的竞争不得不寻找新的路径。

4.全渠道零售的概念与相关研究

(1)全渠道零售的概念

技术的创新以及消费者个性化的需求,使零售业在渠道方面的深化整合成为必要。关于全渠道概念与内涵的探究,不同的学者对其产生了不同的定义。2011 年,Rigby[5] 在《哈佛商业评论》上首次提出了"全渠道"的概念,在这之后,关于全渠道的研究得到了不断的发展并引起了学者的广泛关注。Rigby认为全渠道零售是指零售商充分考虑在线上可以获取更多、更全面的商品信

---

① 胡莹莹:《跨渠道环境下习惯的双重影响及动态演化机制研究》,《管理学报》2018 年第 4 期。

② 张沛然:《互联网环境下的多渠道管理研究——一个综述》,《经济管理》2017 年第 1 期。

③ Pauwels K.,Neslin S.A.,"Building with Bricks and Mortar:The Revenue Impact of Opening Physical Stores in a Multichannel Environment",*Journal of Retailing*,2015,pp.182−197.

④ 汪旭晖:《从多渠道到全渠道:互联网背景下传统零售企业转型升级路径——基于银泰百货和永辉超市的双案例研究》,《北京工商大学学报》2018 年第 4 期。

⑤ Rigby D.,"The Future of Shopping",*Harvard Business Review*,2011,pp.89−93.

息和在线下实体店可以得到更加真实的体验的现实情况,然后将线上和线下进行渠道整合的一系列过程。李飞[①]提出,全渠道零售就是指零售商为了提高销售效率并使消费者对与购物有关的一系列体验感到满意,而整合不同类型渠道的过程。Piotrowicz 和 Cuthbertson[②]认为随着信息和实物之间、线上与线下之间的联系渠道愈发模糊,全渠道就是忽略渠道本身旨在提供一个无缝的客户体验,满足不同客户的需求并在个性化与隐私之间寻求平衡的渠道集成方式。Beck 和 Rygl[③]将全渠道零售定义为,顾客通过零售商所提供的所有渠道进行购买商品和服务的一系列活动,而且顾客可以随意切换使用这些渠道。李飞和李达军等[④]从利益相关者的角度出发,将全渠道零售的概念定义为:零售商为了满足消费者的个性化需求以及实现自身期望的目标,而对与利益相关者有关的渠道协同进行创新,并为消费者在每个零售的环节提供可随意切换的多种类型渠道的过程。

(2)基于多种视角下全渠道零售的研究

国内外学者也通过不同的视角对全渠道零售展开了日益深化的分析。基于渠道经营效率的角度,黄漫宇和李圆颖[⑤]通过对全渠道经营效率的影响路径分析发现,全渠道发展程度与零售商的经营效益呈正相关的关系,因此要注重对全渠道水平的优化升级;刘俊超[⑥]通过对全渠道营销路径的研究指

---

① 李飞:《全渠道零售的含义、成因及对策——再论迎接中国多渠道零售革命风暴》,《北京工商大学学报》(社会科学版)2013 年第 2 期。

② Piotrowicz W., Cuthbertson R., "Introduction to the Special Issue Information Technology in Retail:Toward Omnichannel Retailing", *International Journal of Electronic Commerce*,2014,pp.5-16.

③ Beck N., Rygl D., "Categorization of Multiple Channel Retailing in Multi-, Cross and Omni-Channel Retailing for Retailers and Retailing", *Journal of Retailing and Consumer Services*,2015, pp.170-178.

④ 李飞、李达军等:《全渠道零售理论研究的发展进程》,《北京工商大学学报》(社会科学版)2018 年第 5 期。

⑤ 黄漫宇、李圆颖:《零售企业全渠道发展水平对经营效率的影响路径及效应研究》,《北京工商大学学报》(社会科学版)2017 年第 6 期。

⑥ 刘俊超:《零售商线上线下全渠道营销路径探索》,《商业经济研究》2017 年第 7 期。

出,零售商需要针对全渠道客户群体采取差异化的营销策略,进而提升全渠道效益;董晓舟和晁纲令①认为,可以通过构建线上与线下共通的品牌以及会员系统,来提升零售商的经营绩效。基于渠道整合的视角,Dhruv 等②强调全渠道零售可以在可视化展示、大数据应用、智能决策、顾客体验与参与等方面展开更加深刻的融合;Saghiri③ 构建了一个"三维框架"也就是从消费者购买过程、渠道类型和渠道代理者这三个维度来阐释全渠道零售,指出在消费者购物过程中相关的渠道代理应该通力协作为消费者整合尽可能多的合适的不同类型的渠道;石志红④认为,资源和能力是零售企业全渠道整合程度的关键性因素;任成尚⑤指出,零售商通过全渠道整合可以提高顾客感知赋权,从而提升顾客的满意度和忠诚度。基于渠道的传播效应,张丹⑥认为可以针对品牌构建全渠道管理平台,对品牌触点进行全渠道管理,并设定量化标准来考评全渠道对品牌的传播效果;Frasquet 等⑦指出,线下的忠诚度能够利用品牌信任和依恋对线上的忠诚度产生正相关的影响。基于渠道场景的视角,Ailawadi⑧ 指出,线上与线下的深度整合使消费者可选择的消费渠道场景日益丰富,因此注重场景营销在全渠道中的作用。

---

① 董晓舟、晁钢令:《多渠道零售企业 O2O 战略的协同效应研究——基于顾客 RFM 面板数据的实证分析》,《外国经济与管理》2018 年第 8 期。

② Dhruv G., "The future of retailing", *Journal of Retailing*, 2017, pp.1-6.

③ Saghiri S., "Toward a three-dimensional framework for omni-channel", *Journal of Business Research*, 2017, pp.53-67.

④ 石志红:《全渠道零售视角:传统零售企业渠道整合水平研究》,《商业经济研究》2018 年第 10 期。

⑤ 任成尚:《全渠道整合对消费者满意度的影响研究:基于消费者感知赋权的视角》,《上海管理科学》2018 年第 1 期。

⑥ 张丹:《全渠道零售转型背景下企业品牌传播创新研究》,山东大学出版社 2017 年版。

⑦ Frasquet M., "Understanding loyalty in multichannel retailing: The role of brand trust and brand attachment", *International Journal of Retail & Distribution Management*, 2017, pp.608-625.

⑧ Ailawadi K.L., Farris P.W., "Managing multivariate and omni-channel distribution: metrics and research directions", *Journal of retailing*, 2017, pp.120-135.

（3）全渠道零售的特征

结合各位学者关于全渠道零售的研究可以看出，它的主要特点是：消费者的购物行为不再受时间和空间的局限，它逐渐呈现出了在任何时间和任何地点可以使用任何方式购物的特点，也就是可以通过实体店、电子平台和移动商务平台等所有的形式在任何方便的地方得以全天候地购买商品。韩彩珍等[①]指出全渠道零售的本质是为了改进零售业的效率，它始终坚持"成本、效率、体验"这样一个核心主题，企图通过更低的成本、利用更高的效率为消费者提供更好的体验。全渠道时代被称为"鼠标加水泥加移动网络"的时代，马永斌[②]认为全渠道具有三大特征：全程、全面、全线。全程就是指零售商在消费者购买商品的每个环节都与消费者保持零距离的接触；全面就是指零售商掌握顾客购买商品所产生的全方位的信息与数据；全线就是指零售商运用所有不同类型的渠道销售商品并使其达到了线上与线下的深度整合。

随着零售进入体验经济时代，全渠道零售也开始注重构造商品组织能力、渠道运营能力、大数据营销能力以及售后物流、服务能力，从而实现实体店体验、网上服务以及现代化的物流体系的深度融合。王卫东等[③]则强调全渠道零售改变了以往以企业为中心的零售时代，形成了以消费者为中心的消费者主权时代；在理念方面，历经了"终端为王"发展成如今的"消费者为王"。

小结

信息技术革命推动了零售渠道的变革，从单渠道到多渠道、跨渠道再到全渠道的演化历程，顺应了时代发展的潮流。通过对零售渠道变革的深刻剖析，有利于深入理解其理论含义，并能够深层次地把握它的发展趋势。随着技术

---

① 韩彩珍等：《"新零售"的研究现状及趋势》，《中国流通经济》2018 年第 12 期。
② 马永斌：《全渠道模式下服装企业 O2O 路径研究》，《现代管理科学》2018 年第 1 期。
③ 王卫东等：《零售银行经营的关键要素及 Bank4.0 时代的对策研究》，《新金融》2018 年第 10 期。

的革新以及营销理论的发展,零售渠道模式也会更加与时俱进。但是零售渠道也面临诸多无法回避的实际问题,如渠道成员之间的冲突、渠道结构的选择、渠道关系的构建以及渠道成本的控制。并且任何渠道策略也有自身适用的范围和条件,并不是每一个零售商都可以从单渠道或者多渠道向全渠道转型的。

(二)竞争力研究综述

1. 竞争力概念的层次性

根据研究目的和研究对象的不同,竞争力研究一般在国家竞争力(Nation Competitiveness)、产业竞争力(Industrial Competitiveness)和企业竞争力(Firm Competitiveness)这三种层面上展开①。国家竞争力强调在保证国际收支基本平衡的前提下,某国实现收入增长、就业改善等宏观经济政策目标的能力②。产业竞争力评价的是某产业在资源利用效率和资源配置效率方面的综合实力③。企业竞争力重点关注企业所独有的、难以被模仿和赶超、能够创造价值的某种特殊技能④。

不同层面的竞争力研究存在着内在的联系。著名的战略管理专家迈克尔·波特⑤将国家竞争优势的研究视角定位于产业和企业。他认为"国家"通过"塑造环境"成为影响产业和企业竞争力的重要因素之一。此外,产业竞争力其实是同行业中企业竞争力的某种"合力"。企业间的有序竞争、分工协

① McFetridge D.G.,"Competitiveness:Concepts and Measures",*Department of Economics*,*Garleton University*,*Occasional Paper*,1995.

② Fagerberg J.,"International Competitiveness",*Economic Journal*,*Royal Economic Society*,1988,pp.355-374.

③ 金碚:《中国工业国际竞争力:理论、方法与实证研究》,经济管理出版社1997年版。

④ Prahalad C. & Hamel G.,"The Core Competence of the Corporation",*Harvard Business Review*,1990,pp.79-91.

⑤ Porter,Michael E.," New global strategies for competitive advantage",*Planning Review*,1990,pp.4-14.

作,是打造产业竞争力的前提与基础。

2.竞争力的内涵界定和基本属性

当前对竞争力内涵的界定主要涉及以下角度:

第一类研究将竞争力概念归结到行为主体在成本控制、盈利能力、市场占有等方面的优势表现。世界经济论坛(World Economic Forum)于1985年发布的《关于竞争力的报告》指出,竞争力是"在当前和未来,相对于国内、外的竞争对手而言,企业能够更具价值优势和质量优势地设计、生产并销售产品或服务的能力。"波特[1]在其专著《竞争优势》中指出,为顾客创造的、超过其产品成本的价值,构成了企业竞争优势的源泉。著名学者维纳·艾莉[2]也在其著作《知识的进化》中指出,比较生产力是企业竞争力的根基与核心问题。

特定产业(企业)通过在国内、外市场上销售产品或服务并获取盈利而反映出来的生产优势,确实能够在一定程度上体现其竞争力水平。但仅仅从成本控制、盈利获取和市场占有的角度去评价竞争力,结论会存在一定偏颇。因为当市场发育尚不完善,或者存在行政性垄断现象时,常常出现伴随着高利润、高市场份额的低生产率和低竞争力现象。以我国家电业为例,20世纪80年代中期全行业的高盈利率与90年代行业效益的明显下滑形成鲜明对比,但很显然的是,90年代的家电产业在经历过买方市场的激烈竞争后,虽进入微利时代,但其竞争能力却是有显著提升的。

第二类研究对竞争力的界定强调了"国际"视角。在金碚[3]看来,产业竞争力表现为某国的特定产业以其相对于其他国家同类产业更高的生产力水平,向全球市场提供产品或服务,并持续地获得盈利的能力。这种将产业竞争力基本等同于产业的国际竞争力或者出口能力的分析思路也存在争议,因为

---

[1] *Porter M.E.*, "Competitive Strategy: Techniques for Analyzing Industries and Competitors", *Free Press*.1998, pp.126-130.

[2] *Allee V.*, "The Knowledge Evolution: Building Organizational Intelligence", *Butterworth - Heinemann*.1997, pp.85-90.

[3] 金碚:《中国工业国际竞争力:理论、方法与实证研究》,经济管理出版社1997年版。

贸易份额会受到国际市场成熟度、贸易条件以及各种形式的贸易壁垒的影响，未必能够客观反映真实的能力，甚至反而会过分夸大以加工贸易为主营业务的产业的竞争力。Buckley① 指出，以贸易业绩来定义竞争力是存在问题的，因为出口仅意味着产品或服务能够进入国际市场，而这种净出口很可能忽视了技术含量和国际资本的流量，无法反映出竞争力的未来走向。Fajnzylber② 在研究中区分了虚假的竞争力（Spurious Competitiveness）和真实的竞争力（Real Competitiveness）。作者认为，与迅速的技术进步和显著的生产率提升相关的竞争力才体现出真实的竞争力；而与贸易壁垒、出口补贴、低工资、汇率波动等相关的竞争力则是虚假的竞争力。此外，由于受到运输成本高、即时消费等特点影响，一些产业发展的区域局限性比较明显，同样不适于以国际市场份额评价其竞争力。

　　第三类研究对竞争力概念的界定突出了对"竞争过程"的关注。20 世纪 80 年代，世界经济论坛（WEF）和瑞士洛桑国际管理学院（IMD）共同提出"竞争力＝竞争力资产＊竞争力过程"的竞争力方程。其中的资产既可以是固有的资源禀赋，也可以是后天创造的基础条件。过程是指将竞争力资产转化为经济效益的过程。该定义将竞争力描述为竞争主体在参与竞争角逐的过程中，将其所具备的各种竞争力资产转化成强于竞争对手的优势或能力。

　　根据 WEF 和 IMD 的界定，竞争力其实就是产业（企业）在特定环境下，充分发挥自身在资源和能力条件方面的固有优势，实现生存和发展的能力。这一概念界定兼顾了对竞争过程和竞争结果的关注。但它对竞争力的考察还局限在现状比较方面，对竞争潜力（即"持续性"问题）的关注仍显不足。

　　综上，我们认为，可以结合市场环境、盈利能力、持续成长等多元化维度，

　　① Buckley P.J.，"Measures of International Competitiveness：A Critical Survey"，*Journal of Market in Management*，1988，pp.175-200.

　　② Fajnzylber F.，"La Industrialization Trunca de America Latina. Editiorial Nueva Imagen"，*Mexico-Caracas-Buenos Aires*，1983，pp.78-85.

将竞争力的概念界定为:产业(企业)在合理公正的市场条件下,通过对各种资源要素的高效利用和优化配置,在市场竞争中取得相对优势,并在与环境因素的有机交互过程中获得可持续发展的能力。

具体而言,对竞争力概念内涵的理解应包括以下五个主要方面:

(1)只有在充分开放和充分竞争的市场环境中,才存在真正的竞争力。相反,在垄断、封闭的市场环境中,行业进退壁垒和竞争限制导致竞争活动不够充分,因此也就不存在真正意义上的竞争力。

(2)竞争力的表现是价值创造能力,这种能力不仅会成为企业利润的长期源泉,还会使企业在生产效率、成本控制、发展潜力和运营风险等一系列领域表现出显著差异。

(3)竞争力具有长期性、显著性和可重复性,它不是基于偶然因素而存在的。可以说,竞争力是将企业在技术、技能、知识等方面的特长加以整合协同的结果,是具备客观条件后所实现的一种必然结果。

(4)竞争力具有动态调整性和延展性。竞争主体应能够响应外部环境、产业动态、管理模式、资源条件等情境因素的不断演变,持续创新和不断优化自身的竞争优势,从而逐渐向更广阔的新领域开拓发展。

(5)竞争力是多重因素综合、交互作用的结果,而且各种影响因素都不是孤立存在的。竞争力既产生于企业内部效率,又取决于国内、外的产业和宏观环境。

3. 零售业竞争力的研究实践

在零售企业竞争力研究这一具体领域,也涌现出大量有价值的研究成果。马顺福、闵宗陶[1]指出,业态定位、经营规模、信息化物流配送系统和自有商品品牌对零售企业竞争力具有重大意义。贾平[2]建立了包含基础支撑层、服务创新层、核心理念层的零售企业核心竞争力研究框架。刘星原[3]指出,我国境

---

[1] 马顺福、闵宗陶:《零售企业的竞争力分析》,《中国流通经济》2002年第6期。

[2] 贾平:《零售企业核心竞争力分析及战略调整》,《财贸经济》2006年第4期。

[3] 刘星原:《我国境内中外零售企业竞争力与演变趋势探析》,《财贸经济》2006年第1期。

内的中、外零售企业的竞争力水平主要取决于经营场所选址、企业的知名度与信誉度、盈利能力与资本实力、经营管理与发展战略、科技应用这五个方面。汪旭晖①研究了零售企业核心竞争力的跨国转移问题，指出竞争力能否顺利转移受东道国环境因素、核心竞争力的情景嵌入性、企业学习能力和国际化经验等因素的影响。杨慧、刘根②从价值链优化和整合的角度提出增强零售业竞争力的有效途径。黄珍③探讨了实体店铺的核心竞争力构成，指出外在构成要素包括独特性、服务增值、市场反应速度和顾客忠诚度；内在构成要素包括体现在选址、学习、流程控制、公共关系管理和培养顾客忠诚度等方面的一系列能力。

　　在全球市场一体化的新时期，以跨国界、连锁经营、依托需求链组织流通、构建虚拟企业群供应链为主要特征的现代流通体系应运而生。孙敬水、姚志④以此为研究背景，指出现代流通产业的核心竞争力主要体现在产业创新能力、产业可持续发展能力、市场拓展能力、产业效率、产业效益这五大方面。李仇辉、康海燕⑤构建了基于客户价值的零售企业竞争力评价体系。朱瑞庭、尹卫华⑥基于产业经济学的 SCP 分析范式，提出中国零售业参与全球价值链竞争，形成国内、国际市场联动发展的竞争力提升路径。魏国伟、狄浩林⑦分析了大数据和新技术应用为零售业发展带来的新机遇，提出新零售企业生态

---

① 汪旭晖：《零售企业核心竞争力的跨国转移：一个理论框架》，《财贸经济》2006 年第 5 期。

② 杨慧、刘根：《从价值链角度架构零售业竞争力》，《北京工商大学学报》（社会科学版）2016 年第 4 期。

③ 黄珍：《北京店铺零售企业核心竞争力提升途径研究》，《北京工商大学学报》（社会科学版）2011 年第 7 期。

④ 孙敬水、姚志：《现代流通产业核心竞争力研究进展》，《北京工商大学学报》（社会科学版）2013 年第 11 期。

⑤ 李仇辉、康海燕：《基于客户价值的零售企业竞争力体系探讨》，《华东经济管理》2014 年第 1 期。

⑥ 朱瑞庭、尹卫华：《全球价值链视阈下中国零售业国际竞争力及政策支撑研究》，《商业经济与管理》2014 年第 9 期。

⑦ 魏国伟、狄浩林：《新零售企业竞争力评价指标体系研究》，《经济问题》2018 年第 6 期。

位宽度、重叠度以及竞争优势的测度方法,为新零售企业竞争力的评判提供了理论依据。

结合中国情境的竞争力研究经历了近年来的发展完善,逐渐形成了一套严密的概念、命题和基本定理,提出了一系列具有可操作性的竞争力培育路径。在理论内涵的内部深化和研究视野的外部拓展这两个维度,均取得了重要的突破和丰硕的成果。未来阶段的竞争力研究将会涉及更多的学科理论,通过跨领域的知识融合,探寻理念、文化、价值观等微观因素发挥影响作用的机理。未来研究也应充分重视时代变革的重大机遇,深入探讨信息经济时代企业竞争格局的重塑。同时,还应结合扎根分析等质性研究方法,更好地完善测评思路,更好地进行跨企业、跨行业、跨国家以及跨时期的动态比较,从而为企业和产业竞争力的提升提供更为有力的理论指导和决策支撑。

四、 研究内容和技术路线图

本书稿以实施渠道变革的传统零售企业作为研究对象,对零售业的时、空、质主要从零售规模与业态的变迁、区域分布、零售效率的改变三方面进行描述。

(1)对零售业10余年的发展从总量发展和结构发展方面进行梳理归纳。选取限额以上的零售业2005—2017年的数据,反映零售业发展规模、业态水平、区域分布、网络零售发展等指标,拟构建零售业发展水平的评价指标体系,分别考察新世纪以来零售业发展水平的时空演化特征。

(2)运用动态因子分析方法对我国2007—2017年各省零售业竞争力情况进行综合评价。发现零售业竞争力等级由高到低呈现从东到西递减趋势,与我国经济发展的梯级差异一致;各省零售业竞争力水平的动态变化规律差异明显。具体而言,经济活力强的地区竞争力提升明显,零售业的时空差异明显。

(3)基于基尼系数研究零售业的时空差异及外部影响因素。从消费者占有零售资源、零售业的规模化程度和市场发育程度三个方面构建了零售业时空差异的指标评价体系。分析了近 20 年我国零售业在 31 个省之间的分布差异,并通过基尼系数的组群分解找出差异的主要来源,接着,利用面板回归模型从政策、经济、区位和基础设施建设四个方面分析了影响时空差异的外部因素。

（4）基于 DEA 方法对进行渠道变革的传统零售业的效率及影响因素进行测算。首先,比较纯实体零售企业、网络零售企业、多渠道零售企业的效率高低,并通过投影分析发现导致零售企业效率低的原因。接着,以 32 家开通多渠道的零售企业作为研究对象,对其 2010—2018 年的投入产出数据进行效率评价,横向比较各个企业的效率水平,纵向对比各个企业的效率演进趋势,选取效率为因变量,资产负债率、总资产周转率、股权集中度、存货周转率、公司成立年数为自变量,分析各因素的影响程度。

（5）对进行渠道变革的标杆零售企业进行典型案例分析。对永辉、大润发等超市进行实地调研,通过调研问卷、访谈等方式,结合层次分析法和模糊综合评价方法对这两家企业进行渠道变革前后企业竞争力的情况分别进行对比。永辉和大润发作为零售企业的代表,都通过渠道变革,实现华丽转身,它们的成功对其他传统零售企业有哪些可以借鉴的地方,值得深入研究。

（6）传统零售业进行渠道变革,达到时、空、质均衡发展的状态。基于以上实证和案例分析,并借鉴沃尔玛和胖东来两家国内外有代表性的零售企业在技术和服务方面提升竞争力的做法,挖掘出传统零售业基于时、空、质发展提升竞争力的机理,为其他传统零售企业转型提出参考建议。

本书通过对我国零售业的时空差异进行比较分析,对实施渠道变革的传统零售企业的效率进行测算,找出影响因素,并对进行渠道变革,且竞争力较强的典型零售企业进行案例分析,试图从时、空、质均衡的角度挖掘出零售业竞争力提升的机理,指出提高传统零售企业竞争力的相关对策,具体研究思路如图 0-1 所示。

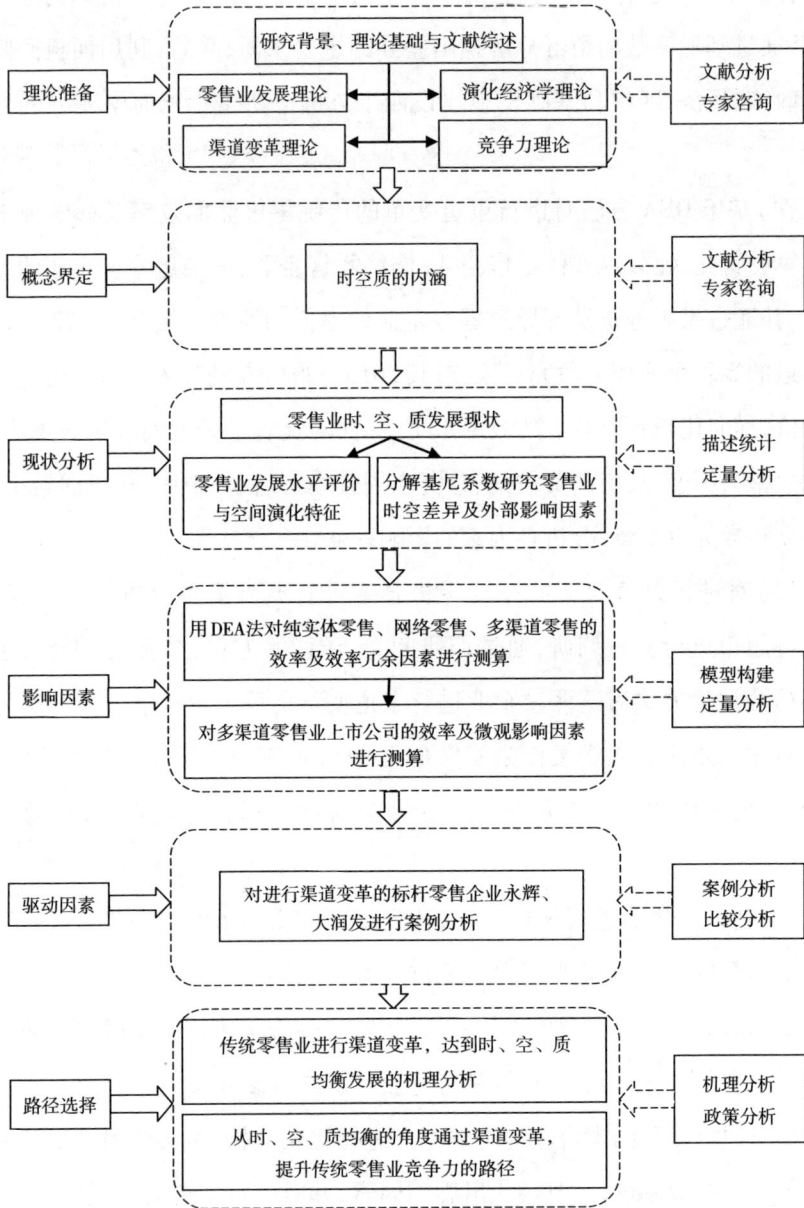

图 0-1 技术路线图

五、 研究方法

本书研究方法为：

(1)理论分析与实证研究相结合。从多学科角度对零售理论和渠道理论进行梳理,更加注重实证研究,如在空间决策过程中,GIS 和基尼系数都是能帮助决策者进行非常有效而且高效分析的决策工具。

(2)定性分析与定量分析相结合。在定性分析的基础上,利用大量相关的统计数据进行定量分析和检验。在进行零售业竞争力评价时,利用动态因子分析方法,综合考察了样本、指标、时间三方面因素,既可以进行区域之间竞争力的横向比较,又可以进行各区域竞争力的纵向比较;在衡量某项指标的时空差异时,基尼系数是比较常用的方法,除了能衡量时空差异程度以外,还能反映非均衡程度的变化趋势。衡量零售业发展质量时,用零售业效率这一指标,测算零售企业效率的方法主要用到参数法和非参数法,随机前沿分析(SFA)是参数法的典型代表,数据包络分析(DEA)是非参数法的代表。

(3)实地调研考察与案例分析相结合。通过对国内进行渠道转型成功的零售标杆企业(永辉、大润发等)的实地考察调研,进行典型案例分析。

第一章　相关理论基础

第一节　零售理论

零售理论主要研究零售业组织形态的循环演进,包括各种业态的产生、发展、变革及内在的机制,包括以下几种具体的理论。

一、零售转轮理论

零售转轮理论是 1958 年,哈佛大学的零售专家马尔克姆·马克内尔(McNair, M.P.)[①]最先提出的,是最早的解释零售业态变迁的理论,对之后的零售理论产生深远影响。该理论将单体零售业态的发展阶段分成三部分:导入期、上升期和衰退期。导入期,一种新的零售业态以低价格、低利润作为竞争优势,与传统业态进行竞争,容易获得消费者的认可,之后市场上会出现模仿者,新业态进入上升期,零售企业之间竞争加剧,导致零售企业采取一系列调整措施,如改善服务项目和水平,改进硬件设备,进而提高了经营成本,商品价格也被迫提高,新的零售业态成本增加、利润降低,进入衰退阶段,终将被革

[①]　Malcolm P.McNair, "Significant Trends and Developments in Post War Period, in Competitive Distribution in a Free, High-Level Economy, and Its Implications for the Universities", ed. A. B. Smith Pittsburgh: University of Pittsburgh Press, 1958, p.18.

新的零售业态竞争者所取代,零售车轮开启新一轮转动,革新的零售业态又将以同样的模式运转,如此循环往复,新型的零售业态是伴随着零售轮的转动而产生的。

零售转轮理论的贡献是,它解释了多数零售业态的发展演变过程,尤其解释了新的零售业态切入市场的角度,从价格、利润方面,强调了竞争是业态演变的主要驱动因素,也说明了价格在业态发展当中的变动趋势。

二、 生命周期理论

零售生命周期理论是 1976 年由美国零售专家戴维森(Davidson,W.R.)、伯茨(Bates,A.D.)和巴斯(Bass,S.J.)[①]三人共同提出的。该理论是基于产品的生命周期理论,认为零售业态同产品一样,存在一个生命周期,在产生到衰退的不同阶段,零售业态表现出不同的特征。生命周期理论认为零售业态的发展分为四阶段:(1)导入期。新型的零售业态,由于在商品种类、购物便利性、价格等方面变现出独特的差别化竞争优势,促使零售企业受到消费者的接受和欢迎,使其市场占有率、销售增长率、销售利润都得到快速提高。(2)成长期。看到新型的零售业态发展有利可图,大量效仿企业开始进入市场,市场竞争更加激烈,早期的新型零售业态为保持地位,会加速扩张,以取得市场占有率和利润的优势地位。(3)成熟期。这个阶段的市场增长率和收益率相对放缓或略有降低。零售企业之间为保住市场地位可能会展开价格战。一般而言,成熟期越长,意味着该零售业态的寿命越长,零售业态在成熟期为避免被市场淘汰,可进行业态创新与发展,保持中等赢利水平。(4)衰退期。这一阶段的零售市场份额缩水、利润降低甚至为负,原有业态逐渐消亡退出市场,新型业态即将产生。

零售生命周期理论是基于对美国的零售业研究基础之上形成的,指出各

---

① W.R.Davidson,A.D.Bates,S.J.Bass,"The Retail Life Cycle",*Harvard Business Review*,1976,pp.89-96.

种新型业态从产生到衰落的一般规律,描述了各阶段的特点,为零售业态在各阶段的战略制定奠定了基础,零售商只有不断创新业态,才能适应变化的市场,不被市场所抛弃。

三、 自然选择理论

自然选择理论是 1966 年由迪斯曼(A.C.R.Dreesmann)[①]提出来的,又称为生物学模式理论,是将达尔文的生物进化论应用于零售业态的演变分析中。该理论认为零售业态的变迁要与外部环境因素相适应,每种新的零售业态的出现,都是适应外部政策、经济、法律、社会、技术等的结果,这与生物界的适者生存、不适者被淘汰的自然选择规律相一致,满足优胜劣汰的生存法则。这就要求零售业不能墨守成规、故步自封,要根据环境的变化,加强自身的创新与发展,适应环境的变化,而不是让环境适应企业,只有这样,才能被市场和消费者认可,避免被市场淘汰出局。

零售自然选择理论重点关注了对零售业态演变的环境方面的影响因素,而忽视了人对零售业态的变化所起到的主观能动作用,该理论合理解释了环境的不同,零售组织和组织结构也存在一定的差异,但对相同竞争环境中零售业的业态结构及其发展方向可能存在差异却不能给出合理的解释。

四、 辩证过程理论

辩证过程理论是 1968 年,美国学者吉思特(R.R.Gist)[②]提出的,该理论借鉴了黑格尔的辩证法思想,尤其将“正、反、合”的辩证思想运用在零售业态的演变过程中。该理论认为:“正”指的是旧的零售业态,“反”指的是新的零售业态,两种业态相互取长补短,互相融合发展,“合”成更新的零售业态。也就

---

① Dreesmann A. C. R., "Patterns of Evolution in Retailing", *Journal of Retailing*, 1968, pp.96−99.

② 肖怡:《零售学》,高等教育出版社 2018 年版,第 15 页。

是说,旧业态在面临新业态的威胁和挑战时,会吸收对方的优势和长处,同时,新业态也不会固定不变,会吸收旧业态的部分优点,相应地调整自身的经营策略,新旧业态不断改变融合的结果是,产生了一种不同于新旧业态的更新的业态。新业态又将面临新的对立面,又将重复上述过程。零售业态的演化过程都会历经"正—反—合—正—反—合"模式而不断循环。折扣百货店的产生很好地体现了辩证过程理论。

辩证过程理论揭示了零售业态发展的一般规律,零售业态的变迁过程是一个从肯定到否定,再到否定之否定的变化过程,但每一次变化后的业态,都是经过否定之否定后又创造出的新的业态。该理论的主要贡献在于,揭示出任何一种零售业态都有其优缺点,各业态要有开放包容的态度,接受对方的优点,调整自身的缺点,或者结合不同业态的优势进行创新业态。当前新零售的产生就是实体零售和网络零售辩证后的产物。

五、 手风琴理论

手风琴理论是 1963 年由布兰德(E.Brand)[1]最先提出,之后在 1966 年由霍兰德(S.C.Hollander)[2]对其发展完善并命名。也称为"综合—专业—综合"理论。该理论分析了经营宽而浅和窄而深的商品组合的零售店之间的交替发展。这种交替变化类似拉手风琴时风囊的张合,手风琴的一张一合象征零售业态的演变。将商品组合幅度比作手风琴的形态,商品组合随时间的推移以宽窄交替的形式变化,呈现出"宽—窄—宽—窄—宽……"的变化路径,对应地,零售业态从综合店发展到专业店,再由专业店发展至综合店,即"综合—专业—综合"循环往复进行,并且每次重复都演变出一种新型的业态形式,都比之前的业态形式高。根据商品组合幅度大小的变化,市场上不断出现新的

---

① 肖怡:《零售学》,高等教育出版社 2018 年版,第 14 页。

② S.C. Hollander, "Notes on the Retail Accordion Theory", *Journal of Retailing*, 1966, pp.29-40.

零售业态。

美国等西方国家零售业态的演变划分成五个阶段:杂货店—综合化;专业店—专业化;百货店—综合化;便利店—专业化;商业街、购物中心—综合化。这个过程明显经历了一个"综合化—专业化—综合化—专业化—综合化"模式。

零售手风琴理论是基于美国等西方国家零售业态变迁过程中总结得到的,但实际当中,综合化和专业化零售业态可以共存,并不是完全交替存在的。

六、 真空地带理论

真空地带(Vacuum Hypothesis)理论,是1966年丹麦学者尼鲁森(O.Nielsen)[1]最先提出的,该理论认为,每种零售业态只是满足特定的目标顾客群,而不能满足整个市场所有顾客的需求,那些成熟的零售业态的边缘地带,属于市场上没有被满足的需求,也可以理解为市场空白点,即市场的真空地带,因此市场真空地带的存在会诞生新型的零售业态。一些寻找满足市场真空需求的经营者,以弥补市场空白为经营目标,这就促使新业态的产生。当新业态达到饱和状态后,又会有新的市场机会出现,经营者又会以满足市场空白为目标,形成新业态形式。零售业就是在不断更迭方式下演变与发展的。

真空地带理论是对零售转轮理论的补充和发展,它认为零售业态的服务水平随着价格的增加而提高,换句话说,零售业态的价格水平高,则对应的服务好,反之零售业态的价格水平低,则对应的服务相对差,新的零售业态进入市场的模式可以是低价格低服务,或者是高价格高服务,这一点和零售转轮理论所提出的新的零售业态总是以低价格低服务进入市场是不同的,比零售转轮理论考虑的情况更多、更全面。

---

① O.Neilsen,"Development in Retailing, in M.Kjaer-Hansen(ed.)", *Reading in Danish Theory of Marketing*, North-Holland, 1966, pp.1-7.

七、 新零售之轮理论

新零售之轮(New Wheel of Retailing)理论是1996年日本学者中西正雄①最先提出的。该理论认为,技术革新是推动零售业态变革的最根本的动力,并引入了"技术边界线"的概念。物流水平、信息技术程度、管理能力等因素会限制零售业态的服务和价格水平的组合情况,技术边界线就是保证某种服务水平所需的最低的零售价格水平线。

"技术边界线"是向右上方倾斜的曲线,距离技术边界线越近而进行定价的零售业态,竞争力越强,技术边界线左侧的零售业态缺乏竞争力,为提升自身竞争力,需要通过技术革新向技术边界线移动,新产生的零售业态迫于外部竞争的压力,需要不断提高自身的服务水平或降低价格,这些情况都是在同一技术边界线上移动。

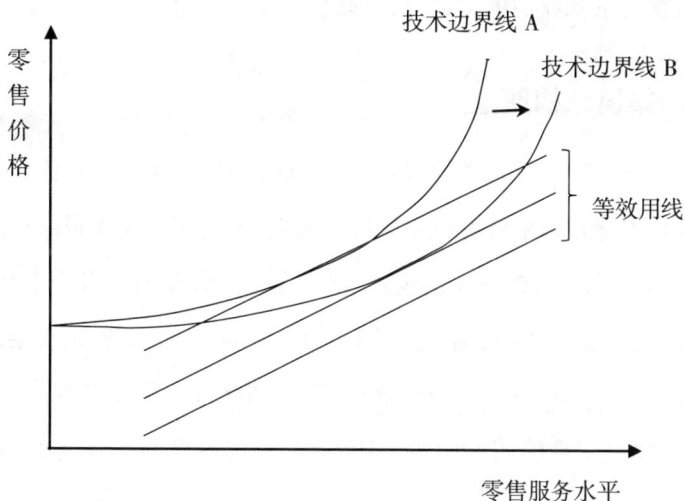

图1-1　新零售之轮的理论解释

---

① 中西正雄:《零售之圈真的在转吗》,《商讯商业经济文荟》2006年第1期。

新零售之轮理论对传统的零售之轮理论和真空地带理论进行了重新论证,否认了单纯依靠价格因素对零售业态的影响,认为这种影响只是表面化的、短期的,真正对零售业态影响深远和长久的因素在于零售业内部所进行的各种技术创新与变革。新零售之轮理论倡导和鼓励零售企业要积极主动进行技术创新,为当下对传统零售业进行技术赋能而产生的新零售业态找到很好的理论依据。

第二节　渠道理论

随着营销理论的发展以及对渠道探索的日益深化,关于渠道理论的研究也顺应了时代发展的潮流。渠道理论在其近百年的发展历程中,主要形成了三种理论:注重经济、效率和效益的渠道结构理论;重视权力和冲突的渠道行为理论;重视关系和联盟的渠道关系理论。

一、　渠道结构理论

1916 年,Weld[1] 在《农产品市场流通》首先提出了关于渠道流通效率的问题,并认为可以通过职能专业化带来经济效益,成为了传统渠道结构理论的奠基者。巴特尔[2]基于渠道效率的视角,认为在生产者和消费者产生基本效用、形式效用、地点效用以及时间效用方面,中间商起着至关重要的作用。Breyer[3] 指出,由于营销机构能够有效地集成和配置所需相关要素,所以它可以强有力地解决交换障碍和阻力。Huegy[4] 从渠道纵向一体化的角度出发,

---

[1]　Weld,L.D.H.,"Marketing Perishable Farm Products.A.B.Adams",*Journal of Political Economy*,1916,pp.811-813.

[2]　王朝辉:《营销渠道理论前沿与渠道管理新发展》,《中央财经大学学报》2003 年第 8 期。

[3]　Breyer,Raloh F.,"The Marketing Institution under the new deal",*Journal of Historical Research in Marketing*,1934,pp.111-115.

[4]　Huegy,Harvey W.,*The elements of marketing.Prentice-Hall*,1940.

强调原材料或者产品售卖渠道的明确、营销费用的下降以及渠道的一体化都会伴随着有关的管理以及协调难题。Anderson[1] 着重对渠道设计的研究，并将经济效率标准看作为渠道设计和演进的主要原因。Bucklin[2] 从延期和投机的视角去阐释渠道结构，并认为延期和投机带来的收益对比决定了渠道成员所采用的渠道结构。Bruce[3] 基于对渠道功能转化的研究，深层次探讨了渠道结构演化的历程。

随着时代环境的变化，渠道结构理论也有所突破与发展。渠道结构系统化理论将渠道结构看作为一个网络系统，并强调渠道结构应当遵循整体性、有序性、相关性和开放性等基本系统特征[4]。渠道结构立体化理论认为，在营销渠道中构架各物质经济实体的相互作用关系，并形成反映相关关系的空间规模与形态，它是中间商网点、域面、网络等要素的集成。渠道结构扁平化理论力图通过减少分销渠道的中间环节，来缩小渠道成本，规避渠道风险，以实现经济效益最大化。新型中间商理论认为可以在渠道结构中通过功能转换，使中间商成为新型集散中心，最终实现渠道交易效率的提高[5]。

从上述关于渠道结构理论的研究可以发现，渠道结构理论与和效率相连的经济学息息相关，它关注的是使渠道在功能和设计上产生较高的效率和效益，更加侧重于对渠道内部的研究，但忽略了各个渠道间以及渠道成员之间的关系。

---

[1]　Semonian J.W. , "Anderson R.A.An analysis of the stability and ultimate bending strength of multiweb beams with formed – channel webs", *Technical Report Archive & Image Library*, 1954, pp.391–395.

[2]　Bucklin, L.P. , "A theory of Distribution Channel Structure, Berkeley, CA：Institute of Business and Economic Research", *University of California*, 1966.

[3]　Bruce R. Stuart, *Reseller Management Handbook. 4th Edition* (Vancouver, Canada：channel, Corp management Consultants Inc, 1994) Chapter 36 and 39.

[4]　Stern.Louis W. and Adel I. EI – Ansary, Anne T. Coughlan, Erin Anderson 2001 "Marketing Channels" (6th Edition) *Prentice Hall*.

[5]　杨慧：《对角线转移：渠道权力理论研究的新视角》，《当代财经》2002 年第 8 期。

二、 渠道行为理论

20 世纪 60 年代末,以权力和冲突为核心的渠道行为理论在西方开始盛行。Stern[1] 基于渠道权力的角度认为,依存和承诺在渠道权力关系中扮演着至关重要的角色,被依赖的程度越高,则拥有越高的权力。Dwyer 和 Walker[2] 认为组织间展开谈判与合作时,权力不对称相比较于势力互相平衡会有更高的效率。Brown[3] 考虑到权力的来源和使用的相互作用指出,渠道成员对渠道领导者的认可性与非经济权力来源的使用质量呈反向的关系。Frazier[4] 指出权利与任务执行具有直接相连的关系:若"目标企业"觉得"源企业"的任务执行的质量较高,那么它会受到更高的激励,将"源企业"更替的概率也就越小。葛雷玛[5]指出渠道中的权力关系与谈判者的基本特征对谈判过程扮演着重要的作用,而谈判过程则会对谈判结果产生举足轻重的影响。

凯苏黎世和斯培克曼[6]认为渠道领导者应当雇佣可以与渠道持续合作共存的渠道成员,并应积极培养与系统价值观和目标相一致的这些成员。戴和布朗认为渠道冲突是一个动态变化的过程,而在渠道中所产生的争议频率和冲突程度是测量冲突是否显著的指标。Rose 和 Shoham[7] 指出剖析渠道冲突可以从情感冲突和任务冲突这两个方面着手,而且这二者会对渠道战略的实

---

[1] Stern, L. W. editor (1969). *Distribution Channels : Behavioral Dimensions*, Boston : *Houghton Mifflin*.

[2] Dwyer F. R., Walker O. C., "Bargaining in an Asymmetrical Power Structure", *Journal of Marketing*, 1981, pp.104-115.

[3] Brown J.R., Fern E.F., Stoops G.T., "A Cross-Channel Comparison of Retailers'Perceptions of Distribution Channel Power", *Ethnographic Praxis in Industry Conference Proceedings*, 1982, pp.187-190.

[4] Frazier G. L. Summers J., " Interfirm influence strategies and their application within distribution channels", *Journal of Marketing*, 1984, pp.43-55.

[5] 王朝辉:《营销渠道理论前沿与渠道管理新发展》,《中央财经大学学报》2003 年第 8 期。

[6] 王朝辉:《营销渠道理论前沿与渠道管理新发展》,《中央财经大学学报》2003 年第 8 期。

[7] Rose, Shoham, "Inter-organizational task and emotional conflict with international channels of distribution", *Journal of business research*, 2004, pp.942-950.

行以及渠道绩效的提升产生负面的影响。Vinhas[①]和 Anderson 通过对渠道控制的探究,分析了引起渠道冲突的多种因素,指出可能是因为顾客的偏好与期望,也可能是源自渠道间的竞争。庄贵军等[②]考虑到营销渠道中私人关系的作用,认为私人交往状态和私人亲近感对渠道冲突和权力有负方向的影响。张闯等[③]从社会网络结构嵌入的角度,使网络密度和网络中心性嵌入到渠道行为的研究中,并使对渠道权力的探析从二元分析转向了网络分析。

关于渠道行为理论的分析可以看出,它追求的是渠道本身和渠道成员的共赢。它认为是否在渠道中形成权力,取决于渠道成员的依赖程度。但当渠道权力失去有效的控制时,渠道成员间就会产生冲突,最终对渠道绩效产生不利的影响。

三、 渠道关系理论

随着对渠道理论的深入研究,逐渐形成了以关系和联盟为重心的渠道关系理论,而渠道关系理论主要包含了三种类型:交易型、关系型以及混合型。

交易型渠道关系:Dwyer[④]从交易的角度出发认为,交易双方本能地从自己的核心利益考虑,往往仅注重短期的交易行为。Kotler[⑤]则指出,由于在渠道中缺乏有效的控制权,相互独立的渠道成员在交易时为追求利益最大化就容易产生投机的行为,这也会使渠道成员产生冲突,最终导致交易费用的上升。

① Vinhas A.S., Anderson E., "How Potential Conflict Drives Channel Structure: Concurrent(Direct and Indirect) Channels", *Journal of Marketing Research*, 2005, pp.507–515.

② 庄贵军、席酉民、周筱莲:《权力、冲突与合作——中国营销渠道中私人关系的影响作用》,《管理科学》2007 年第 3 期。

③ 张闯、张涛、庄贵军:《渠道权力应用、冲突与合作:营销渠道网络结构嵌入的影响》,《商业经济与管理》2015 年第 2 期。

④ Dwyer F.R., Schurr P.H., "Developing buyer–seller relationships", *Journal of Marketing*, 1987, pp.11–27.

⑤ Kotler, P.Marketing management Beijing: Tsinghua University Press, 2000.

关系型渠道关系：Schurr[1] 基于关系型的视角认为,若想要使渠道关系得到良性的持续发展,就需要渠道成员保持交流和沟通。Mohr 和 Nevin[2] 指出,信任和沟通是相辅相成的关系,有了信任感就会产生更多的沟通,同样积极的交流也会使彼此产生更高的信任感。

混合型渠道关系：Dwyer[3] 认为混合型渠道关系是介于关系型渠道关系和交易型渠道关系中间的渠道关系理论,所以在混合型渠道关系中缺乏便于渠道成员长期合作共赢的机制。

基于对渠道关系理论的探究能够认识到,信任与合作是渠道交易的基础,它更加注重渠道成员之间的关系。渠道关系更多的是组织间的关系,而非组织内部的关系,它强调的是在各个法人中产生的关系[4]。但是组织间利益的相争导致渠道间的合作也时常中止。

第三节　竞争力理论

一、　经济学理论对于竞争力来源的解释

经济学理论体系的演进经历了一个从抽象到具体,假设条件被逐渐放松的演化历程。各个理论分支的假设条件和分析工具不尽相同,所关注的竞争力来源因素也大相径庭。

古典经济学将不同企业的产品看作是完全同质的,因此,企业竞争力来源

---

① Schurr P. H., " Effects of gain and loss decision frames on risky purchase negotiations ", *Journal of Applied Psychology*, 1987, pp.351-358.

② Mohr. J., Nevin J. R., " Communication Strategies in Marketing Channels: A. Theoretical Perspective", *Journal of Marketing*, 1990, pp.36-51.

③ Dwyer F. R., Schurr P. H., " Developing buyer-seller relationships", *Journal of Marketing*, 1987, pp.11-27.

④ 庄贵军:《权力、冲突与合作:中国工商企业之间渠道行为的实证研究》,《管理世界》2002 年第 3 期。

于相对更低的成本与价格。古典经济学基于最抽象的假设条件（趋利避害的理性经济人、同质的企业、匀质的市场、完全无障碍的要素流动），从产品成本、价格、生产分工和供求的角度，研究稀缺性生产资源的有效配置问题（包括企业中的生产要素技术配置和企业间的经济配置）。该学派研究发现，企业产品的售价不同源于成本差异，生产成本相对更低的企业自然就具有了较强的竞争力。进一步，为了解释企业生产成本的差异，亚当·斯密[1]探讨了由社会分工和专业化带来的劳动生产率改善。研究发现，企业生产规模的不同会造成单位生产成本的差异，因此生产规模更大的企业具有较高的竞争力。另外，组织所掌握的特殊资产、操作技巧和生产能力也将对分工效率产生影响，李嘉图[2]在《政治经济学和赋税原理》一书中对此做了阐述。

从19世纪后半叶至20世纪20年代，古诺、瓦尔拉斯、帕累托、马歇尔等经济学家基于市场均衡理论和价格理论的核心思想，逐渐发展形成了一种新的竞争理论，即新古典完全竞争理论。该理论认为，竞争是一种市场过程最终结果的均衡状态。他们将达到了经济均衡及利益和谐的最终竞争状态称为"完全竞争"。

由于完全竞争理论过于理想化，从20世纪30年代起英国经济学家罗宾逊和美国经济学家张伯伦又分别提出了基于不完全竞争或者垄断竞争的竞争理论。在这些理论中，企业产品不再被看作是同质的，研究者们相信产品差异会导致超额利润的产生，那些能够从产品差异中获取超额利润的企业更具竞争力。

古典经济学和新古典经济学从某种抽象层面上分析竞争力，理论剖析的逻辑严谨、因果关系清晰。但是，由于抛开了大量的现实因素，抽象理论对于竞争力的解释与实际的经济状况存在一定脱节。

20世纪50年代到60年代，美国经济学家克拉克在借鉴了熊彼特的"创

---

[1]　亚当·斯密:《国民财富的性质和原因》，商务印书馆1974年版。

[2]　李嘉图:《政治经济学和赋税原理》，华夏出版社2005年版。

新与动态竞争"①观点的基础上,提出并最终形成了有效竞争的理论体系。有效竞争理论的提出,标志着传统的古典及新古典竞争理论实现了向现代竞争理论的转变。现代竞争理论认为竞争的过程是动态变化的,从而脱离了将完全竞争视为理想竞争模式的传统分析框架。

哈佛大学的梅森、贝恩等人基于大量实证分析创立的产业组织理论,成为现代竞争理论中颇有影响的一个分支。产业组织理论将竞争力研究的前提假设从匀质市场转变为非匀质市场。研究者们通过聚焦于市场结构、市场行为与市场绩效之间的因果关联关系,进一步发展并完善了有效竞争理论。该理论将市场细分为不同的结构类型,企业在各个产业之间的流动可能会遭遇不同程度的进入或退出壁垒,而导致这种产业结构差异和企业流动障碍的主要原因,是企业的规模差异和同类产品的异质性。因此,除了成本、价格等一般因素外,企业规模、产品差异、企业的市场地位、企业之间的竞争与合作关系、博弈策略行为、信息(广告、品牌)等也成为竞争力研究所关注的重要因素。

当竞争力研究逐渐由微观经济学拓展到产业组织学领域,其突出成就是发现了产业内企业之间的关系演化最终会导致企业市场绩效的差异,那些在市场中占据优势地位的企业具有更强的竞争力。之后的竞争力研究继续拓宽视野,将区域、国际贸易、政府规制等因素逐一纳入分析框架。

区域经济学和区位经济学将竞争力研究的假设前提从完全无成本差异的一元空间,转向存在要素价格差异和区位成本差异的多元空间,即假设存在要素禀赋差异、区位差异和要素区际流动的成本。该理论的主要成就是提出了企业的产品生产和销售并不是在无差别的抽象市场上进行的,而是在具有极大差异的多元化空间中实现的。根据区域经济学和区位经济学的研究,区位特征、自然资源、要素成本、物流成本、信息成本、产业集群、空间网络关系等也成为竞争力研究所关注的重要因素。

---

① [美]约瑟夫·熊彼特:《资本主义、社会主义和民主》,商务印书馆1999年版。

国际经济学进一步强调了多元空间假设中的国家区隔。当把这一假设条件引入竞争力研究后,要素成本的国际差异和国际流动障碍、国家的经济开放度、国际分工与合作、关税、汇率等就成为竞争力研究所关注的新要素。

制度经济学和管制经济学将无制度差异、无政府干预的"纯粹"市场经济假设,转变为存在制度差异和政府干预的市场条件假设。该理论非常适用于像中国这样处于经济体制转型时期、企业竞争力容易受到制度因素和政策因素影响的研究对象。根据制度经济学和管制经济学的研究方法与主要结论,政府管制力度、国企制度、产权制度、治理机制等政策环境及其改革走向,也成为需要开展深入研究的竞争力影响因素。

钻石模型是一个系统性、集成化的竞争力分析范式[1]。该理论认为,国家竞争优势的取得,关键在于四个内生决定因素(生产要素、需求状况、关联性产业和公司战略、结构、同业竞争行为)和两个外生因素(机遇、政府)的整合作用。波特强调,钻石体系是一个彼此促进、互相增强的系统,某一因素的作用发挥程度还要取决于其余因素的状况。钻石理论备受关注,并在不同的分析领域发展演化成多因素钻石模型[2]、双钻石模型[3]、国际化钻石模型[4]和新钻石模型[5]。由于跨国投资和生产国际化带来产品的多国性和产品"国籍"的模糊性,这对于分析产品的国际竞争力造成一定困难。为此,波特又提出"价值链分析"的解决办法,为评价特定产业中某种生产经营活动的国际竞争力提供了思路。

---

[1]　*Michael E.Porter.The Competitive Advantage of Nations.The Free Press*.1990.

[2]　Cartwright W. R., "Multiple linked 'diamonds' and the international competitiveness of export-dependent industries—The New Zealand experience", *Management International Review*, 1993, pp.55-71.

[3]　Rugman A.M.& Cruz J.R.D., *The"double diamond"model of international competitiveness*: *The Canadian experience.Management International Review*, 1993, pp.17-39.

[4]　Dunning J. H., "Internationalizing Porter's Diamond", *Management International Review*, 1993, pp.7-15.

[5]　芮明杰:《产业竞争力的"新钻石模型"》,《社会科学》2006年第4期。

经济学领域对于竞争力的剖析涉及多种认知角度,全面而又深刻,但从总体上来看,经济学对于竞争力的研究是整体性的,因而它往往难以解释为什么在几乎相同的环境条件下,一些企业能够迅速赢得竞争优势,而另一些企业却自愧弗如。因此,借助经济学方法来探究竞争力问题,一方面要科学地运用来自经济学领域的范畴概念和分析工具,借鉴、融汇各分支学派的研究视角,构建合乎逻辑的竞争力分析的理论框架。另一方面,要使抽象的理论尽量贴近现实中复杂而又多变的产业和企业竞争环境,对竞争现象和竞争力的本质做出符合实际的经济学解释。

二、 管理学理论对于竞争力来源的解释

经济学领域的竞争力研究是对整片"企业森林"的望远镜式研究,而管理学领域的竞争力研究则力图深入到微观层面的企业内部,去做显微镜式的观测。管理学不仅可以直接运用一些经济学概念,还大量借鉴了来自社会学、心理学等非经济学科的研究方法。为了使竞争力研究更进一步地贴近实际,需要将经济学和管理学的研究理念有机结合。此时,研究中对人性的基本假设就从经济人的严格理性主义,转变为超越理性主义的行为假定。个人和企业在观念、认知水平、行为、态度等方面的显著差异开始对竞争活动产生微妙的影响。

管理学领域的竞争力研究主要涉及到资源、能力、知识,以及环境因素等不同视角。

以沃纳菲尔特[①]等为代表人物的资源基础论认为,企业竞争优势主要来源于其所掌握的一些独特资源,不同的资源累积将会导致迥异的竞争力表现。资源基础论从资源的高价值性、稀缺性、不可复制性等角度,去界定企业竞争力的特征与源泉,认为企业竞争优势的价值取决于其资源优势被复制的难易

---

① Wernfelt B. A., "Resouree - Based View of the Fim", *Srtategic Management Joumal*, 1984, pp.171-180.

程度,强调强大的内部资源优势要比有利的外部市场条件更加重要。

资源基础理论是从本质上去分析企业存续的价值与意义,打开了一直被传统经济学企业研究所忽视的"黑箱",对过度强调外部来源的竞争力研究提出了挑战。但这种过度偏重于企业内部资源的研究流派也忽视了外部环境因素的重要作用,不注重对企业适应能力和应变能力的探讨。

重视能力因素的竞争力研究以企业内生成长论和核心能力理论为代表。彭罗斯[①]的企业内生成长论创立了以管理能力为核心的企业成长分析框架。该理论认为,企业是一种构建在管理性框架内的资源的集合体和知识集合体,因而管理资源对于企业的专业化生产活动意义非凡。以普拉哈拉德和哈默尔[②]为代表的企业核心能力理论认为,"能力是企业获取竞争力的基础"。该理论强调,核心能力是企业中的累积性知识、技能与技术流的有机组合体,核心能力的累积与企业的持续成长过程高度正相关。

在进一步的研究中,学者们逐渐认识到,那些难以被竞争对手掌握的缄默性知识是决定企业竞争力的关键所在,从而形成了基于知识的企业竞争力研究流派。该理论的代表人物是格兰特[③],他将企业看成一个知识协调机构,企业的使命是整合所有员工所掌握的专业知识,形成可用于产品和劳务生产的独特知识,最终构成企业的核心竞争力。由于知识是流动的、易变的,因而企业的竞争力也是动态变化的,企业必须通过构建一种能够有效地吸收、保持、共享和转移知识的内部环境,以便于实现竞争力的提升。

重视资源因素的竞争力理论和重视能力、知识因素的竞争力理论,都强调内部因素和基础条件,但前者更多地关注资源的数量、聚集度、组合情况,后者则侧重于这些资源组合的动态联系,认为对资源进行有机组合和高效运用是

---

① Penrose E.T.,"The Theory of the Growth of the Firm",*Oxford Basil Blackwell*,1959.

② Prahalad & Hamel," Get the Right Mix of Bricks & Clicks",*Harvard Business Review*,1978, pp.107-114.

③ Grant R.M.," Prospering in dynamically competitive environments:Organizational capability as knowledge integration",*Organization Science*,1996. pp.375-387.

产生能力的源泉。

到了 20 世纪 80 年代，重视环境因素的竞争力理论逐渐风靡一时。该理论的代表性人物波特①指出，企业的竞争力水平取决于外部的市场结构，因为利润高低在很大程度上受到产业生存状态、市场进退壁垒等因素的影响。由此，人们又将该理论称为市场结构论、市场定位论。为了弥补市场结构理论过分强调外部因素而忽视内部因素的问题，波特在价值链理论中指出，企业是由一系列的业务流程组合而成的价值链，整条价值链的节点质量和关联程度导致企业产生本质差异。

此后，既考虑企业内在特质，又考虑环境适应性的企业动态能力理论逐渐被关注。Teece 和 Pisan②最早提出动态能力的概念。他们认为，动态能力是指企业将内、外部的各种资源进行优化整合，以充分适应环境动态性的能力。这一概念的提出，为进一步探索动态环境下可持续竞争力的塑造问题提供了某种思路。在 Teece 等人对于企业动态能力的进一步探索中，他们强调了企业对机会的敏感性和捕捉能力、对危机的感知和驾驭能力、对显性和隐性资产的整合、强化和重构能力，这些能力是帮助企业对动荡变化的市场环境做出快速反应，从而获取竞争优势的关键所在。此外，Eisenhardt 和 Martin③分析了动态能力的维度结构。他们认为，动态能力可具体划分为整合、重构、获取、释放这四类，这些能力使企业能够不断获取新的战略性资源，并将其有效地嵌入运营能力系统中去，同时也要果断放弃一些无法继续为组织创造竞争优势的资源。正是由于动态能力具有复杂性、开放性和创造性等一系列特征，企业利用动态能力来打造持久的竞争优势才具有了管理实践上的可操作性。

从忽视环境到重视环境，从认为环境不可预测到尝试驾驭环境、与环境互

---

① 波特：《竞争优势》，华夏出版社 2005 年版。

② Teece Dvaid，Rumelt R.，Dosi G.，Winter S.，"Understanding corporate coherence：Theory and evidence"，*Journal of Economic Behavior & Organization*，1994，pp.1-31.

③ Eisenhardt K.M.，Martin J.A.，"Dynamic capabilities：what are they?" *Strategic Management Journal*，2000，pp.1105-1121.

动,管理学领域内的竞争力研究日益深入。在管理学领域,企业是具有复杂内部结构和显著决策行为特征的组织,因此我们可以从组织结构、战略规划、核心能力、运营理念、组织行为、企业家精神和企业文化等多维视角对竞争力展开研究。上述因素具有原生性、动态性,甚至可能成为竞争力水平的最终解释变量。

管理学肯定了企业之间的异质性,似乎探寻到了企业竞争力的根源。但新的问题在于,由于管理学对竞争力的研究大量借鉴了社会学、心理学、人类学和伦理学等领域的研究方法,在竞争力研究中采用了非完全理性的社会人假设,人们的价值观、道德水准、知识储备、认知模式等很多主观变量都成为对竞争力有着决定性影响的重要因素,这导致管理学领域的竞争力研究逐渐偏离了经济学的传统分析范式,其客观性和科学性受到一定的质疑。这就要求未来研究应充分结合经济学分析的严谨性优势和管理学分析的实践性优势,既重视宏观经济因素对竞争力的影响,也强调微观运营领域对竞争力的解释。

三、 结合中国情境因素的竞争力理论拓展

理论层面的逐步拓展基于对竞争力本质和内涵的深刻认知。金碚[1]将企业竞争力的决定因素归纳为关系、资源、能力和知识这四个层次。其中,关系包括产业发展现状、市场供求、政府管制、国际经济关系等。资源包括使企业具有某种优势的内、外部资源条件。能力指有利于企业生存、发展和实施战略的各类能力。知识指能够物化为企业资源、能力的知识或学识。一般来说,知识位于竞争力因素的最内层,能力、资源位于较外层,关系位于最外层。在此基础上,夏萍[2]进一步诠释了企业核心竞争力的内涵,认为企业核心竞争力不是物质实体而是功用属性(即买不来、偷不来、拆不开、带不走、溜不走),不是

---

[1] 金碚:《论企业竞争力的性质》,《中国工业经济》2001 年第 10 期。
[2] 夏萍:《企业核心竞争力内涵的再诠释》,《中央财经大学学报》2003 年第 5 期。

"核力"而是"合力",不是静态力而是生长力。谢佩洪、孟宪忠、李鑫①则区分了真实竞争力与虚假竞争力的概念。该文指出,虚假竞争力企业是指那些为了短期牟利,以背离公正、背离诚信、背离责任、背离规律(非效率和非创新)方式谋求财富,过度依靠外在条件和资源谋取一时利益的企业。通过基因再造实现转型升级,是虚假竞争力企业在复杂动荡的市场环境中生存下来进而打造真实竞争力的不二法门。

中国情境下的竞争力研究高度重视政府规制对于构建企业和产业竞争力的重要意义。贾根良、张峰②和盖文启、朱华晟③解释了通过构建地方化生产体系提升传统产业竞争力的内在机理。文章强调,大量专业化企业通过彼此间稠密的生产合作或市场交易网络,形成地域空间上的专业化柔性集聚体,成为极具竞争力的区域经济系统。群聚系统中的传统企业通过不断的学习与创新,获取全球竞争力。金碚④和刘悦、周默涵⑤从理论层面剖析了资源环境管制与工业竞争力的关系。研究指出,适度合理的资源环境管制要兼顾经济效率准则和社会效益准则。既要对企业行为形成有效约束,又不能过分超越由产业和企业竞争力现状所决定的最大限度承受能力。金碚、龚健健⑥探讨了经济增长走势和政策取向与企业竞争力的内在关联。该文指出,中国宏观经济的平衡、协调、可持续发展是提升企业核心竞争力的有力保障,偏紧的财政政策和稳健的货币政策促使企业更有耐心地实施有利于改善核心竞争力的投

---

① 谢佩洪、孟宪忠、李鑫:《真实与虚假竞争力:企业战略研究新视角》,《外国经济与管理》2017 年第 2 期。

② 贾根良、张峰:《传统产业的竞争力与地方化生产体系》,《中国工业经济》2001 年第 9 期。

③ 盖文启、朱华晟:《产业的柔性集聚及其区域竞争力》,《经济理论与经济管理》2001 年第 10 期。

④ 金碚:《资源环境管制与工业竞争力关系的理论研究》,《中国工业经济》2009 年第 3 期。

⑤ 刘悦、周默涵:《环境规制是否会妨碍企业竞争力:基于异质性企业的理论分析》,《世界经济》2018 年第 4 期。

⑥ 金碚、龚健健:《经济走势、政策调控及其对企业竞争力的影响——基于中国行业面板数据的实证分析》,《中国工业经济》2014 年第 3 期。

资规划,市场的优胜劣汰和资源的有效配置引导企业逐渐步入良性循环的发展轨道。曾宪奎[①]大力推崇"强调竞争力导向的产业发展模式"。原因在于:强调技术创新导向的产业发展模式会导致产业发展过度关注投入性指标的增长,忽视实际竞争力的提升。强调竞争力导向的产业发展模式则关注工匠精神的培养、政府与市场关系的调整、竞争力体系的顶层设计以及新兴产业发展模式的宏观规划等根本性问题。

为中国特色市场经济体系中的竞争主体谋划有效的竞争力提升策略是另一个研究热点。徐康宁[②]提出合理运用产业要素变动和经济地理变迁的有利因素,对于中国产业国际竞争力的提升大有裨益。路风、张宏音、王铁民[③]结合宝钢案例指出,提升组织能力、发展和掌握互补资产是企业赢得竞争优势的根本途径。蔡昉、王德文、王美艳[④]指出,基于我国劳动力资源条件进行产业选择、技术选择和分工选择,是提高中国工业竞争力的现实途径。顾乃华、毕斗斗、任旺兵[⑤]充分肯定了发展生产性服务业对于提升我国经济转型期制造业竞争力的重要意义。胡振华、张宁辉[⑥]从生态位视角构建了企业动态核心竞争力的一般分析框架。该文认为,国内企业要冷静而审慎地选择适合自己的生态位,通过对生态位的因子分离、进化与突变及内、外部因子的匹配来构建核心竞争力。孙喜[⑦]基于广田装饰的战略转型历程,揭示了服务业企业通

---

① 曾宪奎:《我国经济发展核心竞争力导向问题研究》,《福建论坛·人文社会科学版》2018 年第 7 期。

② 徐康宁:《开放经济中的产业集群与竞争力》,《中国工业经济》2001 年第 11 期。

③ 路风、张宏音、王铁民:《寻求加入 WTO 后中国企业竞争力的源泉:对宝钢在汽车板市场赢得竞争优势过程的分析》,《管理世界》2002 年第 2 期。

④ 蔡昉、王德文、王美艳:《工业竞争力与比较优势:WTO 框架下提高我国工业竞争力的方向》,《管理世界》2003 年第 2 期。

⑤ 顾乃华、毕斗斗、任旺兵:《中国转型期生产性服务业发展与制造业竞争力关系研究》,《中国工业经济》2006 年第 9 期。

⑥ 胡振华、张宁辉:《基于生态位构建的企业动态核心竞争力分析》,《当代财经》2010 年第 2 期。

⑦ 孙喜:《服务业竞争力中的工业逻辑:广田模式研究》,《中国科技论坛》2015 年第 6 期。

过对内部研发、流水线生产等工业逻辑的高强度应用,实现企业竞争力提升的内在逻辑。刘林青、黄起海、闫志山[1]以国家层面的激烈竞争为背景,指出后进国家应以其核心能力的技术复杂度获得领先地位,通过扩大优势产业组合赶超或甩开竞争对手,并要积极融入由实力相当的国家扎堆形成的社群组织,从而实现国家竞争力的持续成长。

第四节　演化经济学理论

20 世纪 80 年代初,以博尔丁[2]、纳尔逊(Nelson)及温特(Winter)[3]为代表的学者及其著作《演化经济学》《经济变迁的演化理论》的出现,标志着演化经济学理论的兴起。经过近四十年的不断丰富发展,演化经济学日渐成为现代西方经济学的重要分支。作为一门新兴学科,演化经济学以达尔文生物进化论为主导,结合自然科学领域的最新观点,**以动态的发展的角度**来分析经济现象之间的联系及其背后蕴含的社会运行规律。

一、　演化经济学兴起背景

演化经济学的兴起和繁荣有着特殊的时代背景,新古典经济学研究范式危机、自然科学的推动及演化理论的推广、深化是其主要原因。

(一)新古典经济学范式危机

受经典物理学的影响,新古典经济学基于机械决定论的世界观研究经济现象及其发展规律;同时,新古典经济学均衡研究范式既定资源、偏好等因素

---

① 刘林青、黄起海、闫志山:《国家空间里的能力加值比赛——基于产业国际竞争力的结构观》,《中国工业经济》2013 年第 4 期。

② Boulding K.E., "Evolutionary Economics", *stage Publication*, 1981.

③ 纳尔逊、温特:《经济变迁的演化理论》,商务印书馆 1977 年版。

制约下,理性经济人如何做出利益最大化的抉择。这一前提决定新古典经济学理论有其自身无法克服的局限,基于静态的、追求形式逻辑的简化模型研究方法不能完全解释现实中复杂的经济现象,而从机械的均衡分析转向建立在复杂系统基础上的演化分析便成为一种趋势。

(二)自然科学的推动

随着混沌理论、耗散结构理论等的发展及信息技术的不断进步,新古典经济学研究中的局限更加凸显。新古典经济学将经济运行看成是一个线性可逆的系统,但混沌理论和耗散结构理论否定了这一假设,认为经济系统受到外部刺激时可产生自主性和相干性等自组织现象①,这也使人们认识到经济系统内部会存在大量的非线性关系,一个微小的变化因素会引起系统的连锁反应,并实现新一轮的均衡状态,即可变均衡。

(三)演化理论的推广

产生于生物学领域的演化思想,在被学者引入社会科学领域之后产生了巨大反响,它在质疑传统主流经济学研究范式的局限同时,也给出了克服这一缺陷的主张,使得社会科学领域的研究更加合理。比如,受达尔文进化思想和德国历史学派影响,凡勃伦认为社会结构本身是一个不断演化的过程,会产生遗传、变异及创新的自我淘汰现象②,"一种进化的经济学一定是一种由经济利益所决定的文化发展的过程理论,一定是一种由过程本身来说明的经济制度的累积性序列理论"③。熊彼特认为创新是贯穿于经济社会变化的主线,指出非均衡和质变在社会运行中的重要作用④等。

---

①　杨宏力:《解读演化经济学的兴起》,《经济学家》2008 年第 1 期。

②　凡勃伦:《有闲阶级论》,商务印书馆 1997 年版。

③　凡勃伦:《经济学的先入之见》,商务印书馆 2008 年版。

④　Schumpeter J. A., Yntema T. O., Chamberlin E. H., et al., "Supplement, Papers and Proceedings of the Forty-sixth Annual Meeting of the American Economic Association Imperfect Competition", *The American Economic Review*, 1934, pp.21-32.

二、 演化经济学的研究框架

演化经济学是在对主流新古典经济学的质疑中产生的,不同于新古典经济学对"既定现象"的研究,演化经济学偏重研究"产生",即研究经济事物会如何发生变化。因此,不同于主流经济学的研究范式,演化经济学的研究框架目前主要包括过程分析、结构分析和系统分析。

(一)"遗传—变异—选择"的过程分析

借鉴达尔文生物进化论,引入时间变量对经济事物进行动态分析,是演化经济学的重要内容。该研究框架主要包括遗传、变异和选择三个层面:第一,遗传环节。演化经济学认为,员工习惯、企业组织和社会制度等像生物学基因一样,具备信息传播、价值传递和功能传授的作用,并且在经济运行的过程中将这些组织记忆稳定性地输出传递,而且在基于某种原因产生突变之后,能够进一步得到传承。第二,变异环节。前面提到,企业或制度中的惯例能够在运行的过程中不断得到传承,但是如果社会个体基于不断创造自身比较优势的出发点,会根据需要对自身进行积极性地创造革新,这种对原有要素进行重新组合的创造,我们称为变异。第三,选择环节。选择是指经济系统中的个体在谋求比较优势不断进行革新的过程中,如何选择和确定合适的演化路径和方向,即企业在面临内外部复杂环境动态变化的过程中选择与之相适应的惯例和行为方式。

(二)"微观—中观—宏观"的结构分析

与主流经济学通常将微观、中观及宏观三个层面割裂开来分析不同,演化经济学通过对演化机制这一线索的研究,将微观、中观和宏观层面的经济现象很好地串联起来,形成有机统一。第一,微观层面。演化经济学认为,企业惯例虽然有变异的可能性,但本质上其具有不可轻易变动的惰性,即"路径依赖",除非企业面临外部环境的严重威胁,否则很少会主动打破既定现状,这就决定了演化经济学关于企业的关键结论,即有限理性而非完全理性。同时,区别于主流经济学对企业研究基于静态的视角,演化经济学注重引入动态的分析方法,使得研究的结论更加贴近现实。第二,中观层面。中观领域内,演化经济学主要研究技术创新与产业发展之间的关系,并且着重强调从时间和空间两个维度进行阐释。时间维度方面,演化经济学认为产业演化的结果主要受到产业内企业竞争的影响,具体表现为通过企业惯例的变异进行创新,实现技术创新产业发展的良性互动。空间维度方面,演化经济学重要研究产业集聚,并认为产业集聚的出现主要是由于产业内技术创新、扩散及外溢、竞争与合作协同演化形成。第三,宏观层面。演化经济学与主流经济学虽然都关注经济增长,但是与主流经济学通过严格的前提假设及变量设定来得出理想化的结果不同,演化经济学着重强调企业异质性是引导企业进行创新发展的主要因素,并进一步认为这也是推动经济增长的微观力量,由此将微观因素与宏观变迁统一结合起来。

(三)"结构—变量—系统发生"的系统分析

主流经济学虽然提到微观因素是宏观变迁的基础,但其在具体的研究中通常将微观、中观和宏观层面的问题分别独立进行研究,而演化经济学则借助演化机制将这三个层面很好地结合起来,使其成为一个基于结构层次、变量和系统发生的系统分析框架。第一,层级结构。演化经济学将分析系统定义为包含不同微观个体、中观集群和宏观群体的统筹。微观个体包括不同的个人、家庭和企业,而这些要素又构成不同的中观产业,大量的中观组织进一步组成经济系统。每一个宏观群体均可看作一个系统层级,层级内的不同个体可以相互影响。第二,变量层级。演化经济学在分析系统演化时,可以根据变量变化的速度、程度等划分变量层级,并着重分析这些不同变量的内生变化及如何影响经济系统的变迁。而如何对层级系统进行划分以及如何选取变量,则取决于研究对象、目的及变量特征。第三,系统发生。演化经济学对于系统发生的界定,是指经济系统中的微观个体相互影响会导致宏观群体的变化,并且这一影响又是双向的,即宏观群体的变迁反过来作用于微观个体。根据层级结构和变量层级的不同,系统发生对整个经济系统作用的程度会有不同,既有可能带来表面的经济现象变化,也会导致技术、文化、生态等的深层次变迁。

第二章　我国零售业发展分析

　　零售业是零售企业向最终消费者提供产品和服务的流通产业。我国零售业经历了一个由小到大、由量到质、由粗到精、由弱到强、由线下单一业态到线上线下融合成多业态发展的过程。

　　中国全面开放以前，中国零售业发展缓慢，经营业态单一，结构相对固化，不能充分满足消费者的需求。自 1978 年对外开放以来，随着经济、政治、信息技术、文化等发展，我国零售业经历了一次由卖方主导向买方主导的转变：传统零售业以企业产品为中心到"新零售"以用户需求和体验为中心。同时，随着世界经济一体化、信息全球化进程的加快，各国经济发展联系日益紧密，内外资新型零售业态也竞相涌现。之后，"互联网+"的蓬勃发展和物流体系效率的提高，使得零售业日益向专业化、多元化和高效化发展。大中型百货店、购物中心和超级市场、折扣店和便利店、专卖店、网络零售等多元化业态不断进行渠道变革和发展创新。如今，随着电子商务的蓬勃发展，各零售企业新旧动能进一步加快了转换步伐，纷纷致力于打造线上下单、线下体验的无缝衔接和完美融合的业态模式，不断为顾客提供高质量服务和享受优质产品免费体验等新功能，这一系列新变化新措施正在逐渐提升着我国零售企业的竞争力。

　　根据国家统计局最新公布的数据显示，2018 年，我国居民人均可支配收入和消费支出分别为 28228 元和 19853 元，其中，可支配收入相比上年实增

8.68%;消费支出相比上年实增 8.36%。同时,我国社会消费品零售总额 2018 年为 380987 亿元,比上年增长 4.02%①。总体来说,社会消费品零售总额增速放缓,发展处于零售产业新旧动能转换阶段。

另据中国电子商务研究中心监测数据显示,2018 年,中国网络零售市场交易规模不断扩大,全国网络零售交易额突破了 9 万亿元,其中,实物商品的网上零售交易额达 7 万亿元,比上一年增长了 25.4%,对社会消费品零售总额增长的贡献率也达到了 45.2%,同比增长了 7.3 个百分点。与此同时,我国跨境电商发展不断升级,借着"一带一路"发展机遇,不断深化境外贸易合作。据海关数据统计,2018 年,我国跨境电子商务零售商品的进出口交易总额达 1347 亿元,同比增长了 50%。② 2018 年中国与俄罗斯、阿根廷等 9 个国家建立了跨境电商合作新机制,中国与科威特、柬埔寨、奥地利等国开展跨境电子商务交易,且交易额持续扩大,其增速同比超过了 100%,通过沟通各国电子商务的工作发展情况和经验,从而促进国家与国家的对接等,帮助零售企业开拓更大的国际市场③。而且,就中国线上消费者情况而言,由中商情报局统计可知,2018 年底,我国网络购物的用户规模已经高达 6.1 亿,比 2017 年增长了 14.4%,是中国网民总数比例的 73.6%。其中,手机网购用户达 5.92 亿,较上年增长 17.1%。同时,电子商务服务企业直接和间接带动了 3000 多万人就业。④

连锁零售企业数量和从业人员平稳增长,完整的商品链和及时完善的配送设施,不断提高着连锁零售企业的经营效率,商品销售总额也在不断增加;而对于内外资零售企业,尽管外资企业数量和销售额不断增加,但由于近几年零售业渠道发展变革的大背景,外资企业发展状况并不乐观,一些外资企业如

① 国家统计局:《2018 年居民收入和消费支出情况》。
② 数据来源:人民网 http://finance.people.com.cn。
③ 数据来源:http://www.kjqiao.com/investment。
④ 中国互联网信息中心,第 43 次《中国互联网络发展状况统计报告》,2019 年 2 月。

沃尔玛、家乐福、大润发等已经开始调整在华投资发展战略,为的就是适应零售业渠道变革发展的大趋势,提升自身竞争力,在零售产业大变革的激流中立于不败之地。

第一节 零售业的总量发展情况

零售业的发展连接着生产链和消费链,是流通产业重要的龙头,关乎国计民生,是国民经济发展的反映,因此,研究零售业总量发展状况,主要可从零售业发展水平、市场集中度和零售业劳动和资本投入状况等方面分析。

一、 零售业发展水平

(一)社会消费品零售总额的增长速度呈现放缓趋势

2005—2017 年间,我国零售产业得到了极大的发展。社会消费品零售总额逐年增加,呈现出指数型增长的趋势。2017 年,我国社会消费品零售总额达 366262 亿元,比上年增长了 10.2%。但就增速变化来看,2008 年和 2009 年受经济危机的影响,社会消费品零售总额增速放缓,从 2008 年的 28.7%一直波动下降。[①]

虽然目前全球零售产业都出现增速放缓的大趋势,但相较于美国、欧盟和日本等全球主要国家,我国零售业发展规模仍然处于较高水平。一方面体现在中美商品零售额贸易差距不断缩小,如图 2-2 所示,2017 年我国商品零售总额为 4.84 万亿美元,而美国零售额为 5.07 万亿美元,中美零售业贸易差距缩小到了 0.23 万亿美元;另一方面则体现在图 2-3 所示,2017 年,我国社会消费品零售总额增速 10.2%,比美国、欧盟、日本分别高出 5.7%、6.1% 和 8.3%。

---

① 数据来源:国家统计局网站 http://www.stats.gov.cn/。

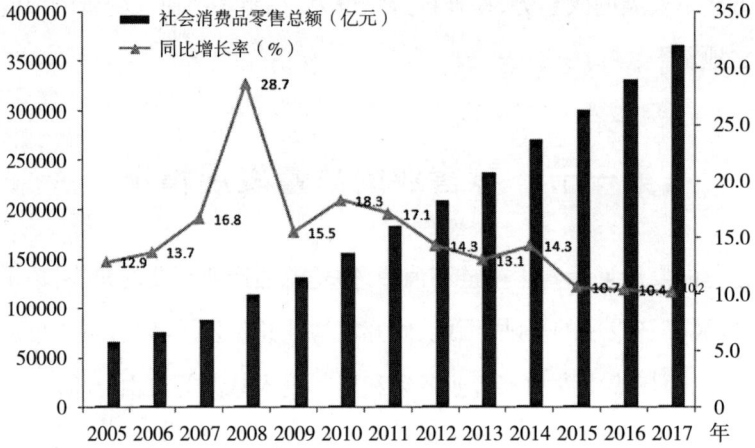

图2-1　2005—2017年社会消费品零售总额及同比增长率

数据来源：国家统计局。

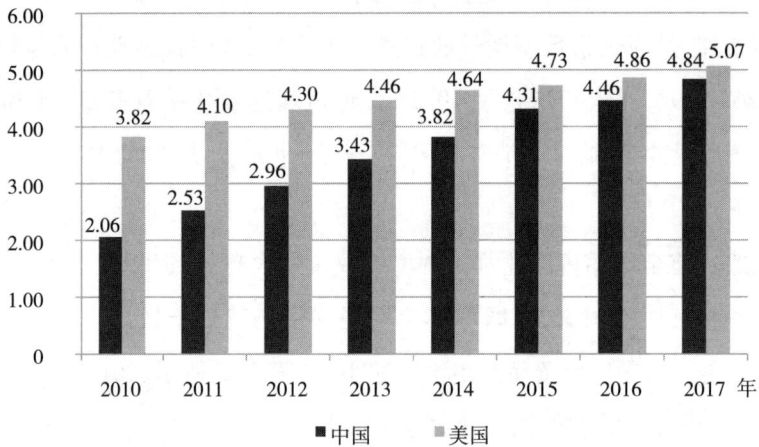

图2-2　2010—2017年中美商品零售额比较（万亿美元，%）

数据来源：商务部前瞻产业研究院。

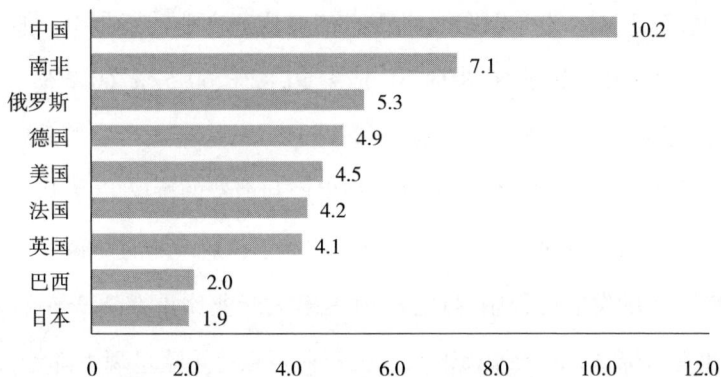

图 2-3　2017 年世界主要国家社会消费品零售总额增速比较

数据来源：商务部前瞻产业研究院。

（二）批零产值增加，增速放缓，产值占流通产业、国民生产总值及第三产业的比重呈现波动性增长

由表 2-1 显示：1995—2017 年，批发零售业的产值持续增加，之后由于 2008 年、2009 年经济危机的影响，批零产值的增速略有下降。而 2010 年之后批零产值的增速从 23.8% 逐渐下降到 2015 年的 6%，2016 和 2017 年又分别缓慢上升至 7.7% 和 9.1%。这一变化先降后升的趋势与我国零售业在 2010 年的大变革以及近几年零售企业发展变革的创新转型战略有着紧密的联系。2010 年，我国的电子商务（B2C）爆发式发展，当当网和麦考林相继上市，推动了网络零售业的变革和发展；阿里巴巴控股 B2B"一达通"，构建了高效的外贸平台；同时，在 2010 年，国家对电子商务相关法规和细则相继出台，诸如：网店的新规定、第三方支付平台的规定等推动了网络购物的健康、有序、高效运营；更有各种 B2C 平台类、自主类商城的整合出现以及对物流配送设施的投入完善，都很大程度上推动了中国 B2C 时代的到来，推动着我国近几年零售产业的制度变革、渠道优化和创新发展①。结合图 2-4，从批零产值所占流通产业历年比重可知，1995 年到 2017 年，批发零售产值一直占据流通产业的半壁江山，每年都为流通产业贡献了约

---

①　数据来源：http://tech.hexun.com。

50%的产值,而且,自2007年以来,批零产值对流通产业的贡献率一直都高于50%,2013—2017年分别是60.81%、61.15%、60.82%、60.57%、60.2%。足见,批发零售业对流通产业经济做出了很大部分的贡献,是流通产业的重要组成部分,并且整体持续增加,批发零售业是连接生产和消费的桥梁,为我国流通产业经济发展做出了很大的贡献,从某种程度上代表了流通产业的发展。

另在23年的发展历程中,批零产值占第三产业比重在20%左右平稳波动,近几年有所降低,下降到18%①,第三产业贡献比重略呈现下降趋势,说明了近几年第三产业发展速度较快,IT信息技术、人工智能、云计算及大数据与物联网等加快了第三产业的发展速度,但可显示出批发零售业对第三产业发展比较重要,加快批发零售业结构优化和质量提高的进程,会极大程度上推动第三产业的经济发展。

表2-1   1995—2017年批发零售业发展水平

年份	批发和零售业产值(亿元)	批发零售产值增长率(%)	产值占流通产业比重(%)	产值占第三产业比重(%)	产值占GDP比重(%)
1995	4778.6	26.6	51.81	23.15	7.79
1996	5599.7	17.2	52.24	23.23	7.80
1997	6327.4	13.0	52.56	22.68	7.94
1998	6913.2	9.3	51.74	21.91	8.11
1999	7491.1	8.4	51.28	21.44	8.27
2000	8158.6	8.9	49.55	20.45	8.14
2001	9119.4	11.8	49.59	19.95	8.23
2002	9995.4	9.6	49.45	19.44	8.21
2003	11169.5	11.7	50.29	19.34	8.13
2004	12453.8	11.5	48.98	18.69	7.70
2005	13966.2	12.1	48.44	18.04	7.46
2006	16530.7	18.4	49.33	18.02	7.53
2007	20937.8	26.7	50.95	18.08	7.75

---

①　数据来源:根据表2-1计算得来。

年份	批发和零售业产值(亿元)	批发零售产值增长率(%)	产值占流通产业比重(%)	产值占第三产业比重(%)	产值占GDP比重(%)
2008	26182.3	25.0	53.25	19.14	8.19
2009	29001.5	10.8	55.26	18.74	8.31
2010	35904.4	23.8	57.54	19.72	8.69
2011	43730.5	21.8	58.99	20.24	8.94
2012	49831	14.0	59.94	20.35	9.22
2013	56284.1	12.9	60.81	20.25	9.46
2014	62423.5	10.9	61.15	20.26	9.69
2015	66186.7	6.0	60.82	19.12	9.61
2016	71290.7	7.7	60.57	18.60	9.59
2017	77743.7	9.1	60.20	18.21	9.40

数据来源:《中国统计年鉴》和相关数据的计算整理。

从图2-4趋势图可以看出,1995—2017年间,批零产值对国内生产总值的贡献率在持续平稳增长,从1995年的7.79%到2017年9.4%,已经连续6年贡献率超过9%,但近几年批发零售业产值占GDP的比重有所下降,反映了近几年电子商务的冲击使批发零售业增速放缓,正面临着发展变革和转型升级的战略压力。

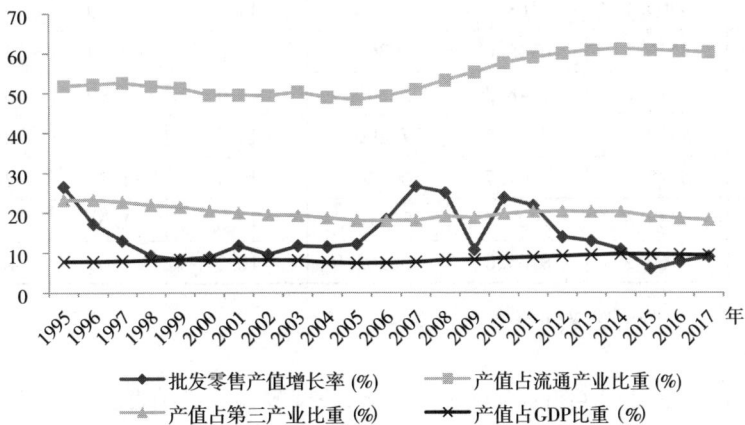

图2-4　1995—2017年我国批发零售产业的发展趋势

数据来源:中国统计年鉴、国家统计局。

二、 零售业市场集中度

零售业市场集中度是衡量一个国家或一个地区零售行业的竞争或垄断程度的常用指标,可以很好地反映出零售行业组织化程度的高低,一般情况下,零售业市场集中度高,意味着零售业的组织化程度高,反之,则说明零售业的组织化程度低。而对零售业市场集中度的测算方法,多数学者采用的是 CR_4 或 CR_8[①]来表示,具体公式是:$CR_n =$ 前 n 位零售企业销售额之和/社会消费品零售总额。

表 2-2　2005—2017 年中国零售产业的市场集中度

年份	连锁百强前4位销售之和(亿元)	连锁百强前8位销售之和(亿元)	社会消费品零售总额(亿元)	社会消费品零售总额增长率(%)	CR_4(%)	CR_8(%)
2005	1929.3	2804.7	67176.6	12.9	2.87	4.18
2006	1929.3	3680.8	76410.0	13.7	2.52	4.82
2007	3252.6	4587.0	89210.0	16.8	3.65	5.14
2008	3650.7	5252.1	114830.1	28.7	3.18	4.57
2009	3922.6	5716.7	132678.4	15.5	2.96	4.31
2010	5009.7	7055.2	156998.4	18.3	3.19	4.49
2011	4209.1	6188.7	183918.6	17.1	2.29	3.36
2012	4576.3	6948.0	210307.0	14.3	2.18	3.30
2013	4518.6	7148.3	237809.9	13.1	1.90	3.01
2014	4759.1	7354.5	271896.1	14.3	1.75	2.70
2015	5295.9	7867.7	300930.8	10.7	1.76	2.61
2016	5349.8	7909.6	332316.3	10.4	1.61	2.38
2017	5960.8	8565.0	366262.0	10.2	1.63	2.34

数据来源:《中国统计年鉴》及《中国连锁经营年鉴》。

首先,从表 2-2 可知,2005—2017 年,我国零售业连锁百强销售额不断增

---

① 史东辉:《产业组织学》,格致出版社 2010 年版,第 123 页。

加,其市场集中度也进一步提高。CR4 和 CR8 指标均呈现出先升后降态势,
CR4 从 2005 年的 2.87% 增加到 2010 年的 3.19%,CR8 从 2005 年的 4.18% 增
加到 2010 年的 4.49%,之后 2010—2017 年均呈现下降态势。相比而言,20
世纪 50 年代末到 80 年代中后期,美国零售业市场集中度 CR4 的平均水平已
均在 16% 以上,2006 年以来美国零售百强的市场集中度也已高达 35%,对经
济的拉动作用很是显著,远远超过我国零售业近几年的市场集中度①。这也
说明了目前我国零售业的市场集中度低、企业的组织规模小、组织化的程度
低、经营比较分散的特点很突出,零售业市场集中度仍有很大提高空间。因
此,零售业急需优化企业的规模结构,整合线上线下零售企业、优化内外资
零售结构、发展多种业态,打造全国范围甚至世界范围内有影响力的零售
航母。

其次,零售百强企业是我国零售产业的领头羊,零售百强销售规模和连
锁零售百强销售规模的发展也在一定程度上代表了零售产业的市场集
中度。

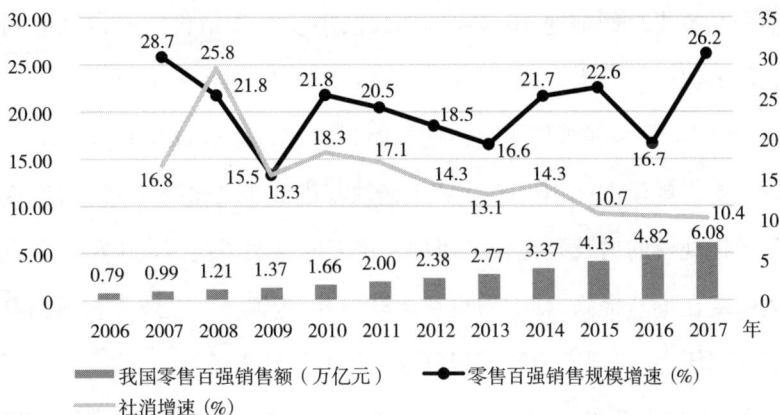

图 2-5　2006—2017 年零售百强的销售规模及增速

数据来源:中国商业联合会中华全国商业信息中心(图 3-6 至图 3-8 与此来源相同)。

---

① 徐康宁:《开放经济中的产业集群与竞争力》,《中国工业经济》2001 年第 11 期。

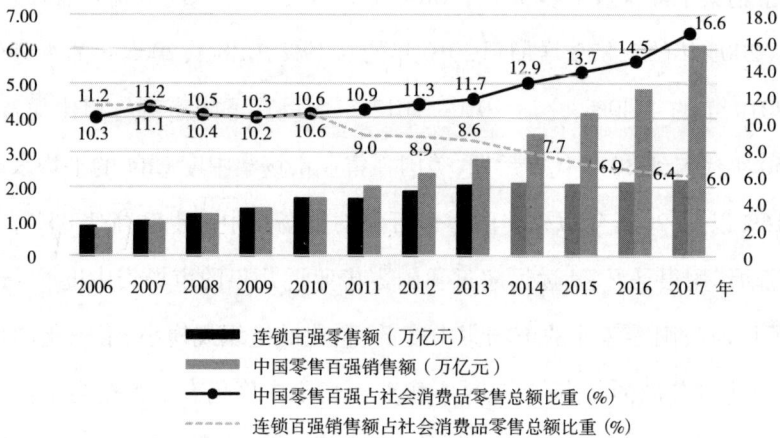

图 2-6　2006—2017 年零售百强及连锁零售百强销售规模占社会消费品零售总额的比值

　　从图 2-5 和图 2-6 中 2006—2017 年零售百强的销售规模变化可知,这 12 年间,零售百强企业的销售总额持续增加。销售额从 2006 年的 0.79 万亿元增长到 2017 年的 6.08 万亿元,增长了 7.7 倍左右。2010 年以来,零售百强销售规模增速一直高于社会消费品零售额增速,2017 年为 26.2%,远远高于社会消费品零售总额增速 10.2%①。另外,零售百强销售规模占社会消费品零售总额的比重一直上升,2016 年占比 14.5%,2017 年为 16.6%。而且,2010 年以来,我国零售百强销售规模占比开始超过连锁零售百强的占比,2017 年,零售百强销售规模占比 16.6%远高于连锁零售百强之比的 6.4%②,但连锁零售百强销售规模的增长是比较稳定的。这充分反映了我国大中型零售企业的市场集中度在不断提高,影响力也在逐渐提升,连锁百强企业正在面临着渠道变革创新的压力,我国大中型零售百强的发展仍任重道远。

　　再者,从图 2-7 可知,2013 年以来,1—10 名的销售规模对零售百强整体销售规模贡献率高达 50%以上,并逐年上升,而 11—60 名和 61—100 名的销

①　数据来源:根据图 3-5 计算得来。
②　数据来源:根据图 2-5 和图 2-6 计算得来。

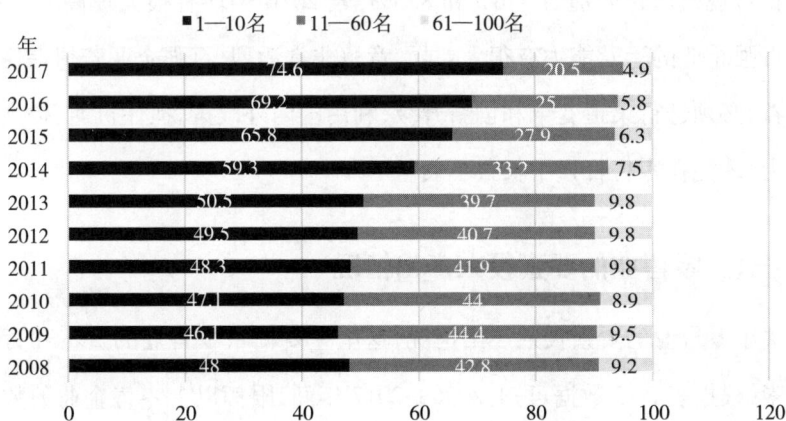

图 2-7　2008—2017 年零售百强企业各阶段销售规模占零售百强整体规模的比重（%）

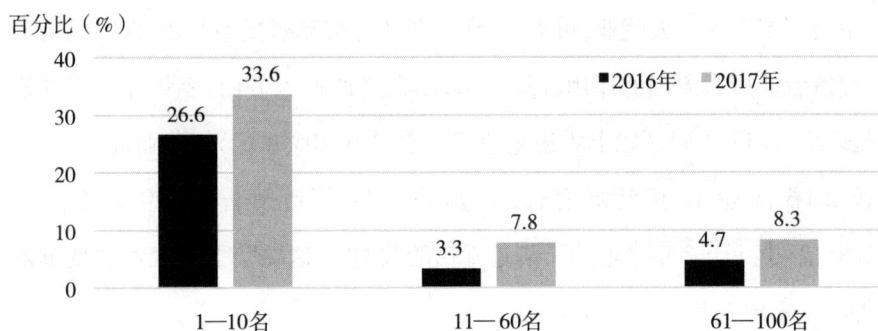

图 2-8　近两年零售百强企业销售总额的分段增速

售规模的贡献率在缓慢下降。2017 年,零售百强 1—10 名企业的销售规模为
4.54 万亿元,占零售百强总销售规模 74.6%。11—60 名占比 20.5%,61 到
100 名占比 4.9%①。由此变化可知,零售百强企业前十名对零售百强销售规
模贡献很大,是整个零售百强企业的中坚力量。

　　另外,从图 2-8 可以看出 2017 年,1—10 名零售百强企业的销售规模同
比增长 33.6%,高 2016 年 7 个百分点,11—60 名的中间企业和 61—100 名的

---

① 数据来源:根据图 2-7 计算得来。

企业销售规模增长分别为 7.8% 和 8.3%,较 2016 年均有很大提高①。可见,零售百强企业的运营能力有很大差异,竞争非常激烈,百强企业若想保住或提升效益,必须进行渠道变革和创新升级,利用国内外政策,抓住机遇,提高自身竞争力,才能在零售百强中长久不衰。

三、 零售业的要素投入产出情况

关于零售业的要素投入产出情况,这里主要衡量零售业的资本和劳动投入要素,根据表 2-3 数据可知:2006—2017 年间,限额以上零售企业的数量不断持续增加,2006 年,法人企业数 23663 家,2017 年,高达 99182 家,增长了近 5 倍;由此带动的从业人数也一直增加,2006 年,吸纳 319.4 万人就业,2017 年,解决了 677.5 万人就业,可见,零售企业作为劳动密集型产业,在吸纳劳动力、缓解就业压力方面的作用日益突出;而在资产投入方面,零售业资产规模增幅较大,2017 年限额以上零售企业资产总计 61205.9 亿元,营业面积、销售额较 2006 年也有了大幅增长,特别是零售商品销售额,2017 年高达 123085.28 亿元,12 年来增加了将近 6 倍的收益②,这反映了零售业的变革发展提高了零售企业的营运效益。

表 2-3　2006—2017 年限额以上零售企业投入

年份	法人企业数(个)	年末从业人数(万人)	资产总计(亿元)	商品销售额(亿元)	年末零售营业面积(万平方米)	人均劳效值(万元/人)	地效值(元/平方米)
2006	23663	319.4	9965.6	22460.5	12397.6	70.32	18116.81
2007	26691	355.3	11809.2	27121	16091.1	76.33	16854.66
2008	41503	422.1	16380	37969	19075.5	89.95	19904.59

---

① 数据来源:根据图 2-8 计算得来。
② 数据来源:根据表 2-3 计算得来。

续表

年份	法人企业数（个）	年末从业人数（万人）	资产总计（亿元）	商品销售额（亿元）	年末零售营业面积（万平方米）	人均劳效值（万元/人）	地效值（元/平方米）
2009	42615	436.7	19522.9	43331	22727.9	99.22	19065.11
2010	52306	501.3	24557.8	57514.6	26189.8	114.73	21960.69
2011	58471	527.6	30842.9	71824.9	21227.8	136.14	33835.30
2012	65921	575.2	37727.3	83441.3	25134.9	145.06	33197.39
2013	80366	655.3	44438.4	98487.3	28827.5	150.29	34164.36
2014	87652	681.9	50824.9	110641.4	31255.8	162.25	35398.68
2015	91258	682.8	53597.3	114255.3	32651.3	167.33	34992.57
2016	98305	697.7	60436.98	126612.3	33905.3	181.47	37342.92
2017	99182	677.5	61205.9	123085.28	33250.2	181.68	37017.91

数据来源：中国统计年鉴、国家统计局。

另外，用商品销售额与从业人数之比，计算出每人的销售额来表示人均劳效值，用每平方米的商品销售额来表示每平方米地效值，由计算可知，人均劳效值和地效值均呈现出持续增长的趋势。2006 年，人均劳效值 70.32 万元/人，人均地效值为 18116.81 元/平方米，2017 年，人均劳效值增加到 181.68 万元/人，增长 2.58 倍①，人均地效值为 37017.91 元/平方米。可见，人均劳效值增速高于地效值，反映出零售企业的人力资本是企业效益增加的重要动力。因此，要提高我国零售企业的竞争力，零售企业员工的素质和技能非常重要。

第二节　零售业的结构发展分析

至于我国零售业发展的结构，这里主要从连锁经营状况、各业态的结构分

---

① 数据来源：根据表 2-3 计算得来。

布、连锁零售各行业销售情况、网络零售发展以及所有制结构等方面进行分析。

一、 连锁经营情况

零售企业采用连锁经营,主要目的是为了实现零售标准化、规模化和统一化的经营管理,是为了提高企业自身的经营效率和社会竞争力。根据表2-4相关数据,可以对2004—2017年连锁零售企业的基本发展概况简单分析:

2004年连锁零售企业门店数量为7.76万家,截至2017年底增加到23.61万家,商品销售额从8393.6亿元增加到了35629.06亿元,增长了4倍多;这期间,连锁零售企业的营业面积和从业人员也分别达到了17329.62万平方米和234.92万从业者,人均劳效值总体呈现上升趋势,地效值自2011年后波动下降;零售企业连锁率在2007年之前每年递增,但2008年以来零售企业放慢了连锁速度,截至2017年底,连锁率仅为9.73%,远低于发达国家零售企业平均连锁率60%以上①。尽管2011年之前我国连锁零售企业连锁经营的规模经济效应突出,但近几年连锁零售实体店的规模经济效应却呈现下降态势,这一变化反映了近几年来电子商务的蓬勃发展压缩了实体零售企业的发展空间,但由于劳动者素质和技能在不断提高,所以近几年人均劳效值也在不断提高,可见挖掘人力资本的潜力可以为连锁零售企业带来无限的增长动力。

表2-4 2004—2017年连锁零售企业发展概况

年份	连锁零售企业门店总数(个)	连锁零售企业营业面积(万平方米)	连锁零售企业商品销售额(亿元)	连锁零售企业从业人员数(万人)	人均劳效值(万元/人)	地效值(元/平方米)	连锁率(%)	社会消费品零售总额(亿元)
2004	77631	7202.6	8393.6	128.2	65.47	11653.6	14.11	59501
2005	105684	8687.5	12587.8	160.1	78.62	14489.6	18.74	67176.6
2006	128924	8979	14952.2	187.1	79.92	16652.4	19.57	76410

---

① 数据来源:根据表2-4计算得来。

续表

年份	连锁零售企业门店总数(个)	连锁零售企业营业面积(万平方米)	连锁零售企业商品销售额(亿元)	连锁零售企业从业人员数(万人)	人均劳效值(万元/人)	地效值(元/平方米)	连锁率(%)	社会消费品零售总额(亿元)
2007	145366	10044	17754.34	186.2	95.35	17676.6	19.90	89210
2008	168502	10197.8	20466.53	197.1	103.84	20069.6	18.87	108487.7
2009	175677	11809.2	22240	210.9	105.45	18832.8	16.76	132678.4
2010	176792	12756.8	27385.43	225.2	121.60	21467.3	17.44	156998.4
2011	195779	13670.7	34510.7	249.1	138.54	25244.3	18.76	183918.6
2012	192870	14765.9	35462.1	256.3	138.36	24016.2	16.86	210307
2013	204090	15640.3	38006.9	255.9	148.52	24300.6	15.98	237809.9
2014	206415	16221.3	37340.6	250.2	149.24	23019.5	13.73	271896.1
2015	209812	16862.4	35400.4	248.1	142.69	20993.7	11.76	300930.8
2016	232444	17960.1	35922.9	245	146.62	20001.5	10.81	332316.3
2017	236103	17329.62	35629.06	234.92	151.66	20559.6	9.73	366261.6

数据来源:中国统计年鉴、国家统计局。

另外,比较我国各区域的连锁发展概况,由表2-5可知,各地区连锁经营概况存在显著差异。2017年,东部的连锁率达11.22%,高于中、西部。门店总数、年末从业人员、年末零售营业面积、商品销售额、社会消费品零售总额以及网上零售额等数据显示:东部连锁经营效率远远高于中西部。此外,从门店总数、从业人数、商品销售额及网上零售额来看,中、西部差距在逐渐缩小,这充分说明电子商务的发展为西部连锁零售企业提供了较好的发展机遇。

再则,从我国各省、区、市来看,宁夏、新疆、上海、北京的经营连锁率较高,分别为30.8%、24.0%、27.0%和27.3%,其中宁夏、新疆这两年发展连锁经营的速度较快,但仍低于发达国家平均30%以上的经营连锁率,美国更是高达60%的连锁经营率①;对于各地区的社会消费品零售总额,广东省最高,为

① 胡旸、杨毅:《西方发达国家零售业发展趋势及启示》,《人民论坛》2010年第10期。

38200.1亿元，山东、江苏、浙江次之，而就各地区网上零售额而言，广东仍为第一，达15683.3亿元，对本省社会消费品零售额贡献了将近50%的比率①，浙江、北京、上海次之。这也充分说明了中国的劳动者大多集中在广东、山东、浙江、江苏、上海、北京等东部沿海城市工作，加上东部沿海地区信息技术和经济、政府政策的推动，东部第三产业相比中西部较为发达，就业机会多，吸纳了更多的从业人员，而人力资本的力量反过来又推动着这些地区经济、电子商务等的快速发展，推动着连锁经营企业竞争力提升。

表2-5　2017年东、中、西部地区连锁企业经营情况

地区	门店总数（个）	年末从业人数（人）	年末零售营业面积（万平方米）	商品销售额（亿元）	社会消费品零售总额（亿元）	连锁率（%）	网上零售额（亿元）	实物商品网上零售额（亿元）
东部	146467	152.1	11771.5	23463.1	209190	11.22	62290.8	46080
中部	48987	50	3534.1	7716.4	101589.8	7.60	7838.6	4999.6
西部	40649	32.7	2024.2	4449.8	53125.6	8.38	5137.2	3436.9

数据来源：中国统计年鉴、商务部。

表2-6　2017年部分地区连锁零售企业基本情况

地区	门店总数（个）	年末从业人数（万人）	年末零售营业面积（万平方米）	商品销售额（亿元）	社会消费品零售总额（亿元）	连锁率（%）	网上零售额（亿元）	网上零售额增长率（%）	实物商品网上零售额/亿元	实物商品网上零售额增长率（%）
全国	236103	234.9	17329.6	35629.1	366261.6	9.7	71750.7	32.2	54805.6	28
北京	8176	16.9	907.1	3165.8	11575.4	27.3	6823.6	15.9	5149.2	11.9
天津	2232	2.7	198.8	512.4	5729.7	8.9	1061.8	37.1	830.2	31.1
河北	5879	5.5	648.6	1237.1	15907.6	7.8	1352.2	33.4	1104.4	29.8
山西	4167	3.8	312.3	460.4	6918.1	6.7	330.8	65.5	158.3	61.3
内蒙古	712	0.6	36.1	36.4	7160.2	0.5	242.1	54.2	98.2	26.5

---

①　数据来源：根据表2-5、表2-6计算得来。

续表

地区	门店总数（个）	年末从业人数（万人）	年末零售营业面积（万平方米）	商品销售额（亿元）	社会消费品零售总额（亿元）	连锁率（%）	网上零售额（亿元）	网上零售额增长率（%）	实物商品网上零售额/亿元	实物商品网上零售额增长率（%）
辽宁	6870	5.5	525.7	717.7	13807.2	5.2	819.8	32.6	554.4	33.6
吉林	2011	1.3	61.2	177.6	7855.8	2.3	286	26.4	122.3	22.4
黑龙江	1845	1.9	61.3	244.5	9099.2	2.7	321.7	48.6	155	25.8
上海	17706	22.5	1065.4	3198.4	11830.3	27.0	6787.1	25.7	5817.9	23.9
江苏	21592	27.5	2317.2	4483.5	31737.4	14.1	7006.9	39	5545.3	34.8
浙江	25291	14.1	1131	2116.2	24308.5	8.7	12297.9	29.4	8503.2	27.7
安徽	9850	9.2	582.7	1674.7	11192.6	15.0	1411.9	48.2	1107	46.2
福建	10492	11.4	1107.2	1513.8	13013	11.6	3147.2	36.7	2642.8	34.8
江西	4840	5.2	344.3	1069.3	7448.1	14.4	686.3	49.3	529.4	39.1
山东	13948	17.9	1915.8	2070.9	33649	6.2	2539.3	37.5	2084.5	32.3
河南	6130	6.7	562.3	882.1	19666.8	4.5	1735.7	51.5	977.5	44.2
湖北	9605	12.6	709.5	1961	17394.1	11.3	1716.6	37.2	1131.8	30
湖南	9827	8.7	864.4	1210.4	14854.9	8.1	1107.5	41.8	720.1	32
广东	27542	23.3	1454.4	3408.8	38200.1	8.9	15683.3	34.2	13605.7	31.3
广西	5904	4.3	460.8	847.3	7813	10.8	4558.3	56	209.4	43.9
海南	835	0.5	39.5	191.2	1618.8	11.8	213.4	38.9	33	25.5
重庆	12324	8.9	462.4	944.7	8067.7	11.7	794.6	45.2	473.9	44.1
四川	11736	9.3	382.9	764	17480.5	4.4	2013.4	22.5	1474.2	20.2
贵州	1409	1.1	46.1	66.8	4154	1.6	352.5	78.5	188.1	60.7
云南	5705	3.5	205.8	462.7	6423.1	7.2	388.6	38.5	211.8	26.4
西藏	74	0.1	3	2.7	523.3	0.5	26.5	393.6	9.5	121.3
陕西	3014	3.5	253	985.4	8236.4	12.0	1171.8	9.6	951.7	0.7
甘肃	1156	0.9	76.3	173.8	3426.6	5.1	235.6	85	44.6	39.4
青海	190	0.5	19.7	32	839	3.8	32.3	212.2	10.4	15.1
宁夏	1345	1.5	218.4	286.8	930.4	30.8	45.2	147.8	20.1	42.5
新疆	3696	3.4	356.6	730.9	3044.6	24.0	76.7	53.4	52.6	20

数据来源：中国统计年鉴。

二、 零售业态的发展变化

目前,我国的零售业态若按品类特点划分,主要以超市、大型超市、百货、专卖店、购物中心、电商为主,其他是一些便利店、仓储会员店等,按零售业态可见性划分,则有实体店面和无店铺两大类。

从表2-7中2015—2017年零售连锁企业各业态发展可知,近几年连锁零售经营较好的是专业店、专卖店、厂家直销店、便利店、折扣店、百货等业态,开店数量、商品销售额都持续增加,尤其是专卖店、专业店、厂家直销店效益良好。但大型商超数量有所减少,超市、仓储会员店的效益不太乐观。2016年和2017年,专业店和专卖店商品销售额分别为22565.9和22545.5亿元,比2015年有所增加,其次厂家直销店门店总数2015年306家,2017年扩张到711家,增加到近2倍,销售额在2017年达到了57.6亿元,与2016年略持平。其次是加油站12628.3亿元、百货店3778亿元、大型超市和超市销售额7935.4亿元,反映了各业态2017年的商品销售额较2016年略有所下降①,但仍保持较高的发展的水平。在就业方面,各业态发展带动的就业人数变化并不明显,甚至有下降趋势,这种现象反映出近几年信息技术的快速发展也促使一些地区自动售卖机和无人店铺的发展。由此可见,近几年零售业发展中,专业店、专卖店、厂家直销店、便利店、折扣店、百货等是连锁经营企业主要采用的业态;其中,专业店、厂家直销店的较快发展既反映了消费习惯的逐渐改变,也反映了电子商务的发展缩短了零售渠道,节省了时间和成本;大型商超、超市、仓储会员店实体门店数量缓慢下降说明了供给侧改革加快了零售实体店的转型升级;另外,加油站的发展,也充分说明了近几年物流效率的提高加快了连锁零售企业的运营发展。

---

① 数据来源:根据表2-7计算得来。

表 2-7　2015—2017 年零售企业各业态的连锁发展情况

业态类型	2017 年			2016 年			2015 年		
	门店总数（个）	年末从业人员（万人）	商品销售额（亿元）	门店总数（个）	年末从业人员（万人）	商品销售额（亿元）	门店总数（个）	年末从业人员（万人）	商品销售额（亿元）
便利店	24060	9	482.9	18588	8.4	422.5	17675	8.3	387.2
折扣店	448	0.2	26.7	540	0.2	29.8	410	0.21	31.5
超市	29881	42	3520.3	33372	42	3067.2	33301	43.5	3118.1
大型超市	6155	47	4415.1	8452	53.6	5108	8584	55.95	4963
仓储会员店	98	1.3	230.5	97	1.25	259.3	128	1.46	250.3
百货店	6148	27.9	3778	4987	26.3	3896.5	4867	26.4	3841.6
专业店	125362	84.8	20392.8	118601	90	20573.7	112959	92.8	20521
加油站	33321	24.5	12628.3	35970	27.8	12957	35710	28.98	13313.9
专卖店	31238	17.4	2152.7	32413	17.6	1992.2	21093	14.56	1739.7
家居建材店	61	0.3	46.5	57	0.27	44.1	64	0.29	46.9
厂家直销店	711	0.4	57.6	612	0.37	59.9	306	0.4	17.7
其他业态	11941	4.7	526.1	14725	5.02	469.8	10425	4.56	483.5

数据来源：中国统计年鉴。

　　从图 2-9 2017 年零售百强各主要业态的发展来看，7 家电商创造的销售规模同比增速高达 41.2%，占零售百强销售总额的 58.7%，贡献率较 2016 年提高了 7.5 个百分点。以经营专业店和购物中心的为主分别有 12 家和 9 家，二者增速分别为 15.4% 和 16.1%。主要经营百货的 46 家企业，销售规模增速是 8.3%，较上年提高 5%，主要经营超市的 25 家企业增速为 4.1%，增速相对缓慢，但仍占零售百强销售规模的 12%①。由此可见，零售多业态发展相对于

_____

① 　数据来源：根据图 2-9 计算得来。

单一业态更具有经济活力,传统超市面临着零售渠道变革和转型升级。尤其是电商的发展,对百强更是一个较大的机遇,零售百强纷纷向"新零售"变革转型,实行"实体+电商"模式,线下体验,线上销售,实行线上线下一体化经营,保持自身稳固地位和提高发展竞争力。

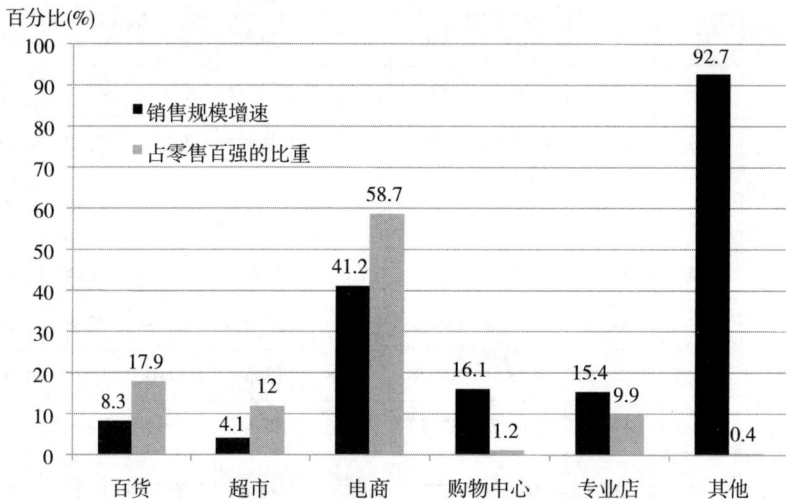

图 2-9 2017 年零售百强各业态销售规模概况

数据来源:中国商业联合会中华全国商业信息中心。

三、 连锁零售各行业发展情况

近几年我国零售业发展情况,可由表 2-8 消费者集中消费的商品类型等相关数据进行分析:

表 2-8 2012—2017 年连锁零售各行业商品销售额情况(亿元)

零售商品行业	2012 年	2013 年	2014 年	2015 年	2016 年	2017 年
综合零售	11446.8	12569.1	12471.7	13027.4	13173.7	13070.4
食品、饮料及烟草	255.6	294.4	307.5	351.3	448.7	488.4
纺织、服装及日用品	369.5	376.7	433.2	463.3	520.5	692.5

续表

零售商品行业	2012 年	2013 年	2014 年	2015 年	2016 年	2017 年
文化、体育用品及器材	266.9	453.4	484.5	516.5	556.2	615.6
医药及医疗器材	638.4	782.5	1208.5	988.9	1142.6	1588.6
汽车、摩托车、燃料及零配件	6231.23	6568.2	6736.3	5575.3	5268	6095.5
家用电器及电子产品	3407.7	3352.6	2191.9	3651	3968	3569.7
五金、家具及室内装潢	64	67.9	62.9	67.7	75.7	85.7
无店铺及其他	12.8	15.3	10.6	7.6	10	12.4

数据来源:国家统计局、商务部、中国产业信息中心。

　　2012—2017 年,我国连锁零售企业各行业消费主要集中于综合零售、运输工具、燃料及配件、家用电器及电子商品方面。其中,最近 6 年,综合零售销售额一直在增加,到 2017 年达到 13070.4 亿元,占社会消费品零售总额将近 4%,但较 2016 年商品销售额有所下降,反映出这两年综合零售业发展略有放缓趋势;另外,食品、饮料、日用品和文化体育类商品销售额持续增长,且增速较快,但在 2014 年和 2015 年,食品类及文化用品类商品增速出现了放缓的拐点,2016 年之后[①],又呈现出较快的增长趋势,反映出 2014 年 O2O 模式的出现,线上和线下的融合发展,让一些连锁零售企业开始进一步思考零售渠道变革和供应链的转型升级。

　　从汽车、摩托车、燃料及配件来看,其销售额最近 5 年在 2014 年达到了最高,为 6736.3 亿元,之后便逐渐呈现下降趋势,2017 年有所上涨为 6095.5 亿元[②],这与我国最近几年实行的"禁摩"政策和我国 2014 年和 2015 年出台的

---

①　数据来源:根据表 2-8 计算得来。
②　数据来源:根据表 2-8 计算得来。

补贴支持新能源汽车及零部件的政策密切相关。

从家电、电子、家具和室内装潢销售情况看,可以发现二者销售额都在 2014 年出现了大幅下降,2015 年之后商品销售额又开始慢慢回升,2017 年家用电器及电子产品和室内家具装潢销售额分别达到 3569.7 亿元和 85.7 亿元[①]。这一变化背景与 2014 年逐渐出现的智能家居、环保节能型家电及电子产品有关,同时也意味着我国家居类、家电和电子产品类商品要想稳定开拓市场和保持自身竞争力,必须进行产品的升级换代和零售渠道的变革。

从医药及医疗器材最近 6 年的发展来看,可以分为两个阶段分析,第一个阶段是从 2012 年的 638.4 亿元到 2014 年的 1208.5 亿元,几乎增长了一倍,反映了近几年随着居民消费水平的提高和工作生活压力的增大,越来越多的消费者更多地开始关注健康问题;第二个阶段是 2014—2017 年,其间,2015 年,医药及医疗器械销售额下降到 988.9 亿元,之后在 2017 年又逐渐回升到 1588.6 亿元[②],这与 2013 年以来推行的相关政策有紧密联系,2014 年,我国又出台新的医疗器械监管条例,同时,十三五规划也明确提出发展高端数字科技化的医疗器械的意见,加上 2014 年 O2O 模式的爆发,使得一些从事医药及医疗器械的零售企业纷纷进行销售渠道变革和供应链管理的升级换代,来适应国家政策的需要和医疗器械产业未来发展的趋势。

最后,从作为现代一种重要营销形式的无店铺销售情况看,其销售额在 2017 年达到 12.4 亿元,5 年中销售额不断呈现波动上升和下降趋势[③]。反映了无店铺销售在我国发展仍然处于起步阶段,面临着东西部发展不平衡、产品不完善、经营不规范、管理不到位、消费者素质有待提高等问题,但无店铺销售模式在我国具有很大的市场潜力,是我国未来零售业进行渠道改革的一个重

---

① 数据来源:根据表 2-8 计算得来。
② 数据来源:根据表 2-8 计算得来。
③ 数据来源:根据表 2-8 计算得来。

要方向。

　　连锁零售各行业近几年的发展变化情况,都折射出国家政策的变化,可见政策对零售业发展有较强的指导作用。

四、 网络零售发展

　　近几年电子商务的蓬勃发展使得网络零售业也进入了一个崭新阶段。

　　从表2-9来看,2017年,我国电子商务交易额达到了286600亿元,由电子商务服务企业带动的直接或间接从业人员高达2830万人;网络零售市场交易规模也在逐年递增,仅6年间,从10103亿元到71751亿元,网络零售额增长了7倍之多;移动网络交易规模从2012年的691亿元增长到2017年底的51027亿元[①],增速极快,显示出消费者指尖消费比重增长很快,这得益于智能手机的普及应用;网络购物用户规模持续扩大;这充分反映了电子商务发展不仅推动了购物消费方式和支付方式的变革,还支持带动了我国劳动者就业,缓解了就业压力,开发了人力资本的经济潜力。其中,支付方式的变革是指,2016年以来,微信、银联和支付宝等移动性的支付方式,在大中小型实体店中、在城乡实体店中逐渐普及。而且,就我国互联网中心的相关数据可知,消费者在购物结算时多使用智能手机支付,这一比例竟高达50.3%,而且,城乡移动支付使用率之比已经接近7∶3[②],农村地区也在逐渐适应这一变革趋势。而反过来,购物消费方式多样化,支付方式的变革和高效的人力资本开发对网络零售交易规模的扩大和网络零售市场的发展优化有很大作用,同时也推动我国电子商务交易市场的发展和变革,为我国经济发展提供强大助力。

---

① 数据来源:根据表2-9计算得来。
② 数据来源:中国互联网中心。

表 2-9　2012—2017 年中国网络零售市场的发展情况

年份	电子商务服务企业直接从业人员规模（万人）	电子商务服务企业间接从业人员规模（万人）	网络零售市场规模（亿元）	网络购物用户规模（亿人）	社会消费品零售总额（亿元）	移动网购交易规模（亿元）	中国电子商务市场交易规模（亿元）
2012	200	1500	10103	2.47	210307	691	78500
2013	235	1680	18851	3.12	237809.9	2731	102000
2014	250	1800	28211	3.8	271896.1	9285	134000
2015	270	2000	38285	4.6	300930.8	20184	183000
2016	305	2240	53288	5	332316.3	44726	229700
2017	330	2500	71751	5.33	366262	51027	286600

数据来源：中国历年统计年鉴、国家统计局。

图 2-10 显示，从发展趋势来看，网络零售规模的增速呈现出放缓的趋势。2013 年，网络零售规模增速为 42.7%，2014 年，网络零售交易额 28211 亿元，增速为 49.6%，2017 年，创造了 71751 亿元，增速为 34.6%，2018 年上半年，增速为 30.1%；其中，在 2016 年，网络实物商品的交易额高达 41944.5 亿元，同比增长 25.6%，2015 年同比增长 26.2%①，虽然增速略有下降，但高于实体店的交易额增速，对社会消费品零售总额的贡献也持续增加。网络零售增速的下降，显示出电商红利的减少，网络零售开始遭遇发展上的瓶颈，进行渠道变革不仅对实体零售提出了要求，也是对网络零售提出的新课题。

近几年在经济新常态和流通领域供给侧改革的大背景下，开展网络零售的企业也纷纷从增量发展向存量开发，追求质量、提高服务水平和消费者满意度方向进行变革升级，各企业积极融合线上线下资源，以用户需求为核心，打造线上下单、线下体验、及时配送、售后完善的新零售渠道。

从零售百强的实体店和电商开展情况来看，图 2-11 反映了 2008—2017 年，零售百强实体店的销售总额增速在波动下降，2010 年以来，增速持续下

---

①　数据来源：根据表 2-9 计算得来。

单位：亿元

图 2-10 2013—2018 年上半年网络零售市场交易规模

数据来源：中国电子商务研究中心。

降，在 2015 年达到最低 3.2%，2016 年之后缓慢回升；2017 年百强实体店销售规模增速为 7.5%。而图 2-12 显示了 2013—2017 年百强中 7 家电商销售情况：7 家电商销售规模增长迅速，2014 年，7 家电商销售额增速达到了110.1%，对百强销售规模的贡献率高达 91.1%。2015—2017 年，虽然增速略有放缓，但对零售百强销售规模的贡献率依然达到 83% 左右，高于电商销售增速。其中，在 2017 年，7 家电商中，天猫、京东贡献最大，分别占 7 家销售总额的 59.1% 和 36.3%①。这充分说明了近几年实体店面临着渠道变革和转型升级的压力，零售企业鉴于网络零售的巨大发展潜力，纷纷思考由单一实体店扩张到"实体加电商"合作发展转变。

而在表 2-10 中可以看到，零售百强前六名开展"实体加电商"的销售规模中，苏宁、国美高居首位，创造了良好的效益，分别为 2433.4 亿元和 1925.6亿元。前六名合计实现了 6415.8 亿元的销售额，对百强整体企业销售增长贡献率为 6.9%②。

① 数据来源：根据图 2-11 计算得来。
② 数据来源：根据表 2-10 计算得来。

图 2-11　2008—2017 年零售百强实体店销售规模的增速变化

数据来源：中国商业联合会中华全国商业信息中心（图 2-12、表 2-10 与此来源相同）。

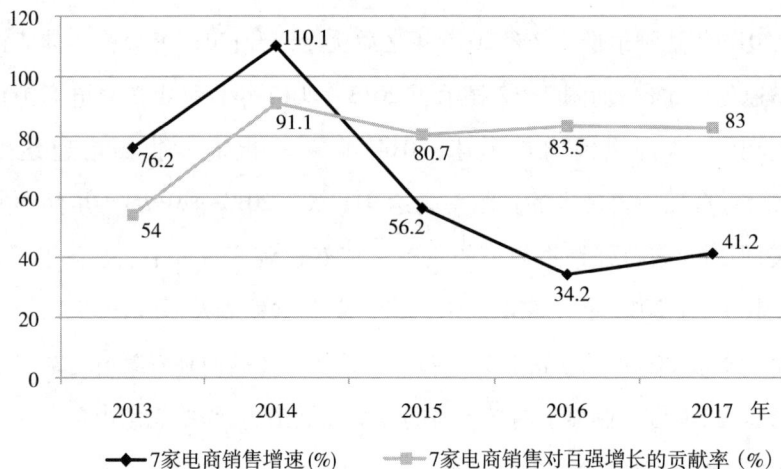

图 2-12　2013—2017 年百强中 7 家电商销售情况

表 2-10　2017 年零售百强企业前六名开展"实体店加网店"的总体销售额

序号	企业名称	销售额（亿元）
1	苏宁云商集团股份有限公司	2433.4
2	国美电器有限公司	1925.6
3	沃尔玛（中国）投资有限公司	802.8
4	永辉超市股份有限公司	654

序号	企业名称	销售额（亿元）
5	步步高集团	370.9
6	银泰商业（集团）有限公司	229.1
合计		6415.8

再则,从图 2-13 中 B2C 占有率分析,2018 年上半年我国 B2C 网络零售市场,天猫的 B2C 市场占有率依然稳居首位,占比为 55%,较上年增长 5%;京东市场份额占 25.2%,较上年增长 0.8%,紧随其后;拼多多为 5.7%,苏宁易购市场占有率 4.5%、唯品会的网络市场占有率 4.3%、国美电器占 1.2%、亚马逊中国占比 0.6%、当当网占比 0.5%;还有其他电商平台市场份额占比 3%[①]。这些电商平台的高速发展,成为引领网络零售发展的先锋力量,也打造出吸引流量的互联网商圈,大批商家纷纷选择在这些平台开拓自身线上渠道。

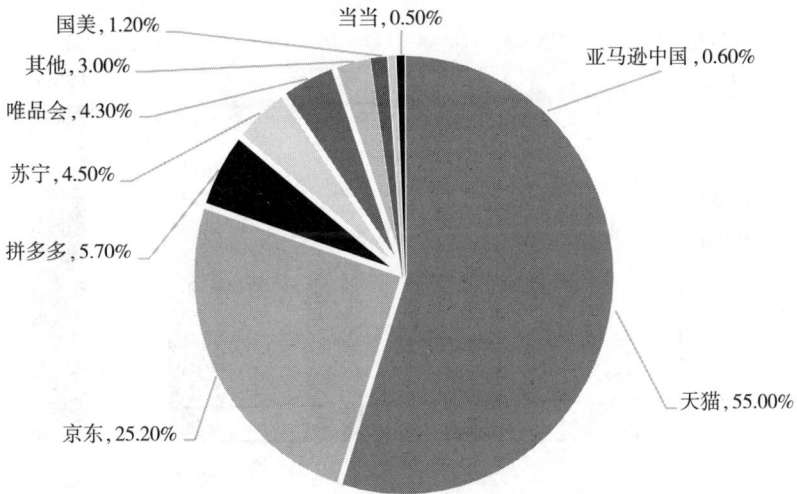

图 2-13　2018 年上半年我国的 B2C 市场交易份额占比

数据来源:商务部、中国电子商务研究中心。

---

① 数据来源:根据图 2-13 计算得来。

最后,从农村零售电子商务的发展概况来看,图 2-14 显示 2014 年到 2018 年上半年,我国农村线上零售额持续增加,从 2014 年销售额 1800 亿元达到 2018 年上半年的 16804 亿元,占我国网络零售销售额的比例持续上升,2014 年占比 6%。到 2017 年占比 17.4%①。这充分说明了国家出台的相关支持政策和电子商务的蓬勃发展推动了农村电商的快速发展,而且近几年农村电商处于发展高潮期,仅 2015—2016 年,农村电商销售额就增长了一倍多。2016 年之后,随着农村电商销售额基数的变大以及农村电商的转型升级,增速略有放缓,但仍然具有强劲的增长势头。

另外,从表 2-11 各区域农村电商发展来看,可知 2017 年前三季度农村电商在我国四大区域的发展情况良好,东北增速最快,达 62%,西部次之,达 58%②,而与 2017 年前两季度相比,西部地区农村电商增速略有下降,是因为西部电商的发展主要以发展在线旅游为主,但西部第三季度受地震等原因影响,增速略有下降。

单位: 亿元

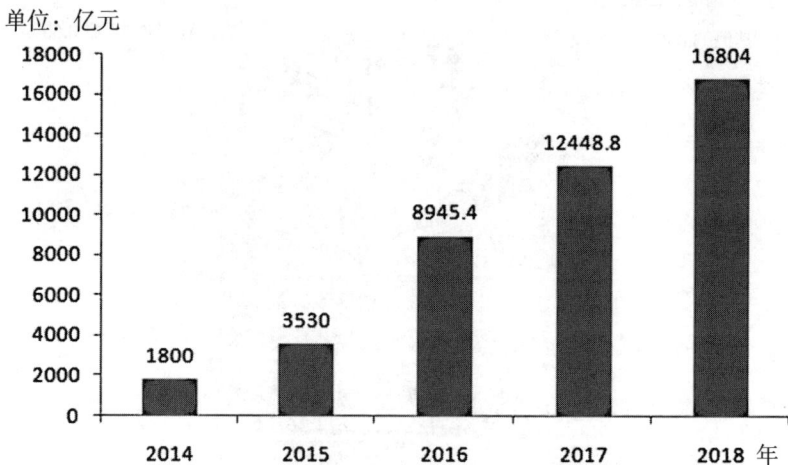

图 2-14　2014—2018 年上半年农村电商销售额

数据来源:电子商务研究中心、商务部。

---

① 数据来源:根据图 2-14 计算得来。
② 数据来源:根据表 2-11 计算得来。

表 2-11　2017 年前三季度各区域农村电商发展情况

各区域	网络零售额(亿元)	同比增长率(%)
东部	5301.7	31.60
中部	1713.3	47
西部	1155.9	58
东北	190.5	62

数据来源:商务部、电子商务研究中心。

　　目前,开展农村电商扶贫规模大且比较成功的主要有阿里巴巴、菜鸟、京东、苏宁易购、中国邮政、乐村淘及农村淘宝、拼多多、云集等,见表 2-12 所示,主要集中在农产品领域,以农村实物类和服务类商品为主,其中,实物类主要集中在农产品及其深加工、生鲜、水果、服装鞋包、保健等,服务类主要集中于农村旅游、餐饮等方面。其中,服装、鞋包的零售额占比网络零售总额14.9%,食品保健零售额占 21.9%,旅游创造的收入占 52%[①],三者在东、中、西部农村电商扶贫中的作用非常显著。虽然,农村电商仍然面临着基础设施不完善、产品不规范、物流配送体系不健全、电商融资难和农村电商人才缺乏等问题,但近几年农村电商的快速发展,也充分说明了农村电商发展的经济潜力,农村电商将是我国未来零售业经济发展的强大助力。

表 2-12　农村电商扶贫较为成功的 9 个代表企业

企业	覆　盖　范　围
阿里巴巴	千县万村工程覆盖 550 个县,2.2 万个村,合伙人超过 2 万
菜鸟	快递下乡,当日达 40%的县,次日达覆盖率 99%
京东	在 1700 多个县级服务中心和京东帮扶店,京东便利店
苏宁	在 1000 多个县建立了 1770 家直营店和超过 1 万家授权服务点
中国邮政	邮掌柜系统已覆盖 55 个农村服务站点

---

　　①　数据来源:商务部、中国产业信息中心。

续表

企　业	覆　盖　范　围
乐村淘	25 个省、900 多个县、10 万个村级体验店,采取"赶 6 集"模式
农村淘宝	29 个省、700 多个县,包括 178 个国家级贫困县和 147 个省级贫困县
云集	电商社交模式,百县千品项目,卖出农产品 600 多万斤,销售额超 5800 万元
拼多多	社交扶贫,"G2B"和"预售制"模式覆盖全国各省市和 730 个国家级贫困县

数据来源:商务部、中国产业信息中心。

五、 零售业的所有制结构发展情况

对于零售业的所有制结构发展情况,本部分主要对内外资零售企业的发展基本情况和发展趋势进行分析。

从表 2-13 可以看出,2006—2017 年,内外资零售企业资产总额逐年递增,相应地内外资企业单位和从业人数也在持续增加,带动了内外资零售企业商品销售额平稳上升;同时,外资零售企业的增速从 2011 年之前高于内资零售企业转变为增速低于内资零售企业,反映了外资零售企业在我国扩张布店的速度正在减缓;另外,从人均劳效值分析,2007 年之前内资企业人均劳效值低于外资企业,但 2008—2017 年间,内资零售企业的人均劳效值均逐渐高于外资零售企业,这几年外资企业的劳效值增速较为缓慢,反映了外资零售企业在我国本土化经营过程中出现了问题,加上外资实体零售企业遭受了网络零售的冲击,使外资实体零售企业竞争力有所下降。2016—2017 年间,百胜集团的太阳宫店、日本的华堂商场十里堡店以及英国马莎百货店,撤离了中国零售市场,之后,沃尔玛、家乐福等一些内外资企业也先后关闭了经营不佳的实体店。这也反映出,随着近几年零售业领域的供给侧改革,外资零售企业的市场投资战略也在调整。

表 2-13 2006—2017 年限额以上内外资零售企业的发展情况

年份	外资企业资产总计(亿元)	外资企业从业人数(人)	外资企业法人单位数(个)	外资企业商品销售额(亿元)	外资企业人均劳效值(万元/人)	内资企业资产总计(亿元)	内资企业从业人员数(人)	内资企业法人企业数(个)	内资企业商品销售额(亿元)	内资企业人均劳效值(万元/人)
2006	198.7	44271	114	414.6	93.60	8911.4	2908534	23129	19987.3	68.70
2007	296.8	67913	171	538.8	79.30	10392.7	3177666	26028	23873.4	75.10
2008	506.1	117845	360	935.6	79.40	14186.8	3729364	40362	32935.2	88.30
2009	908.1	142605	436	1387.4	97.30	16709.4	3827945	41313	37475.6	97.90
2010	1137.3	166276	479	1859.9	111.90	21057.9	4408866	50820	49984	113.40
2011	1462.3	183246	531	2392.1	130.54	26263.1	4613019	56779	62205.2	134.85
2012	1791.7	202449	542	2508.1	123.89	32058.8	5007215	64086	72755.7	145.30
2013	1829.2	232136	611	2917.1	125.66	37784.7	5724548	78329	86983.1	151.95
2014	2013.3	250657	635	3339.5	133.23	44157.3	5947799	85414	98067.9	164.88
2015	2058.6	251015	619	3209.1	127.84	46783.2	5955016	88977	101363.1	170.21
2016	2329.4	243911	606	3545.5	145.36	52790.0	6083084	95909	111853.6	183.88
2017	2478.77	236213	570	3904.17	165.28	51261.97	5884853	96810	107396.32	182.50

数据来源:国家统计局。

从零售百强外资企业发展看,图 2-15 显示 2011—2017 年外资零售企业销售额在不断增加,增速整体呈现波动变化,2015 年达到最低增速 0.2%,2016 年回升到 5.9%,2017 年又下降到 4.6%,外资企业销售规模占百强销售额的比重呈现持续下降趋势,2017 年占比仅为 8%①。

另外,由图 2-16 资料显示,2016 年和 2017 年外资零售企业新开店数分别为 72 家和 77 家,关店分别是 25 家和 39 家,其中家乐福和大润发等外资企业新开店面有所减少,2017 年关店数量较 2016 年上升②。

① 数据来源:根据图 2-15 计算得来。
② 数据来源:根据表 2-14 计算得来。

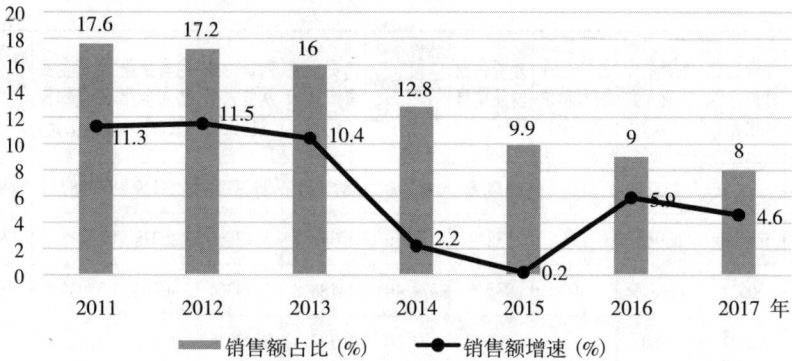

图 2-15 2011—2017 年零售百强外资零售实体企业销售额占比及增速

数据来源:中国商业联合会中华全国商业信息中心(图 3-16、表 3-14、表 3-15 与此来源相同)。

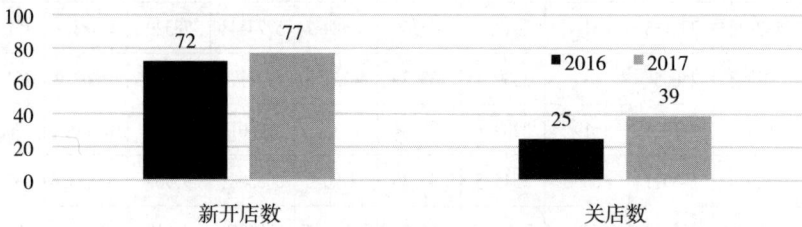

图 2-16 2016 年和 2017 年外资实体企业的开关店情况

表 2-14 2016 年、2017 年一些外资零售企业门店具体调整情况

零售企业	新开店数		关店数	
	2016 年	2017 年	2016 年	2017 年
沃尔玛	21	27	13	24
大润发	26	19	1	1
家乐福	6	3	5	6
卜蜂莲花	2	12	4	0
麦德龙	9	6	0	1
欧尚	5	1	1	2
永旺	3	9	1	5

表 2-15　2017 年零售百强 21 家主要外资企业销售情况

序号	企业名称	销售额（万元）	增速（%）
1	大润发	9540000	2.3
2	沃尔玛	8027818	4.7
3	家乐福	4979594	−1.3
4	银泰	2291282	7.5
5	郑州丹尼斯	2186620	5.6
6	锦江麦德龙	2130000	10.4
7	屈臣氏	1814088	4.2
8	金鹰国际	1797663	5.6
9	宜家	1768326	16.8
10	茂业国际	1748759	14.5
11	百盛商业	1599380	−3.9
12	欧尚	1569728	−13.1
13	永旺	1409300	20
14	江苏华地	1341710	2.3
15	卜蜂莲花	1270000	−2.3
16	新世界百货	1234000	7.3
17	迪卡侬	1054000	14.6
18	恒隆广场	809000	8.59
19	中国全家	802580	24.1
20	上海国金中心	700000	16.67
21	城都伊藤洋华堂	512000	7.8

　　而在表 2-15 中,前十名外资企业中只有家乐福出现了负增速-1.3%,21 家外资中只有 4 家:家乐福、百盛商业、欧尚、卜蜂莲花出现了负增长。大润发、沃尔玛销售规模分别为第一名和第二名①。这些数据变化反映出外资企

---

　　①　数据来源:根据表 2-15 计算得来。

业占百强的市场份额有所下降,受网络零售的冲击,很多外资零售企业不得不大批量关店或者减慢在华的开店速度,外资零售实体企业对门店的调整加大,逐渐向"实体+电商"新零售方向变革。

第三章 基于动态因子分析的零售业竞争力提升研究

改革开放四十年来,我国市场经济不断取得新突破,培育了阿里巴巴、华为、海尔、格力等一批根植于本土长期发展而又具有国际竞争力的领先型企业,同时也孕育了电子商务、信息技术、人工智能等一些新兴行业。经济的发展和国民收入水平的提高,使得消费需求日益多元,进而促使以零售业为代表的消费经济快速成长,逐渐成为国民经济的重要组成部分。2018 年,我国社会消费品零售总额超过 38 万亿元,增长 6.9%,对经济增长贡献率达到 76.2%,比上年提高 18.6 个百分点,消费成为经济增长的第一驱动力①。"互联网+""云技术"正在深刻影响着我国经济和企业发展的运营环境,也为新时期零售业的发展带来机遇与挑战。提升零售业竞争力,培育核心竞争优势,促进消费转型升级一直是关注的热点。国内外大量的实践证明,竞争力的提升不是一蹴而就的②。基础设施的投入、行业间的协同、税收政策的优化等都是影响零售业发展的因素。

---

① 冯其予:《2018 年我国零售总额超 38 万亿元　消费连续 5 年成增长第一动力》,《经济日报—中国经济网》2019 年 2 月 13 日。

② 祝合良:《新世纪提高我国零售企业竞争力的基本思路》,《经济与管理研究》2005 年第 4 期。

零售业竞争力的核心是产业竞争优势,对优势来源的研究主要集中在迈克尔·波特[1]的钻石竞争优势理论、以生产力为核心的效率理论、产业集聚为代表的集聚理论和技术创新理论。而本部分所依据的就是波特的竞争优势理论,将竞争力的来源限定在资源和要素分工协作的系统上。那么,我国零售业如何才能提升竞争力,缩小地区差异,实现高质量发展呢? 这是本章需要研究的问题。

第一节　相关文献综述

通过对竞争力文献的梳理,发现主要研究分为两类:一类是宏观层面的产业竞争力,主要关注经济发展水平、行业生产效率等方面;另一类是微观角度的企业竞争力,重点关注企业运营、财务管理、库存管理等要素。二者的研究视角不同,但相辅相成,地区内某个产业竞争力的提升既需要得到外部社会环境的保障,又需要进行行业内企业的创新推动。

产业竞争力是指某个产业在地区或者国家间进行对比时,表现出更高的效率以及快速响应市场需求、持续经营的能力[2]。强竞争力需要高效率匹配,比如需要加强产业生产率、市场营销和生产效率、劳动生产率,技术效率等的提升,而培育核心竞争优势就是有效提升竞争力[3]。已有对产业竞争力分析方法的研究分定性和定量两种:定性分析上,钱丽娟[4]从零售业规模竞争力和效益竞争力两方面开展研究;徐健[5]却从零售业效率、地区经济发展水平和消费潜力作为切入点进行研究;杨慧[6]认识到价值链对零售业竞争力的作用,因

①　Michael E.Porter, "The Competitive Advantage of Nations", *The Free Press*, 1990.

②　张春香:《基于钻石模型的区域文化旅游产业竞争力评价研究》,《管理学报》2018 年第12 期。

③　Porter M.E., "The Competitive Advantage of Nations", *The Free Press*, 1990.

④　钱丽娟:《我国中部地区零售业竞争力测度分析》,《商业经济研究》2016 年第 21 期。

⑤　徐健、汪旭晖:《中国区域零售业效率评价及其影响因素:基于 DEA-Tobit 两步法的分析》,《社会科学辑刊》2009 年第 5 期。

⑥　杨慧、刘根:《从价值链角度架构零售业竞争力》,《北京工商大学学报》(社会科学版)2016 年第 4 期,《当代财经》2007 年第 12 期。

此她从交易费用、企业资源和企业网络三方面进行分析。而波特将获取竞争优势的前提扩展为要素条件、需求条件、相关支持性产业和企业战略、结构与竞争四个要素和机会与政府两个辅助因素。

对产业竞争力进行定量分析的方法主要是文献的梳理以及模糊综合评价,彭晖[1]利用动态因子分析方法对我国东中西部零售业的竞争力进行了评价研究;潘建伟[2]根据钻石体系理论从企业规模、效益、成长性、市场需求以及环境等方面构建中国区域零售业竞争力评价体系;曾成[3]从产业规模、发展潜力、绩效以及发展环境等方面设置指标进行评价。综上,分析方法虽有不同,但大致可以将零售业竞争力的评价分为率、成长能力以及外部环境三大部分。

企业竞争力是确保企业可持续性发展的源泉,已有研究将其归结为营销能力、生产力、管理技能等组织能力;企业的核心竞争优势;以及企业在市场中的相对位置能否达到最优[4]。对企业竞争力的研究方法也分为定性和定量两种,前者认为企业竞争力的提升在于顾客价值最大化的创造、科技、成本控制能力上[5];雷蕾[6]却将运营和管理效率作为零售企业的核心竞争力进行研究。在定量分析时,有将财务指标与非财务指标结合起来运用因子分析对零售业上市公司综合竞争力进行评价的[7];而李金铠[8]则将非财务指标细化为企业

---

① 彭晖:《中国零售产业区域竞争力的比较研究》,《北京工商大学学报》(社会科学版)2016 年第 4 期。

② 潘建伟、吴梦然:《我国区域零售业竞争力比较》,《商业经济研究》2017 年第 22 期。

③ 曾成:《湖南省零售业竞争力评价与影响因素研究》,山西财经大学 2018 年硕士学位论文。

④ Alfred D. Chandler, Takashi Hikino, "Scale and Scope The Dynamics of Industrial Capitalism", *Press of Harvard University*, 1994, pp.11—18; Kristina Demeter, "Manufacturing Strategic and Competitiveness", *International Journal of Production Economics*, 2003, pp.81-82.

⑤ 谢守祥、沈正舜:《基于顾客价值的企业核心竞争力塑造》,《湖南行政学院学报》(双月刊)2004 年第 5 期。

⑥ 雷蕾:《网络时代零售业上市公司效率及微观影响因素的实证研究》,《北京工商大学学报》(社会科学版)2015 年第 6 期。

⑦ 任晓丹:《零售行业上市公司竞争力评价研究》,《特区经济》2015 年第 7 期。

⑧ 李金铠:《中国内外资零售企业竞争态势比较分析》,《商业经济与管理》2006 年第 5 期。

的基本情况、盈利能力和工资福利;易艳红①从企业主体角度出发,研究五大竞争力要素与核心竞争力的关系;刘昊龙②从企业价值链的角度构建指标体系来测评零售企业竞争力。综上,对零售企业竞争力的研究主要侧重点在于运营管理、营销能力以及财务管理等微观方面。

提升零售竞争力的研究一直是学术界以及企业界关注的重点话题,提升竞争力就是培育企业或者行业的核心竞争优势,而提升竞争力的来源众多:一是效率,包括产业生产率、投入与产出比等关键指标③;二是技术,技术要与消费者的技术准备程度相契合才能够提升零售竞争力④;而大数据和云计算、人工智能(AI)和虚拟现实(VR)技术、RFID 溯源追踪技术⑤的应用能够辅助管理决策,提升运营效率;三是物流,在回归零售本质的驱使下,消费体验越发重要,影响零售线上渠道满意度的重要因素就在于物流的及时性。逆向物流、JIT 物流概念、物流基础设施水平和信息化水平都对提升渠道流通效率发挥着重要作用⑥;四是渠道,零售商作为渠道网络上的重要一环,其对渠道的理解与掌控能力直接影响着顾客的消费体验。因此零售商必须确保渠道管理的有效性,为客户提供无缝购物体验,重视跨渠道整合;渠道协同等问题,降低流通成本,提高渠道绩效⑦。

---

① 易艳红、冯国珍:《基于财务视角的不同业态零售企业核心竞争力实证分析》,《企业经济》2013 年第 7 期。

② 张宏彦、刘昊龙、蔺全录:《基于价值链的零售企业竞争力测评实证研究》,《开发研究》2014 年第 3 期。

③ 刘勇、汪旭晖:《对全国 30 个地区零售行业效率的分析》,《统计与决策》2007 年第 18 期。

④ Mukerjee H.S., Deshmukh G.K., Prasad U.D., "Technology Readiness and Likelihood to Use Self-Checkout Services Using Smartphone in Retail Grocery Stores:Empirical Evidences from Hyderabad", *Business Perspectives and Research*, India, 2018.

⑤ Gabriele Santoro, Fabio Fiano, Bernardo Bertoldi, Francesco Ciampi, "Big data for business management in the retail industry", *Management Decision*, 2018.

⑥ Rajagopal P., Sundram K., Pandiyan V., et al, "Future directions of reverse logistics in gaining competitive advantages:A.review of literature", *International journal of supply chain management*, 2015, pp.39-48.

⑦ Shi F.Omni-Channel Retailing, "Knowledge, Challenges, and Opportunities for Future Research", "Marketing at the Confluence between Entertainment and Analytics", *Springer*, *Cham*, 2017, pp.91-102.

通过以上对零售业竞争力的国内外文献梳理发现:第一,对零售竞争力的研究既有宏观的产业层面也有微观的企业层面;第二,在构建零售业竞争力的评价指标体系上,未能形成一致性意见,这可能与研究视角的不同有关;第三,零售业竞争力评价研究方法多倾向于层次分析法和模糊综合评价法,研究方法较局限;第四,目前采用因子分析法来进行研究的文献较少且不全面,未实现对区域间零售业竞争力的动态变化过程研究。

2010 年之后互联网电商平台迅猛发展,给实体零售业带来了一定的冲击,零售企业纷纷开始布局线上渠道,推动向跨渠道变革与全渠道融合转变。2015 年"新零售"概念的提出,让零售业再次站到风口浪尖上,多变的市场环境为行业的发展带来许多不确定性,也为提升零售业竞争力带来多重挑战。为进一步分析我国各省市零售业之间的发展差异,本部分在数据收集上,将近年零售业波动发展的阶段纳入指标选择范围,以全国 30 个省区市(剔除西藏数据①)2007—2017 年间的零售业数据为样本,在借鉴前人研究的基础上,通过对文献梳理以及对零售业发展新特点的归纳,创新性地构建了本部分的评价指标体系,运用动态因子方法对各省、区、市零售业竞争力进行评价,为零售业实现高质量发展提供借鉴意义。

第二节　指标体系及数据说明

一、 指标体系构建

零售商作为生产商与消费者间沟通的桥梁,其发展受到技术、人员、管理理念和法律法规等多种因素的影响。本部分在对最近几年零售业发展出现的新特点进行梳理后,认为评价指标体系的构建应该从内部能力和外部环境两

---

① 注释:由于西藏自治区数据缺失较为严重,因此本书在进行分析时将西藏数据剔除,只分析全国 30 个省区市自治区的零售业竞争力情况。

方面进行。首先,零售业规模、发展水平与成长能力、供应链管理水平都是评价零售业竞争力的指标之一①。零售业的规模能够反映一个地区的产业发展水平,同时结构和效益等将会对未来零售业的成长能力产生影响,因此本部分将零售规模、结构、效益和成长能力纳入指标评价中。

其次,零售业作为直接服务于终端消费者的行业,尤其在拓展线上渠道时,技术发挥着重要作用,而新技术也在催生着产业变革。移动互联网作为技术工具,利用网络所带来的技术效应和规模效应将提升零售的效率②。因此本部分将反映新技术应用情况的信息化水平纳入指标体系中。

零售商在促进商品流通,提升消费者购物体验的过程中,都少不了物流的保障作用。高效的配送中心、迅速的运输系统和先进的通信网络将节约消费者的时间成本③,提升顾客体验,培育企业的核心竞争优势,提高竞争力水平。因此在零售业纷纷拓展多渠道和全渠道运营,注重消费者体验的时代,物流能力显得尤为重要,同时物流指数也是考量一个地区经济活跃程度的重要指标,所以说本部分将物流能力也纳入指标体系中。

综上,本部分立足于零售业内部能力和外部环境两个方面,根据目前零售业发展的新特点,从零售业规模、结构、物流能力、信息化水平、效益指标和成长能力六个方面构建本部分的评价指标体系,具体指标解释如表3-1所示。

表3-1　零售业竞争力评价指标

一级指标	符号	二级指标名称及单位	二级指标含义或计算方法
零售规模指标	X1	社会消费品零售总额(万元)	反映零售业产出总量水平
	X2	限额以上零售业资产总额(亿元)	反映零售业资本要素投入
	X3	限额以上零售业从业人数(人)	反映零售业劳动力要素投入
	X4	限额以上零售业法人企业数(个)	反映零售业市场活跃单位数

① 李克卫:《供应链管理对提升企业核心竞争力的研究分析》,《现代商业》2016年第8期。
② 余佳能:《移动互联网对中国零售业效率的影响研究》,浙江工商大学2017年硕士学位论文。
③ 王卫红:《零售消费者行为理论与我国零售业发展策略》,《江苏商论》2004年第10期。

续表

一级指标	符号	二级指标名称及单位	二级指标含义或计算方法
零售结构指标	X5	批零系数	批发产值/零售产值
	X6	连锁率	连锁零售额/社会消费品零售总额
	X7	连锁零售企业门店总数(个)	反映连锁零售市场活跃单位数
	X8	出口商品比重(%)	出口/(进口+出口)
物流水平指标	X9	货运量(万吨)	反应物流配送量
	X10	公路里程(公里)	反映公路建设发展规模
	X11	铁路里程(公里)	反映铁路运输发展水平
	X12	货物周转量(亿吨·公里)	反映年货物运输量
零售信息化指标	X13	上网人数(万人)	反映网民情况
	X14	互联网普及率(%)	上网人数/总人数
	X15	电信互联网宽带接入端口(万个)	反映宽带接入量
零售效益指标	X16	限额以上零售业主营业务利润(亿元)	反映零售业经营情况
	X17	限额以上零售业所有者权益(亿元)	资产—负债
成长能力指标	X18	零售企业资产增长率(%)	(年末资产总额－年初资产总额)/年初资产总额
	X19	销售额增长率(%)	(年末销售额－年初销售额)/年初销售额
	X20	利润增长率(%)	(年末利润－年初利润)/年初利润

二、数据来源与说明

表3-1中的20个指标的数据主要来自《中国统计年鉴2007—2018》《中国零售业发展报告》《中国商务年鉴》等资料,还有部分数据是来自各省和地区的统计年鉴。另外还需要说明的是:(1)限额以上零售业是指按照我国现行的统计制度,规定年商品销售总额在500万元以上,同时年末从业人员在60人以上的零售企业。(2)批零系数是按照限额以上零售业与批发业产值之

比计算。(3)连锁率是用连锁企业零售额与社会零售品总额之比来计算的。(4)零售企业资产增长率、销售额增长率和利润增长率这三个指标是根据每年的总量增长情况与前一年之比计算得到。(5)由于没有专门针对零售业货物量的统计,因此本部分的货运量和货物周转量是按照统计年鉴中各省市每年的全部货物量进行统计的。(6)有些省区市,比如新疆、甘肃、宁夏等地的部分年限的单个数据缺失,因此本部分参照各省近几年的平均增长情况对数据进行填补,能够满足后续数据分析要求。同时由于西藏自治区2006—2010年前后的数据缺失比较严重,无法按照平均值的方法进行填补,为确保不影响最终分析,在综合考量后将西藏自治区的数据剔除,只分析了我国30个省区市的零售业竞争力情况。

第三节　实证分析

一、评价方法

本部分采用动态因子分析(Dynamic Factor Analysis)法。Coppi 和 Zannella(1978)首先设计并建立了动态因子分析的理论框架,随后 Corazziari(1997)进一步丰富和完善该理论方法,使其更能够满足实证分析的需求。传统的动态因子只能对单样本的相同时期进行预测,但修正后的动态因子分析方法却能够实现多样本、多指标和跨时期的分析,同时本部分借鉴了统计学中的主成分分析法、聚类分析法和计量经济学中的线性回归分析,实现了动静结合,更有利于把握样本的变化趋势,从而做出更精确的预测和分析。动态因子分析最早多应用于经济学、生物学等时空差异比较明显的学科,近十年,社会学科开始重视从演化的角度剖析某种社会现象背后的影响因素,这才使动态因子分析逐步受到重视。

本部分主要利用 Stata 编程的方式实现对我国30个省、自治区(由于数据原因,除去西藏自治区)和直辖市零售业竞争力的动态因子分析,进一步探讨各省市间零售业竞争力的横向差异与纵向变化程度。根据 Coppi 对动态因子方法的研究,此方法用少数几个公因子来表示数据之间的基本结构,反映原众多变量的主要信息,可以从静态和动态角度来分析问题。动态因子分析方法的模型表示为:$X(I,J,T) = \{X_{ijt}\}$,$i = 1 \cdots I$,$j = 1 \cdots J$,$t = 1 \cdots T$。其中 i 表示不同样本,j 表示不同变量,t 表示不同时期。该方法的目标是把 $X(I,T,J)$ 的方差/协方差矩阵 S 分解为三个不同的方差或协方差矩阵,

$$S = (*S_I + S_{IT}) + *S_T = S_T + *S_T \tag{1}$$

其中,$*S_I$ 表示样本层面的静态结构矩阵,反映不同样本差异,不考虑时间维度因素;

$*S_T$ 表示系统平均动态矩阵,反映消除了个体影响的动态时间差异;

S_{IT} 表示单个样本的动态差异矩阵,代表了样本和时间交互的方差/协方差矩阵,反映了由于总体平均样本变化和单个样本变化所导致的差异;

S_T 表示通过主成分分析得到各个时期的平均离差矩阵。

在式(1)的基础上,X_{ijt} 可以进一步分解为四部分,具体的公式如下:

$$X_{ijt} = \bar{x}_{.j.} + (\bar{x}_{ij.} - \bar{x}_{.j.}) + (\bar{x}_{.jt} - \bar{x}_{.j.}) + (\bar{x}_{ijt} - \bar{x}_{ij.} - \bar{x}_{.jt} + \bar{x}_{.j.}) \tag{2}$$

其中 $\bar{x}_{.j.}$ 表示单个变量的总体均值;$\bar{x}_{ij.} - \bar{x}_{.j.}$ 表示各样本静态结构带来的影响;$\bar{x}_{.jt} - \bar{x}_{.j.}$ 反映平均动态影响;$\bar{x}_{ij} - x_{ij.} - \bar{x}_{.jt} + \bar{x}_{.j.}$ 反映样本与时间交叉作用造成的动态差异而带来的影响。通过以上关于模型的描述,动态因子分析方法的具体步骤如下:

第一步:对样本数据进行标准化,以消除各指标不同量纲带来的影响。本书对 2007—2017 年 30 个省市自治区 20 个指标的三维阵列数据进行标准化。

第二步:计算 S_T 矩阵,$S_T = \dfrac{1}{T} S(t)$,其中 $S(t)$ 表示不同时期的方差/协方差矩阵。

第三步：求解平均协方差矩阵 S_T 的特征值和特征向量、各个公因子的方差贡献率和累计贡献率，求解结果如表 3-2 所示。

第四步：提取公共因子，得到因子载荷矩阵，通过方差最大化旋转，进而得到旋转后的因子载荷矩阵。

第五步：求解 30 个省市自治区零售业竞争力静态得分矩阵，具体计算方法如下：

$$C_{ih} = (\bar{Z}_i - \bar{Z}.)^T * a_h \tag{3}$$

其中 $\bar{Z}_i = \dfrac{1}{T} \sum_{t=1}^{T} Z_{it}$，$i = 1 \cdots n$，表示单个样本的平均向量，$\bar{Z}. = \dfrac{1}{T} \sum_{i=1}^{I} \bar{Z}_i$，表示总体平均向量，其中 a_h 为特征向量；

第六步：计算各样本在各时期的动态得分矩阵，

$$C_{iht} = (Z_{it} - \bar{Z}_{.t})^T * a_h,\ h = 1 \cdots K,\ t = 1 \cdots T \tag{4}$$

$\bar{Z}_{.t} = \dfrac{1}{T} \sum_{i=1}^{I} Z_{it}$，表示第 t 年各变量的平均值；

第七步：以方差贡献率为权重，对（3）和（4）式加权可以得到各样本的静态得分和各样本在每个时期的动态得分。计算各区域零售业竞争力的平均综合得分 $E = \dfrac{1}{T} \sum_{t=1}^{T} C_{it}$。

二、 实证结果及分析

（一）公因子提取

运用全局主成分分析法可得到主成分的特征根、方差贡献率、累积方差贡献率。本部分采用将累积方差贡献率与特征根两者结合起来的方法来综合确定主成分的个数。根据上述步骤一至三，可以得到公因子特征值、方差贡献率和累计方差贡献率如表 3-2 所示。

表 3-2　公因子特征值、方差贡献率及累积方差贡献率

公因子	特征根	方差贡献率	累积方差贡献率
F1	6.12	0.38	0.38
F2	2.51	0.16	0.54
F3	1.14	0.07	0.61
F4	1.01	0.06	0.67
F5	0.90	0.05	0.72
F6	0.71	0.05	0.77

　　选取数值大于 1 的特征根和相对应的特征向量,提取四个公共因子基本上可以代表 20 个指标中所包含的信息。从表 3-2 中可以明显地看出第一公因子的方差贡献率约为 38%,第二公因子的方差贡献率为 16%,第三个公因子的方差贡献率为 7%,第四个公因子的方差贡献率为 6%,这四个公因子累积方差贡献率接近 70%。

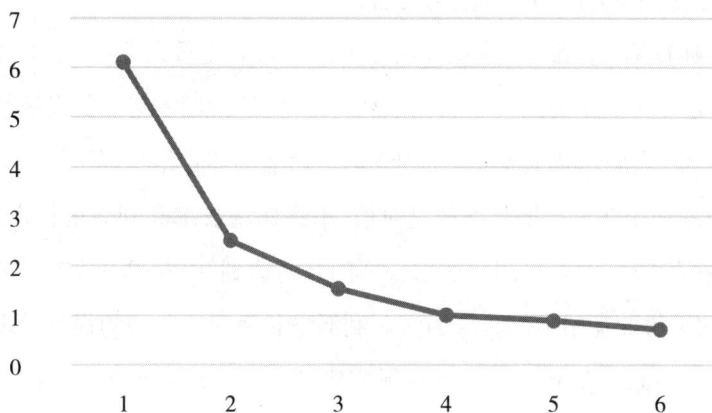

图 3-1　特征值碎石图

　　特征值的碎石图可以将各个全局主成分与其特征根的关系用图形的方式表现出来。图 3-1 中横坐标为主成分的序号,纵坐标为各主成分的特征值。可以看出整个曲线呈下降趋势,特别是在第 4 个主成分后曲线基本趋向平缓,

因此可以提取前四个全局主成分,基本能够代表 20 个指标所反映的零售业竞争力水平,因此本部分选取前四个因子作为公因子。

为了更进一步解释公因子的情况,本部分对上述四个因子进行旋转后得到因子载荷矩阵如表 3-3 所示,从中可以看出:

(1)从表中可以看出社会消费品零售总额、限额以上零售业从业人数和法人企业数在第一公因子上具有较高的载荷,同时该公共因子的方差贡献率达到了 37%,表明各区域零售业发展情况的规模指标是影响和反映区域零售业竞争力的关键因素,因此本部分将第一公因子命名为零售规模因子。

(2)表 3-3 中货运量、铁路里程和公路里程在 F2 因子上的载荷绝对值相对比较高,这些都是反映地区物流能力的指标。2008 年金融危机之后,国家出台 4 万亿的经济刺激计划,增加基础设施投资,提升各区域的交通运输水平,再加上电子商务的兴起提升了物流运送能力,使得物流与零售业的关系更加紧密,因此本部分将 F2 命名为物流因子。

(3)连锁率、连锁零售企业门店数和出口商品比重在 F3 因子上载荷比较高,尤其是零售业中的出口商品比重载荷最高,这说明零售业的发展结构也是竞争力的重要体现,因此本部分将 F3 因子命名为零售结构因子。

(4)零售企业资产增长率的绝对值、销售额增长率和利润增长率在 F4 因子上的载荷较高,尤其是销售额增长率的载荷达到 0.96>0.95,销售额增长率成为反映零售业竞争力的重要因素。利润增长率对竞争力的提升呈现负向影响作用,主要原因在于近几年随着新零售的兴起,使得传统零售业态受到冲击,影响收益;同时也是因为新商业模式需要大量投入资金,影响了企业的利润增长。这些都是反映零售业成长能力的指标,因此将该公因子命名为成长因子。

表 3-3　旋转后的因子载荷矩阵

指　标	公　因　子			
	F1	F2	F3	F4
社会消费品零售总额	0.3587	−0.0394	−0.0166	0.0103
限额以上零售业资产总计	0.1894	0.2555	−0.176	−0.0289
限额以上零售业从业人数	0.3781	0.0357	0.0317	−0.0023
限额以上零售业法人企业数	0.3549	−0.0802	−0.0151	0.0289
批零系数	−0.0779	0.359	−0.0689	−0.2301
连锁率	0.0468	0.3578	0.3475	0.0022
连锁零售企业门店总数	0.3166	0.1736	0.3163	−0.017
出口商品比	−0.0391	−0.0466	0.725	−0.0279
货运量	0.309	−0.4608	0.1127	−0.0292
公路里程	0.1974	−0.456	0.1297	−0.0317
铁路里程	0.0392	−0.4987	0.0592	−0.085
货物周转量	0.2561	0.1966	0.2116	−0.078
互联网普及率	0.0267	0.0913	0.0401	−0.0004
电信互联网宽带接入端口	0.2718	−0.0532	0.0058	0.0175
限额以上零售业主营业务利润	0.2677	0.2434	−0.1312	−0.0189
限额以上零售业所有者权益	0.3257	0.129	−0.0846	0.013
限额以上零售业人均销售额	0.038	0.1044	−0.0683	−0.0095
资产增长率	0.0156	0.0495	−0.3939	0.3103
销售额增长率	0.0132	0.0426	0.0184	0.9628
利润增长率	−0.0271	−0.031	−0.1972	−0.4315

（二）平均动态效应获取效果

为评价在 2007—2017 年中的动态数据的收集效果，本部分对各个指标的平均动态效应进行检验，即用所得的各指标平均动态矩阵对时间 t 进行 OLS 回归（结果如表 3-4 所示），然后根据各指标的修正可决系数和 P 值，判断各指标的平均动态效应被所运用回归模型获取的效果。

表 3-4　各指标平均动态信息的获取结果

被解释变量	系数	标准误	t 值	P 值	F 值	修正可决系数
社会消费品零售总额	0.137***	0.003	40.45	0.000	1636.1	0.994
限额以上零售业资产总计	0.109**	0.042	2.63	0.027	6.9	0.372
限额以上零售业从业人数	0.078***	0.007	10.68	0.000	114.1	0.919
限额以上零售业法人企业数	0.120***	0.006	20.72	0.000	429.2	0.977
批零系数	-0.056	0.026	-2.13	0.062	4.5	0.261
连锁率	-0.074***	0.019	-3.98	0.003	15.9	0.597
连锁零售企业门店总数	0.0407***	0.003	15.58	0.000	242.6	0.960
出口商品比	0.009	0.012	0.08	0.939	0.01	-0.110
货运量	0.093***	0.009	10.27	0.000	105.4	0.913
公路里程	0.052***	0.001	50.42	0.000	2542.5	0.996
铁路里程	0.089***	0.004	21.43	0.000	459.2	0.978
货物周转量	0.064***	0.007	8.68	0.000	75.4	0.882
互联网普及率	0.015	0.099	0.15	0.885	0.02	-0.108
电信互联网宽带接入端口	0.155***	0.045	3.43	0.008	11.8	0.518
限额以上零售业主营业务利润	0.119***	0.028	4.33	0.002	18.7	0.639
限额以上零售业所有者权益	0.142***	0.004	33.37	0.000	1113.5	0.991
限额以上零售业人均销售额	0.178**	0.065	2.723	0.023	7.5	0.392
资产增长率	-0.099**	0.035	-2.86	0.019	8.2	0.019
销售额增长率	-0.009	0.018	-0.49	0.634	0.2	-0.082
利润增长率	-0.159**	0.055	-2.89	0.018	8.3	0.423

注：*、**、*** 分别表示在 10%、5%、1% 显著水平下显著。

由表 3-4 可以看出，模型对各指标平均动态信息的获取效果较好。其中社会消费品零售总额、限额以上零售业从业人数、限额以上零售业法人企业数、连锁零售企业门店总数、货运量、公路里程、铁路里程、货物周转量和限额以上零售业所有者权益等指标的修正可决系数均高于0.8,说明上述变量平均动态信息的获取效果较好。除了出口商品比、批零系数、互联网普及率和销售额增长率的平均动态信息获取不太好之外,其余各指标的修整可决系数均处在0.3—0.8之间,且各项参数及符号均显著。从总体上来看,本部分建立的各个指标平均动态效应的获取是有效的,能够满足研究需要。

(三)各区域零售业竞争力比较

根据本部分的研究技术路线图。在进行动态因子分析的第5—7步可以计算出各省市零售业竞争力的静态因子得分矩阵、动态因子得分矩阵和平均综合得分矩阵。由表3-5可以看出30个省份零售业竞争力2007—2017年的综合得分,之后对综合得分进行排序。其中得分以全国平均水平为基准,正值表示高于全国平均水平,负值表示低于全国平均水平。

1.各区域零售业竞争力横向比较,为了在横向上更好地比较各省市零售业竞争力间的差异情况,根据表3-5的平均综合得分情况将各地区的零售业竞争力水平划分为五个等级。第一等级为竞争力高的地区,平均综合得分大于2;第二等级为竞争力较高的地区,平均综合得分介于1和2之间;第三等级为一般,平均综合得分介于0和1之间;第四等级为较低,平均综合得分介于-1和0之间;第五等级为1,平均综合得分低于-1。从表3-5和图3-1可以得到:

2.广东省的零售业竞争力最高,处于第一梯队。广东省作为改革开放的桥头堡,经济发展水平已经连续30年处于全国首位,市场活跃程度比较高。其零售业发展起步早、速度快、规模大,竞争力高。近年来在进一步对外开放中,广东省依托于自身优势,进一步推动零售等行业向外辐射,提升竞争力。

3.江苏、上海、山东和浙江的零售业竞争力处于较高水平,与广东省相比有一定差距,但四省市间差距不大,且上海和山东近年来零售业竞争力水平的变化相对比较稳定。但上海零售业发展的成长空间相对狭小，这主要是因为上海地处长三角经济发达地区，零售业市场规模较大且日益成熟，市场趋于饱和；而山东尤其是西部县市的零售业规模有待进一步扩大，成长空间较大。从表3-5中可以看出，近年来江苏省零售业竞争力水平提升幅度较明显，这可能是受到新零售、新环境的影响。

4. 零售业竞争力等级一般的有北京、安徽、河南、辽宁、湖北、福建、河北和四川这八省市，其中北京市零售业竞争力在近年来明显逐步提高，有进入第二梯队的潜力。其他3个东部省份的零售业竞争力处于较低水平，这主要是受到区域内经济发展水平不平衡的影响，尤其是福建省，省内福州市、厦门市、泉州市的市场活力指数较高，零售业发展的较好，但是对于省内偏远地市南平、三明来说，竞争力处于较低层次，拉低整体竞争力水平。河南和安徽作为中部经济发展较好的省份，其零售业竞争力水平相近，这得益于良好的市场发展环境。作为西部省份的四川和东部的河北零售业竞争力平均综合得分相近，表明在西部大开发和"一带一路"的国家政策影响下，西部省份经济开始发力，再加上旅游业等第三产业的崛起，带动零售业实现高增长。

5. 零售业竞争力较低的省份大多集中在西部，但从表3-5中可看出，经济发展较好的重庆和天津的零售业竞争力却低于全国水平，这或许是受到地方经济结构的影响，还未能完全实现向消费驱动转移，在一定程度上影响了零售业的发展。而东北三省经济发展面临巨大的改革压力，在短期内经济结构调整难度大，再加上人口流出对零售业的发展带来很大负面效应，导致其竞争力水平低于全国平均水平。同时最后几省市，由于经济发展面临的环境比较脆弱，在经济危机和全面深化改革的影响下，最近几年的竞争力差异化和下降趋势明显，这也从侧面表明零售业的发展与地区间经济发展水平、市场活力、收入水平和消费能力有关。

而以山西和江西为代表的资源密集型省份的零售业竞争力也处于较低水

平的原因在于:现阶段在国家去产能、调结构以及环保的影响下,资源需求量减少,导致自然资源价格大幅下降,影响该地区居民的收入水平,进而影响居民消费能力。甘肃、贵州等其他省份由于地理环境、交通等多种因素的影响制约经济发展,影响零售产业的发展。

从表3-5中可以看出,我国的零售业竞争力水平由东部到西部递减,大致与我国的经济发展水平一致。但是处于东部的天津、辽宁、河北和福建的零售业竞争力水平却低于一些中西部省份,这说明零售业的发展水平不仅受到经济发展水平的影响,还会受到各省内部营商环境、消费者以及政府政策等多重因素的影响。针对不同影响因素,应该有所侧重的去进行优化调整。对于中西部各省市而言,零售业的发展空间比较大,成长能力较好,未来竞争力有进一步提升的可能。

表3-5　30个省市自治区零售业竞争力得分和排名

地区	2007年	2008年	2009年	2010年	2011年	2012年	2013年	2014年	2015年	2016年	2017年	静态因子得分	平均综合得分	排序	地区	等级
广东	1.31	1.52	1.68	1.78	2.22	2.15	2.52	2.69	2.97	4.24	3.84	2.47	2.45	1	东	高
江苏	1.01	1.36	1.36	1.46	1.58	1.63	2.18	1.59	2.12	2.53	2.60	1.80	1.77	2	东	较高
上海	1.80	1.82	1.62	1.55	1.64	1.60	1.37	1.33	1.29	2.51	1.46	1.65	1.64	3	东
山东	0.86	1.30	1.51	1.59	1.57	1.55	1.79	1.83	1.72	1.75	1.83	1.55	1.57	4	东
浙江	0.75	0.87	0.94	1.08	1.29	1.27	1.40	1.35	1.40	1.77	1.64	1.23	1.25	5	东
北京	0.62	0.74	0.65	0.61	0.71	0.57	0.60	0.63	0.60	1.53	0.36	0.67	0.69	6	东	一般
安徽	0.05	0.25	0.22	0.22	0.40	0.38	0.62	0.69	0.54	0.38	0.52	0.43	0.39	7	中
河南	0.33	0.24	0.36	0.28	0.35	0.25	0.20	0.40	0.48	0.55	0.73	0.35	0.38	8	中
辽宁	0.09	0.16	0.18	0.21	0.30	0.25	0.33	0.18	0.22	-0.12	-0.07	0.11	0.16	9	东
湖北	-0.16	-0.02	-0.04	-0.05	0.00	0.12	0.30	0.50	0.45	0.25	0.38	0.16	0.16	10	中
福建	-0.07	-0.11	-0.14	-0.08	-0.02	-0.02	0.03	0.12	0.12	0.26	0.51	0.02	0.05	11	东
河北	-0.07	-0.06	-0.02	0.08	0.15	-0.01	0.01	0.01	-0.02	-0.10	0.11	0.02	0.01	12	东
四川	-0.33	-0.33	-0.23	-0.21	-0.11	0.04	0.20	0.21	0.30	0.21	0.33	0.01	0.01	13	西

续表

地区	2007年	2008年	2009年	2010年	2011年	2012年	2013年	2014年	2015年	2016年	2017年	静态因子得分	平均综合得分	排序	地区	等级
重庆	0.02	-0.01	-0.01	-0.02	0.01	-0.08	-0.09	-0.06	-0.09	-0.28	-0.19	-0.08	-0.07	14	西	
湖南	-0.40	-0.93	-0.62	-0.22	-0.17	-0.26	-0.04	0.06	0.13	0.12	0.59	-0.22	-0.16	15	中	
天津	0.24	-0.09	0.02	-0.05	-0.03	-0.26	-0.46	-0.50	-0.65	-0.46	-0.95	-0.36	-0.29	16	东	
广西	-0.15	-0.12	-0.24	-0.38	-0.32	-0.31	-0.51	-0.45	-0.61	-0.83	-0.58	-0.37	-0.41	17	东	
陕西	-0.47	-0.44	-0.50	-0.29	-0.51	-0.59	-0.26	-0.32	-0.40	-0.48	-0.27	-0.39	-0.41	18	西	
江西	-0.35	-0.25	-0.36	-0.29	-0.40	-0.45	-0.44	-0.47	-0.47	-0.70	-0.48	-0.37	-0.42	19	中	
山西	-0.30	-0.40	-0.36	-0.40	-0.43	-0.50	-0.47	-0.50	-0.56	-0.84	-0.78	-0.53	-0.50	20	中	
云南	-0.33	-0.29	-0.27	-0.54	-0.67	-0.64	-0.54	-0.52	-0.52	-0.65	-0.76	-0.49	-0.52	21	西	较低
新疆	-0.55	-0.28	-0.37	-0.50	-0.55	-0.59	-0.71	-0.70	-0.84	-1.10	-1.09	-0.60	-0.66	22	西	
宁夏	-0.30	-0.28	-0.62	-0.48	-0.36	-0.67	-0.93	-1.02	-0.99	-1.29	-1.07	-0.73	-0.73	23	西	
内蒙古	-0.42	-0.42	-0.48	-0.56	-0.62	-0.87	-0.98	-0.97	-1.08	-1.40	-1.32	-0.76	-0.83	24	中	
黑龙江	-0.58	-0.64	-0.70	-0.67	-0.83	-0.88	-0.94	-0.95	-0.85	-1.16	-1.04	-0.83	-0.84	25	中	
甘肃	-0.39	-0.44	-0.57	-0.62	-1.07	-0.84	-0.94	-1.07	-0.97	-1.29	-1.09	-0.81	-0.85	26	西	
吉林	-0.56	-0.64	-0.65	-0.79	-0.81	-0.90	-0.89	-0.92	-0.91	-1.25	-1.09	-0.88	-0.86	27	中	
海南	-0.59	-0.78	-0.76	-0.89	-0.92	0.10	-0.98	-1.00	-1.06	-1.44	-1.40	-0.94	-0.88	28	东	
贵州	-0.45	-0.92	-0.80	-0.87	-1.12	-1.07	-1.02	-0.97	-0.99	-1.06	-1.07	-0.92	-0.94	29	西	
青海	-0.62	-0.82	-0.81	-0.97	-1.26	-1.02	-1.34	-1.23	-1.33	-1.62	-1.66	-1.20	-1.15	30	西	低

注：1. 等级划分标准为：E≥2，等级为高；1≤E<2，等级为较高；0≤E<1，等级为一般；-1≤E<0，等级为较低；E<-1，等级为低。

2. 东中西部的划分以国家统计局实行的划分依据为标准。

1. 各区域零售业竞争力的纵向变化

为了进一步分析 30 个省市区域零售业竞争力近十年的纵向变化情况，根据表 3-5 中各区域的年度评价结果绘制 2007—2017 年的各区域零售业竞争力的动态变化汇总图，如图 3-2 所示。根据图形所反映的情况，大致可以看出各省区市零售业竞争力纵向变化的特征主要呈现波动下降型、波动上升型、

N型、倒V型、M型和W型六种。

由下图可以看出大致的变化趋势为:呈现波动下降趋势的有天津、山西、内蒙古、吉林、黑龙江、青海和新疆7个地区;波动上升型趋势的有浙江、福建、山东、广东和四川5个地区;N型变化趋势的有河北、辽宁、江苏、安徽、江西、湖北和重庆7地;具有倒V型趋势的有北京、上海和海南3地;具有M型趋势的有云南省;其中河南、湖南、陕西、贵州、甘肃、宁夏和广西等7地具有W型变化趋势。

从下图可以明显地看出由于受到2008年经济危机的影响,大多数省份的零售业竞争力在2008年前后均呈现下降的趋势,尤其是对于波动下降趋势的7个省市区来说,表现更加明显,同时有些省份的下降出现时滞(比如河北省、江西省)这也说明经济危机对各区域带来的影响是有时间差异的。但是2015年之后有许多省份的零售竞争力明显止跌回升,比如河北、山西、内蒙古、辽宁、吉林、安徽、黑龙江、江西、湖北、重庆、广西、陕西、甘肃和宁夏,在前期持续下降的基础上,止跌反升。而天津市和上海市的零售业竞争力却在2015年后呈现下降趋势,这可能是因为两地零售业经过长期的发展后遭遇瓶颈,当然引起上述变化的因素是多样的,接下来将会进一步地探讨分析。

呈现N型变化趋势的7省市都有一个共同的特点,就是在2008年经济下行压力之下,地区的零售业呈现上升趋势,这也说明在上述地区的经济转型中成功实现向消费需求拉动的转变。但是在2010—2015年间受到多重因素的影响,比如快速发展的网络零售对实体零售的冲击,导致传统零售业的竞争力下降,拉低整体零售业竞争力水平。但是在最近几年经济结构持续优化,消费对进击的拉动作用越发明显,导致竞争力在达到低谷后呈现上升趋势。

2.各区域得分的静态结构分析

为更进一步分析30个地区零售业竞争力决定因素中的优势和劣势,根据本部分提取的公因子数量和各因子的静态得分,绘制出第一因子到第四因子之间的静态散点结构图,如图3-3所示。图中零值附近的参考线代表全国平

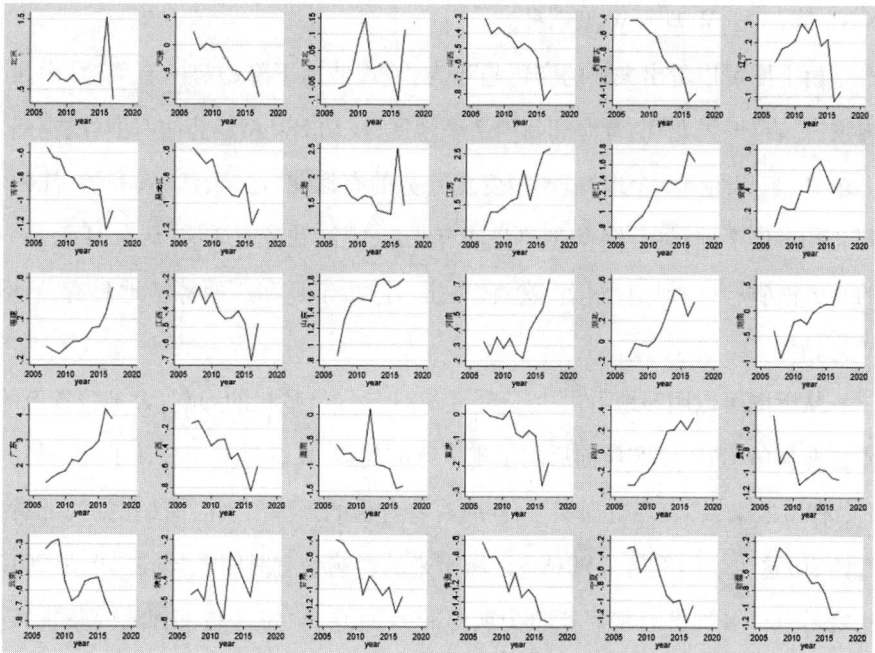

图 3-2　30 个省市自治区零售业竞争力动态变化(2007—2017)

均水平,对 30 个地区在四个因子上的表现进行准确定位、明确优劣势、提升竞争力提供解决方案。

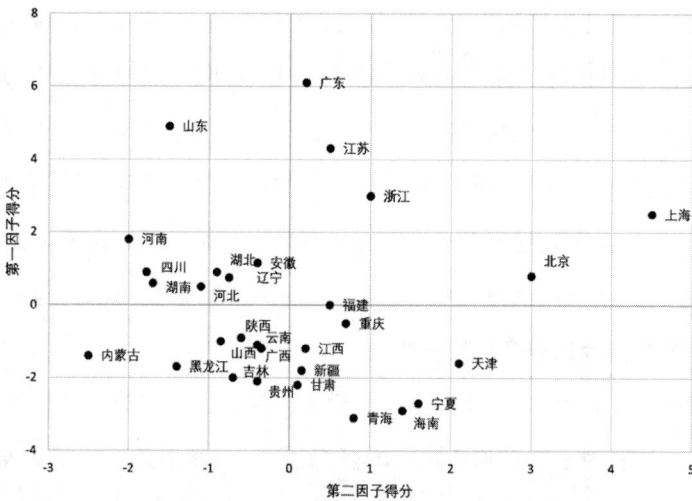

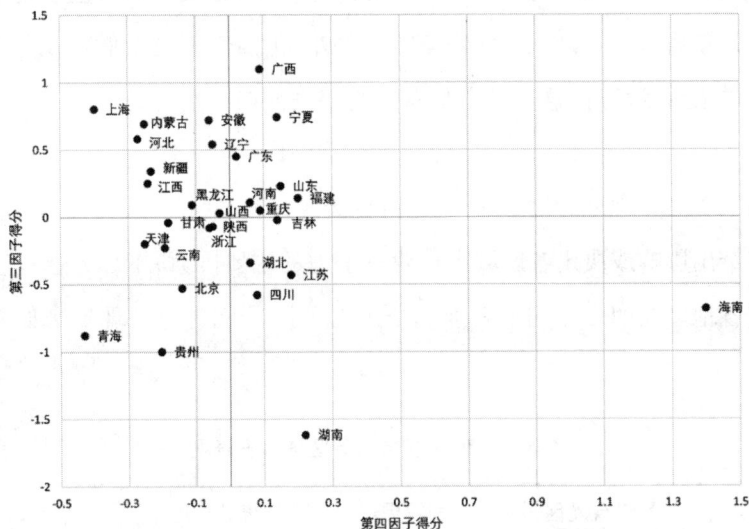

图 3-3　30 个省市自治区零售业竞争力静态因子结构图

从图 3-3 纵轴可以看出：(1)第一、第二静态因子得分优势明显的地区是上海，远高于全国平均水平，正是在零售规模因子和物流因子上的优势表现，使其平均综合得分和静态因子得分处于较高水平。(2)广东、江苏、浙江和山东在第一因子即零售规模因子上得分较高，同时该因子的方差贡献率最高，表明上述地区零售业竞争力受规模因素的影响较大。(3)北京和天津在第二因子上表现较好，但是第一因子上水平较差，这也是导致两地零售业竞争力的水平较差的主要原因。(4)在第一因子和第二因子上得分较差的有内蒙古、黑龙江和吉林等，上述地区零售业发展不完善，规模较小，同时受制于地理区位的影响，交通等基础设施建设相对落后，影响物流能力的提升，这些是影响上述地区零售业竞争力发展的主要因素。

从图 3-3 横轴可以看出：(1)在第四因子上具有优势的是海南，但是在第三因子上却低于全国平均水平，表明海南的零售业成长能力相对比较高，市场空间较大，但是零售结构因子是短板，这是影响其竞争力提升的主要障碍。(2)在第三因子上最具有优势的是广西，表明包含连锁率和批零系数在内的零售结构因子是广西零售竞争力的主要优势。(3)在两个因子上表现都较好地区是广东省,说明,广东省除物流因子之外(仍高于全国水平),在其余三个因子上的表现都较好,这也是广东零售业竞争力在全国排名第一的主要优势所在。

为了更加直观地看出30个省区市自治区在四个因子上的具体表现,从而能够总结出影响或决定各区域零售业竞争力的主要因素,本部分通过表格的形式将各地区在四个影响零售业竞争力的公因子优劣势展现出来如表3-6所示:

表3-6　30个省市自治区各因子表现

表现类型	零售规模因子	物流因子	零售结构因子	成长因子
高于全国水平(优势)	广东、山东、浙江、江苏、北京、上海、河南、安徽、四川、湖南、河北、湖北、辽宁	广东、浙江、江苏、北京、上海、福建、重庆、江西、新疆、甘肃、青海、宁夏、海南、天津	上海、广东、山东、广西、河北、安徽、辽宁、新疆、河南、山西、重庆、福建、江西、黑龙江、宁夏、内蒙古	海南、广西、宁夏、山东、广东、福建、河南、重庆、吉林、湖北、江苏、四川、湖南
低于全国水平(劣势)	天津、福建、重庆、山西、陕西、云南、广西、江西、贵州、新疆、甘肃、青海、宁夏、内蒙古、吉林、黑龙江、海南	山东、河南、安徽、四川、湖南、河北、湖北、辽宁、山西、陕西、云南、广西、吉林、内蒙古、贵州、黑龙江	甘肃、陕西、浙江、吉林、天津、云南、湖北、江苏、北京、四川、青海、贵州、湖南、海南	上海、安徽、新疆、江西、山西、陕西、浙江、云南、天津、北京、青海、贵州、河北、内蒙古、辽宁、黑龙江

从表3-6对30个地区在各因子表现进行分析,可以得到:

1. 我国有超过一半的地区在第一因子(零售规模因子)上表现不佳,低于全国平均水平,同时由于第一因子的特征值较高,且方差贡献率达到38%,则对在零售规模因子上表现较差的地区,提升竞争力时应重点考虑该因素。

2. 在第二个因子(物流因子)上30个地区也有超过一半处于全国平均水平以下,而物流能力的提升有助于加速货运流转,提升消费者的购物体验,无论对线上还是线下零售来说,都能够促进其发展,因此上述处于劣势的地区应该重视物流因子,多渠道解决影响区域物流水平的障碍。

3. 在零售结构因子上,有 14 个省区市落后于全国平均水平,其中不乏江苏、浙江和北京等经济发达省份的影子,上述地区应该将连锁率、出口商品比重等指标纳入竞争力提升的范围中,从能够反映零售业结构化的指标着手进行改进,变劣势为发展优势。

4. 对成长因子来说,也有半数以上处于全国平均水平之下。上海、浙江和北京等地由于零售业发展相对比较成熟,目标客户资源较稳定,成长空间有限,同时在新零售业态的影响和冲击下,对传统零售业的成长产生负向影响。而对于新疆、青海和贵州等地由于受到区位、资源条件和消费水平等因素的影响,导致零售业成长受阻。而天津、安徽等地的成长能力较低,可能是过分集中在城市核心区或省会城市,发展不均衡导致整体竞争力水平处于低位。

第四节　结论及建议

一、结论

本部分基于我国 30 个省市自治区(剔除西藏的数据)2007—2017 年的相关数据对区域零售业竞争力进行评价,既得到了竞争力的静态得分,也获得了反映动态变化的得分,通过研究得到如下结论:

1. 我国各地区零售业竞争力的等级划分大致呈现东部—中部—西部逐渐下降的趋势,其中广东省的竞争力最高,江苏、上海、山东和浙江的零售业竞争力处于较高的水平,四地都有超越广东的优势。而西部地区,诸如新疆、青海和甘肃等省份的竞争力水平明显较低。

2. 各地区的零售业竞争力水平的动态变化规律不一致,由于大多数省份受到 2008 年金融危机的冲击,零售业发展水平出现下降,同时部分省市受到的影响可能出现滞后。但随着 4 万亿经济刺激计划的开展,尤其是民生大幅改善,中产阶级队伍的壮大,推动消费升级,并促使经济由投资和出口转向消费驱动而消费崛起推动了零售业的发展,提升零售业竞争力。在最近几年,零售业积极拥抱互联网,实现精准营销,创造新的消费需求。同时通过探索新模式,促进零售业的转型升级。

3.零售业竞争力的区域差异受到多种因素的共同影响,本部分是从零售规模因子、物流因子、零售结构因子和成长因子等方面进行分析的,在各区域提升零售业竞争力的策略上应该有所侧重,针对实际情况进行调整和设计。

二、 建议

通过图3-3对区域零售业竞争力在上述四个因子上的表现,发现30个省区市在公因子上的表现各有优劣。因此,要提高零售业竞争力,首先应该对各省区市在零售规模因子、物流因子、零售结构因子上的表现和成长因子进行准确定位,与全国平均水平进行对比,找到自身发展的优势和要解决的短板问题。同时,根据表3-5、表3-6的数据分析得到,在第一因子上,平均综合得分处于全国平均水平之下(等级为较低和低)的17个省市区要想提高竞争力发展水平,应该从两方面着手:一是扩充零售业发展规模,延伸市场空间范围;二是改善零售业发展的政策和经济环境,破解发展难题,且部分地区的营商环境需要进一步优化,这样可以通过招商引资的手段来扩大零售业的市场规模。

其次,半数地区在第二因子即物流因子上表现不好,其中有经济发展水平相对较高的河南、山东,也有水平较差的云南、贵州、内蒙古等省份。因此在提升物流能力时,各省市应该有所差异,对于部分东中部省份,应该促进交通基础设施资源的均等化,重点提升基础设施较差县区市的物流配送能力。而处于西部经济欠发达的地区应该在今后着重加大交通基础设施建设,共同提升整体物流能力。

再次,在零售结构方面,即本部分所选取的批零系数、连锁率、连锁零售企业门店总数和出口商品比重等指标上,也有近50%的省市表现较差。对于北京、天津等地区,由于受到地域规模影响,导致在上述四个指标上整体表现较差。对于类似情况的东部省份,今后应该通过创新发展获取竞争优势,而不是通过门店数量的增加来实施投资扩张之路。对于西部省份而言,其零售的产值和连锁率均处于较低水平,因此应该重点提升零售连锁化水平,提升门店总数,覆盖更多的消费者,扩大市场发展空间,突破发展瓶颈。

最后,在我国经济结构调整、转型的背景下,消费越来越成为推动经济发展的第一动力,国家大力鼓励居民消费,给零售业的成长带来新的发展机遇。在反映零售业竞争力的成长因子上,有超过一半的地区处于全国水平之下。对于上海、北京、浙江和天津等地区来说,应该积极探索新零售模式,利用先进的技术来推动零售业革命,在保持市场份额的同时提供发展新动能。对于西部等省份而言,应该积极引入资本、技术和管理理念,提高技术生产效率,降低成本并获得规模效应,还应该通过合并等策略实现资源整合,提升零售业整体实力。

第四章　基于基尼系数对我国零售业的
时空差异及影响因素的研究

　　零售业关乎国计民生,与百姓生活息息相关,对经济的贡献度不容忽视,然而,我国国土面积大,人口众多,区域经济发展不协调,零售业在全国各地区的发展也存在较大差异。2018 年,东部地区的社会消费品零售总额高达 2.11万亿元,占全国的 55.4%,中部占 26.1%,西部仅占 19.2%。这些数据从一个侧面反映出我国零售业的时空差异性。[①]

　　而零售业的时空均衡发展,有利于零售业的健康发展,也有利于建立健全零售业发展环境,更好的推进扩大内需的策略,也是供给侧结构性改革的重要方面。因此,探究我国零售业的时空差异性并找到时空差异的原因,对加快落后地区零售业的发展、促进区域经济协调发展有很强的现实意义。

　　国内对于零售业时空分布的研究主要从宏观、中观、微观三个角度进行。分别研究了整个零售业或某一零售业态在全国、局部区域、典型省份或典型城市的分布差异。如宏观上,樊秀峰[②]利用空间基尼系数考察了外资进入中国零售产业区域集聚的变动趋势。何永达、赵志田[③]以 2005—2009 年 31 个省

----

　　①　国家统计局网站。
　　②　樊秀峰、王美霞:《我国零售企业经营效率评价与微观影响因素分析——基于 22 家百强零售上市公司的实证》,《西北大学学报》(哲学社会科学版)2011 年第 3 期。
　　③　何永达、赵志田:《我国零售业空间分布特征及动力机制的实证分析》,《经济地理》2012年第 10 期。

的零售业相关数据为基础,运用 Moran's I 指数、不均衡指数方法分析了零售业空间分布的基本特征,并以零售网点密度为因变量,以人均商品销售额、人均 GDP、市场化指数、人口密度等为自变量构建回归模型,从实证角度研究了零售网点密度和其影响因子之间的关系。陈壮①利用基尼系数和回归分析从消费者占有零售资源、连锁零售业的规模化程度和市场发育程度三个方面对中国连锁零售业的区域差异测度及影响因素进行了分析,并采用 2004 年、2009年、2012 年的时点数据对区域内差异和区域间差异的动态变化进行了研究。又如中观上,蔡爱玲、王钧②等,以武汉、襄阳和宜都为代表,使用空间点格局分析中的核密度估计法、最近邻层次聚类分析、Ripley's K 函数和标准差椭圆的分析方法,分析了我国中部地区不同等级城市的零售业以及不同业态的零售网点的空间分布特征及其影响因素。微观上,于伟、郭敏③采用 GIS 技术分析了北京市以连锁超市为代表的新型零售业的空间布局与集聚特征,并从人口、交通、竞争、政策四个方面探讨了其空间布局的成因与趋势。薛冰、肖骁④以沈阳市为例,基于 POI 大数据分析了沈阳市不同零售业态布局的差异性特征并进一步探讨了零售业分布的热点街区。杨玉娇、沈威等⑤综合运用灰色关联度分析法、泰尔指数、变异系数等统计方法分析了 2012—2016 年浙江省 11 个省辖市的人均网络零售额,对浙江省的网络零售时空差异及影响因素进行了研究。

回顾学者们对零售业时空差异的研究,可以发现,现有文献大多研究零售业在地理上的空间分布和集聚特征并对相关影响因素进行实证分析,也有少量的文献研究某一零售业态在空间上的分布差异及动态变化。但是基本上没

---

①　陈壮:《中国连锁零售业区域差异测度及影响因素研究》,厦门大学 2014 年硕士论文。

②　蔡爱玲等:《我国中部地区不同等级城市零售业空间布局特征研究》,《北京大学学报》2018 年第 5 期。

③　于伟等:《1984 年以来北京零售业空间发展趋势与特征》,《地理学报》2012 年第 8 期。

④　薛冰等:《基于 POI 大数据的城市零售业空间热点分析——以辽宁省沈阳市为例》,《经济地理》2018 年第 5 期。

⑤　杨玉娇等:《浙江省区域网络零售经济差异时空格局及影响因素》,《商业经济研究》2018 年第 8 期。

有学者研究较长时期内整个零售业的时空差异演变。基于此,本部分按照国家统计局对区域的划分标准,将31个省区市划分为东中西部三大区域,东部地区包括北京、天津、河北、辽宁、上海、江苏、浙江、福建、山东、广东和海南共11个省(区、市),中部地区包括山西、吉林、黑龙江、安徽、江西、河南、湖北、湖南共8个省(区、市),西部地区包括四川、重庆、贵州、云南、西藏、陕西、甘肃、青海、宁夏、新疆、广西、内蒙古共计12个省(区、市)。然后通过基尼系数分解研究我国零售业在区域间和区域内分布的空间差异及近20年来的变化趋势,试图揭示零售业时空差异的现实影响因素,并运用回归分析进一步从实证角度对现实影响因子进行验证。

在对零售业时空差异进行度量时,选取指标时借鉴了陈壮[①]对中国连锁零售业的区域差异测度及影响因素的研究,从消费者占有零售资源、零售业的规模化程度和市场发育程度三个方面构建零售业时空差异的指标评价体系。综合考虑指标结构的合理性和数据的可得性,本部分分别选取人均社会消费品零售总额来测算消费者占有零售业的资源,选取零售业资产总计、法人企业数和从业人数来衡量各地区零售业的规模,选取连锁率、连锁零售企业门店数、地区网络零售总额来衡量各地区零售业的市场发育程度。由于样本规模较大,地市级的数据获取难度较大,所以本部分在测算时采用的都是省级数据,数据来源于《中国统计年鉴》、省级地方统计年鉴和商务部网站。

第一节　我国零售业时空差异测算方法

本部分主要采用基尼系数来测量零售业的时空差异,基尼系数是由统计学家Gini提出来的,是用于反映收入分配不平等状况的指标,其取值在0—1之间,取值越大,收入分配越不平等。基尼系数等于0时,收入分配绝对平均;

---

① 陈壮:《中国连锁零售业区域差异测度及影响因素研究》,厦门大学2014年硕士论文。

基尼系数低于 0.2 时,收入分配高度平均;处于 0.2—0.29 之间时,收入分配比较平均;在 0.3—0.39 之间时,收入分配相对合理;在 0.4—0.59 之间表明差距较大;在 0.6 以上表示差距悬殊。虽然基尼系数最早用于衡量收入分配的不平等状况,但是随着研究的不断深入,基尼系数的适用范围不断扩展。根据徐宽[1]的研究,基尼系数不仅仅可以度量收入的不平等,也可以度量财富的不平等、消费的不平等乃至任何其他事物分布的不均状况。目前关于基尼系数的计算方法多种多样,大致有如下几种:几何方法、基尼平均差方法、矩阵方法和协方差方法,这四种计算形式不一,但是原理相通,各有优点,本部分主要采用基尼平均差的方式来测量我国零售业分布的时空差异,计算公式如下:

$$G = \frac{1}{2\mu} \sum_{i=1}^{n} \sum_{j=1}^{n} \frac{1}{n^2} |y_i - y_j| \tag{1}$$

其中, n 表示样本容量, y_i(或 y_j) 表示第 i(或 j)个个体在相关指标上的测量结果, μ 表示某个指标的样本均值。在本部分中, $n = 31$; y_i(或 y_j) 表示某个省份在某个零售业衡量指标上的取值;i,j = 1,2,3,…,31。

式(1)只能反映总体差异,为了进一步分析我国零售业时空差异的来源,本部分按照东中西三大区域对总体差异进行了组群分解,假设总体数据被分为 m 组,(在本部分中,m = 3),总体均值为 μ,每组的样本数为 n_k,均值为 μ_k,各组包含的样本数占总体的份额为 P_k,各组某属性指标(在本部分中指衡量零售业时空差异的各项指标)的总值在全国中的占比为 I_k (k = 1,2,…,m)。则基尼系数组群分解的一般公式为:

$$G = \sum_{k=1}^{m} P_k I_k G_k + G_n + G(f) \tag{2}$$

其中

$$G_k = \frac{1}{2\mu_k} \sum_{i_k=1}^{n_k} \sum_{j_k=1}^{n_k} P_{i_k} P_{j_k} |y_{i_k} - y_{j_k}| \tag{3}$$

---

[1] 徐宽:《基尼系数的研究文献在过去八十年是如何拓展的》,《经济学》(季刊)2004 年第 4 期。

在式(2)中,前一项为组内差异,它是各子区域的基尼系数的加权和,反映的是各属性指标在子区域的内部差异,后两项为组间差异,它反映的是各子区域因排序变化产生的外部性差异,组内差异、组间差异与总体差异(G)的比值即为组内贡献率和组间贡献率。

第二节 我国零售业时空差异实证结果

一、 消费者占有资源的地区差异

社会消费品零售总额反映的是批发和零售业、住宿和餐饮业以及其他行业直接售给城乡居民和社会集团的消费品零售额,一方面反映了人民生活水平和消费能力的变化;另一方面反映了消费者占有零售资源的状况,从消费者角度反映了零售业的发展态势,为了测算社会消费品零售总额的区域间差异和区域内差异,本部分选取了1998—2017年全国31个省的社会消费品零售总额的面板数据进行分析。

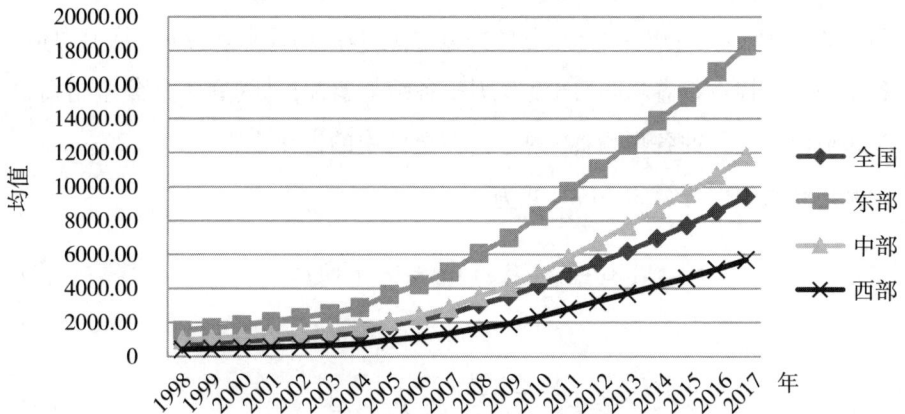

图4-1 各地区社会消费品零售总额的平均水平

表 4-1　社会消费品零售总额的基尼系数及组群分解

年份	基尼系数	组内差异				组间差异	组内贡献	组间贡献
		东部	中部	西部	小计			
1998	0.4101	0.2879	0.1982	0.4080	0.1124	0.3108	0.2656	0.7344
1999	0.4127	0.2880	0.2011	0.4060	0.1105	0.3100	0.2628	0.7372
2000	0.4147	0.2886	0.2062	0.4064	0.1091	0.3105	0.2601	0.7399
2001	0.4162	0.2899	0.2094	0.4059	0.1080	0.3096	0.2587	0.7413
2002	0.4188	0.2915	0.2117	0.4054	0.1072	0.3093	0.2573	0.7427
2003	0.4311	0.3093	0.2197	0.4023	0.1070	0.3108	0.2561	0.7439
2004	0.4305	0.3097	0.2174	0.4011	0.1073	0.3139	0.2548	0.7452
2005	0.4317	0.3248	0.1956	0.4102	0.1077	0.3175	0.2532	0.7468
2006	0.4327	0.3284	0.1964	0.4114	0.1083	0.3201	0.2528	0.7472
2007	0.4314	0.3293	0.1966	0.4117	0.1081	0.3211	0.2519	0.7481
2008	0.4292	0.3306	0.1961	0.4111	0.1081	0.3233	0.2505	0.7495
2009	0.4284	0.3309	0.1962	0.4126	0.1079	0.3248	0.2494	0.7506
2010	0.4252	0.3289	0.1960	0.4094	0.1070	0.3247	0.2479	0.7521
2011	0.4212	0.3283	0.1966	0.4056	0.1037	0.3268	0.2408	0.7592
2012	0.4178	0.3274	0.1963	0.4048	0.1038	0.3273	0.2409	0.7591
2013	0.4165	0.3285	0.1963	0.4044	0.0998	0.3190	0.2383	0.7617
2014	0.4176	0.3324	0.1977	0.4050	0.0993	0.3168	0.2387	0.7613
2015	0.4196	0.3345	0.2046	0.4093	0.0989	0.3158	0.2385	0.7615
2016	0.4205	0.3393	0.2090	0.4127	0.0984	0.3142	0.2385	0.7615
2017	0.4233	0.3457	0.2145	0.4165	0.0984	0.3118	0.2398	0.7602

数据来源:《中国统计年鉴》。

　　本部分对有关数据进行了描述性统计和基尼系数的测算。如表 4-1 所示,从横向比较来看,全国基尼系数维持在 0.4 以上的水平,说明社会消费品零售总额的省域差异较大。从基尼系数的分解结果来看,在总体差异中,组间贡献率为 75% 左右,且呈持续上涨的趋势。组内贡献率为 25% 左右,大体上不断下降,社会消费品零售总额在东中西部的区域内差异相对来说也较为合理,这说明社会消费品零售总额分布的总体差异主要是由组间差异造成的,且组间差异的影响在不断增加,但增加幅度不大。结合图4-1中描述性统计的分析结果可以看出,组间差异主要表现为东部地区的社会消费品零售总额最大,中部次之,西部最低。这主要是由于地区间的经济发展不平衡,人们的消费能力不一造成的。从纵向比较来看,如图4-1所示,从1998年到2017年,全国和各地区的社会消费品零售总额持续上升,这表明近20年,随着经济的发展,人们的消费水平和消费能力有了很大的提升。如表4-1所示,全国和各地区的基尼系数变化不大,说明消费者占有零售资源在区域内和区域间的分布差异在总体上较为稳定。

二、 零售业规模的地区差异

规模化是零售业的重要竞争优势,实现规模化经营,一方面可以带来规模经济,使采购成本、库存成本、流通成本等大幅降低;另一方面,规模化具有集聚效应,可以吸引更多的人力物力和财力,从而提高零售企业的竞争力,为了反映零售业在各地区之间的规模化程度及其差异,本部分选取零售业资产总计、零售业从业人数、零售业法人企业数作为测量指标,其中零售业资产总计从质上反映了零售业的规模化程度,而零售业从业人数和零售业法人企业数则是零售业规模化程度在量上的反映。由于1998年及以前中国统计年鉴是把零售业和批发业放在一起进行统计的,所以本部分采用的是1999—2017年共计19年的数据来反映近20年间零售业的规模化程度在区域间和区域内的差异。

1.零售业资产总计的分布差异及动态变化

本部分先对零售业资产总计在1999—2017年的地区分布状况进行了描述性统计,统计结果如图4-2所示。近20年来,零售业的资产规模不断扩大,从全国水平来看,从1999—2017年,资产规模扩大了16倍,分地区来看,东中西三大地区的零售业资产规模分别扩大了15倍、17倍、18倍。再从数据的绝对水平来看,东部的零售业资产规模远远高于中西部甚至是全国水平,西部最

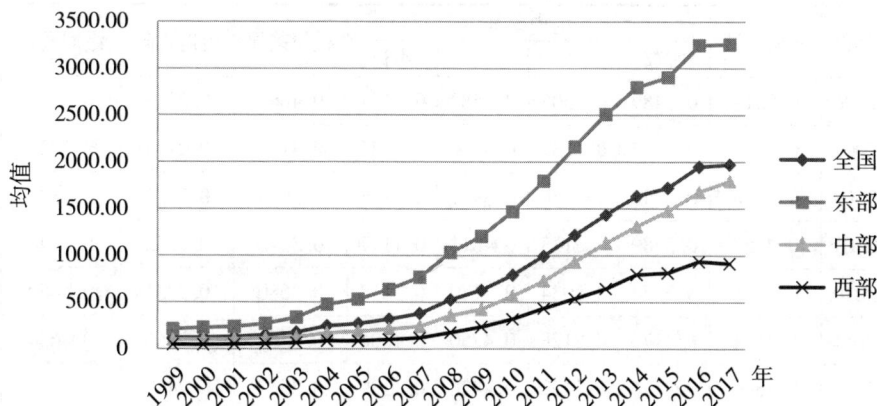

图4-2 各地区零售业资产总计的平均水平

低。综上可得,近些年来,由于经济发展水平和零售业成熟度的提高,零售业的规模化趋势越来越明显,但是在地区间的分布差异较大,表现为东部>中部>西部,但是从数据统计结果可以看出,近些年来中部和西部的零售业发展速度较快,这从一定程度上缓和了零售业资产总计的区域间差异。为了分析零售业资产总计的区域内差异,继续深究各种差异及其动态变化的来源,本部分采用基尼系数进行进一步的分析。

表4-2 零售业资产总计的基尼系数及其组群分解

年份	基尼系数	组内差异				组间差异	组内贡献	组间贡献
		东部	中部	西部	小计			
1999	0.4637	0.3282	0.2397	0.3728	0.1090	0.3546	0.2352	0.7648
2000	0.4647	0.3339	0.2225	0.3411	0.1076	0.3571	0.2316	0.7684
2001	0.4564	0.3067	0.2142	0.3535	0.1019	0.3545	0.2233	0.7767
2002	0.4663	0.3159	0.2260	0.3572	0.1052	0.3612	0.2255	0.7745
2003	0.4810	0.3180	0.2379	0.3332	0.1058	0.3752	0.2199	0.7801
2004	0.4985	0.3464	0.2304	0.3323	0.1122	0.3863	0.2250	0.7750
2005	0.5118	0.3538	0.2268	0.3269	0.1135	0.3983	0.2218	0.7782

续表

年份	基尼系数	组内差异				组间差异	组内贡献	组间贡献
		东部	中部	西部	小计			
2006	0.5213	0.3489	0.2305	0.3582	0.1144	0.4069	0.2195	0.7805
2007	0.5269	0.3494	0.2233	0.3520	0.1145	0.4123	0.2174	0.7826
2008	0.5106	0.3298	0.2256	0.3931	0.1113	0.3993	0.2179	0.7821
2009	0.4958	0.3289	0.2143	0.4011	0.1117	0.3842	0.2252	0.7748
2010	0.4798	0.3274	0.2084	0.4180	0.1118	0.3680	0.2331	0.7669
2011	0.4674	0.3176	0.2128	0.4250	0.1106	0.3569	0.2366	0.7634
2012	0.4666	0.3176	0.2432	0.4426	0.1129	0.3537	0.2419	0.7581
2013	0.4541	0.3164	0.2400	0.4126	0.1103	0.3438	0.2429	0.7571
2014	0.4350	0.3153	0.2384	0.3753	0.1078	0.3273	0.2477	0.7523
2015	0.4317	0.3215	0.2134	0.3858	0.1075	0.3242	0.2491	0.7509
2016	0.4361	0.3443	0.2311	0.3785	0.1128	0.3234	0.2585	0.7415
2017	0.4404	0.3396	0.2701	0.3875	0.1138	0.3265	0.2585	0.7415

数据来源:《中国统计年鉴》。

如表4-2所示,本部分计算了零售业资产总计的基尼系数,并对其进行了组群分解。对计算结果进行纵横分析,从横向来看,全国基尼系数基本维持在0.45以上,个别年份高达0.5以上,说明零售业资产总计在全国各地区之间的差异较大,分地区来看,东部和西部的基尼系数在0.3—0.4之间,在区域内的分布相对合理,中部各年份的基尼系数基本上都在0.25以下,说明中部各省的零售业资产总计分布较为平均。组内贡献率只有20%左右,组间贡献率高达70%以上。这足以表明,组间差异是造成总体差异的主要原因。从纵向来看,从1999—2017年,全国基尼系数先上升后下降,呈倒U形规律,变化趋势和组间差异基本一致,这进一步验证了组间差异是影响零售业规模化差异的主要原因。但是,近几年,组间贡献率有所下降,组内差异对总体差异的影响不断提高。另外,相比于1999年,全国的基尼系数下降了 5%,说明近些年来,零售业资产总计在全国 31 个省之间的分布越来越均衡,如上所述,零售业在中西部地区的快速发展是区域间差异缩小的主要原因。

2.零售业从业人数的分布差异及动态变化

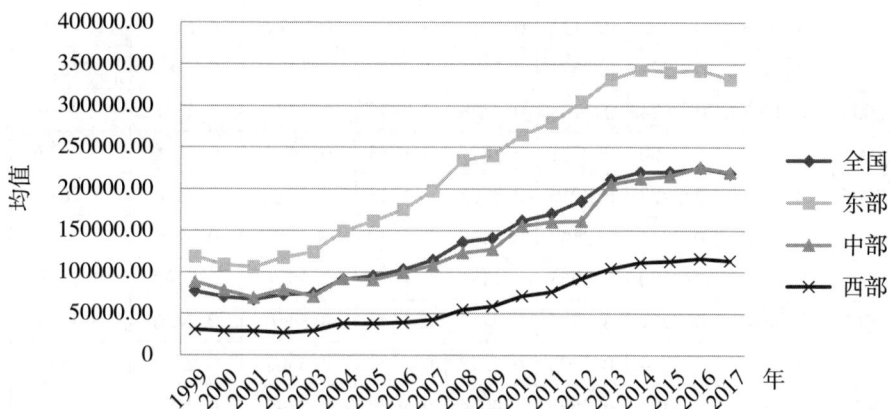

图 4-3　各地区零售业从业人数平均水平

为了从量上反映零售业的规模化程度在地区间的分布差异,本部分对 1999—2017 年全国 31 个省的零售业从业人数首先进行了数量统计分析,分析结果如图 4-3,从图 4-3 中可以看出,零售业从业人数和零售业资产总计的地区分布及变化趋势具有较好的对照性,从绝对水平来看,零售业从业人数在地区间的分布呈现出不均衡的态势,东部远超中西部和全国水平。从发展情况来看,1999—2017 年,全国平均增长率达到了 5.99%,东中西部的平均增长率分别为 5.88%,5.21%,7.55%。近 20 年,全国和各地区零售业从业人数大幅度增加,尤其是西部地区,近些年来蓄力而发,零售业从业人数的增长速度远超东部和中部。这一方面与我国的人才引进和就业引导的相关政策有关。另一方面与近几年的就业形势有关,由于东部地区就业形势严峻,就业人口出现了由东部向中西部迁移的趋势。

表 4-3　零售业从业人数的基尼系数及组群分解

| 年份 | 基尼系数 | 组内差异 | | | | 组间差异 | 组内贡献 | 组间贡献 |
		东部	中部	西部	小计			
1999	0.4346	0.2973	0.2825	0.3761	0.1021	0.3326	0.2348	0.7652
2000	0.4387	0.3047	0.2975	0.3918	0.1060	0.3327	0.2416	0.7584
2001	0.4334	0.2925	0.2978	0.3836	0.1040	0.3294	0.2401	0.7599
2002	0.4603	0.3293	0.3171	0.3433	0.1093	0.3510	0.2375	0.7625
2003	0.4499	0.3234	0.2577	0.3696	0.1072	0.3427	0.2383	0.7617
2004	0.4291	0.2874	0.2738	0.3548	0.0996	0.3295	0.2321	0.7679
2005	0.4559	0.3180	0.2771	0.3847	0.1083	0.3477	0.2375	0.7625
2006	0.4665	0.3283	0.3016	0.3787	0.1113	0.3552	0.2386	0.7614
2007	0.4752	0.3341	0.3102	0.3930	0.1140	0.3612	0.2399	0.7601
2008	0.4677	0.3390	0.2968	0.4184	0.1166	0.3511	0.2492	0.7508
2009	0.4613	0.3277	0.2982	0.4214	0.1147	0.3466	0.2486	0.7514
2010	0.4438	0.3264	0.2720	0.4313	0.1132	0.3306	0.2551	0.7449
2011	0.4327	0.3121	0.2596	0.4034	0.1080	0.3247	0.2495	0.7505
2012	0.4359	0.3091	0.2955	0.4281	0.1129	0.3230	0.2591	0.7409
2013	0.4267	0.3191	0.2772	0.4371	0.1135	0.3132	0.2660	0.7340
2014	0.4222	0.3133	0.2796	0.4361	0.1128	0.3094	0.2672	0.7328
2015	0.4201	0.3118	0.2868	0.4337	0.1128	0.3073	0.2685	0.7315
2016	0.4215	0.3213	0.2985	0.4305	0.1150	0.3065	0.2728	0.7272
2017	0.4176	0.3247	0.2817	0.4246	0.1141	0.3035	0.2732	0.7268

数据来源:《中国统计年鉴》。

　　表 4-3 通过基尼系数测算及组群分解,进一步分析了零售业从业人数的组内差异及各种差异的来源和动态变化的原因。如表 4-3 所示,从横向来看,全国基尼系数在 0.4 以上,东部在 0.35 以下,中部在 0.3 以下,西部在 0.35—0.45 之间,表明零售业从业人数在省域间的分布较不均衡,但是在东中西三大区域的区域内差异较小,其中,西部>东部>中部,组间贡献率为 70% 左右,组内贡献率为 20% 左右,说明零售业从业人数在区域间分布的总体差异主要是由组间差异造成的,这主要是由地区间经济发展不平衡造成的。从

纵向来看,全国基尼系数大体上呈现出先上升后下降的趋势,2007 年是拐点,再看局部区域。近 20 年,东部和中部的区域内差异变化不大,西部地区从 2008 年开始稳步上升,但由于西部地区零售业从业人数基数小,在全国占比较低,所以对总体差异的影响较小,从统计结果来看,近些年来组内差异的贡献率一直保持在 30% 以下。进一步说明了近 20 年零售业从业人数在区域内的分布一直保持在较为均衡的水平,区域间的差异大于区域内的差异,组间差异是造成全国差异的主要原因,但是近几年,组间贡献率有所下降,组内差异对总体差异的影响在提升。从数量统计结果来看,组间差异和总体差异缩小主要是由西部地区零售业从业人数快速增长造成的。

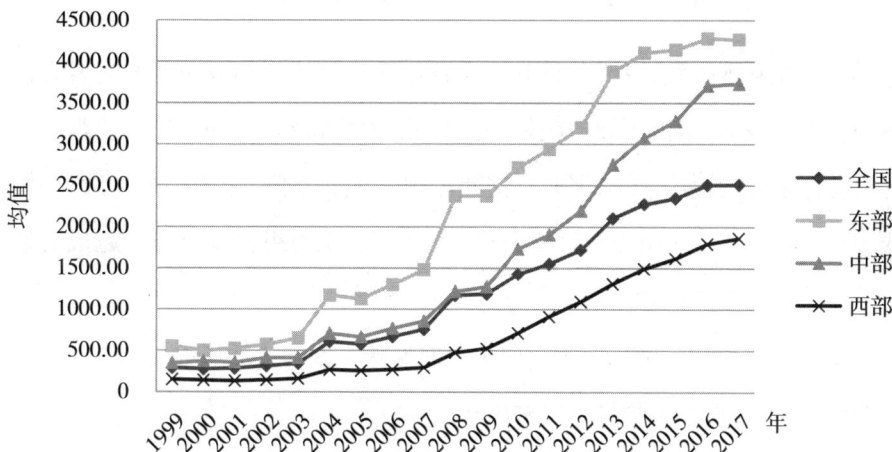

图 4-4　各地区零售业法人企业数的平均水平

3. 零售业法人企业数分布差异及动态变化

零售业法人企业数同零售资产总计和零售业从业人数的区域间差异和区域内差异具有较高的一致性,如图 4-4 所示,近些年来,零售业的企业规模不断扩大,地区间发展不平衡,东部>中部>全国>西部。如图 5-5 所示,零售业法人企业数的全国基尼系数在 0.4—0.5 之间,个别年份突破了 0.5,地区间分布较不均衡,整体上呈先上升后下降的倒 U 形分布,2007 年是拐点,和组间

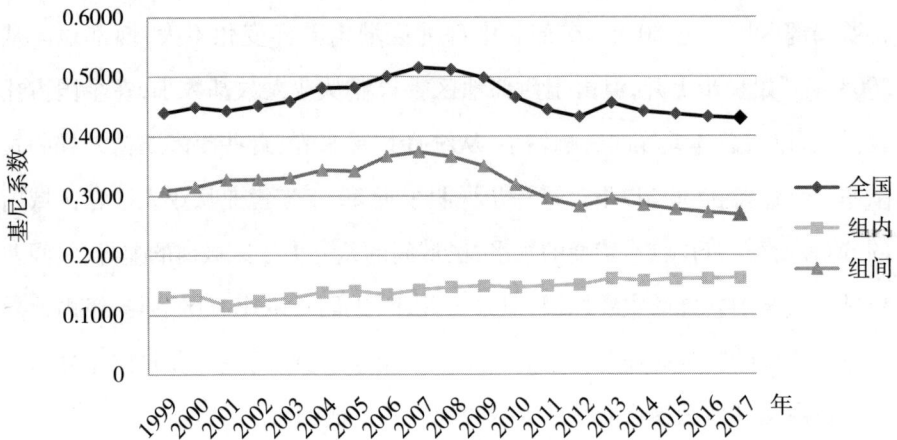

图 4-5　零售业法人企业数的基尼系数及组群分解

差异的变化基本一致,说明零售业法人企业数在总体上的分布差异主要是由组间差异造成的,组内差异影响较小。另外,值得特别关注的是,虽然组内差异对总体差异的影响较小,但是近些年来组间差异下降,组内差异持续上升,到 2016 年和 2017 年组内贡献率高达 37% 以上,说明组内差异越来越成为影响总体差异的重要因素。

以上三个指标分别从质和量两个方面反映了零售业的规模化程度在地区之间的差异,从这三个指标可以看出:

(1)目前我国零售业正逐步向规模化方向发展,但是发展水平较不均衡,组间差异是造成总体差异的主要原因,具体表现为东部的规模化程度较高,中部和西部远远落后于东部。这主要是由各地区经济发展水平和对外开放程度不一致造成的。首先,东部地区经济发达,资源汇集,基础设施完善,为零售业发展提供了良好的发展条件。其次,东部地区是对外开放政策和第一批外资零售企业的试点区域,对外开放水平较高,零售业起步较早,具有先天发展优势。最后,东部地区人口基数大,市场需求量大,为零售业的发展提供了内生动力。而中西部不管是先天还是后天发展条件都远远落后于东部。

（2）从 1999—2017 年，限额以上零售业资产总计、从业人数和法人企业数的总体差异均呈先上升后下降的倒 U 形分布，也即零售业的规模在省域之间的分布差异先增加后缩小，2007 年是拐点。2008 年金融危机对我国各地区的经济都造成了不同程度的冲击，作为对外开放水平最高、外贸占比最大的东部沿海地区更是首当其冲，据杨银海、赵建建的研究，2008 年全年 GDP 下降幅度最大的十个省市依次为山西、四川、海南、广东、浙江、上海、贵州、北京、河北、江苏。其中东部就包括了七个。受东部地区经济发展水平的大幅下降和人们消费信心不足的影响，东部的零售业发展速度放缓。再加上 2007 年外资零售企业在我国东部地区遍地开花，东部本土零售业的发展更是雪上加霜。相比东部地区，中部和西部地处我国内陆，受金融危机的冲击较小，且受西部大开发和中部崛起等政策的影响，中部和西部地区的零售业发展较快，规模化趋势更加明显，趁机缩小了与东部地区的差距。例如，受人才引进和就业引导等政策的影响，中部和西部的零售业从业人数在 2008 年之后大幅度增加。受产业转移和扶贫攻坚等政策的影响，零售业法人企业数迅速增加。因此，可以看出，零售业的规模化程度在东中西部三大区域之间的差异减小是 2007 年后总体差异降低的主要原因。

（3）虽然零售业的规模化程度在地区内的分布差异较小，但是近些年来，组间差异下降，组内差异对总体差异的影响越来越大，值得关注。以限额以上零售业资产总计为代表分析组内差异上升的原因，根据 $P_i I_i G_i / \sum_i^n P_i I_i G_i$ 分别计算出东中西部零售业资产的区域内差异对组内差异的贡献率，这里 G_i 指第 i 个子群内部的基尼系数，P_i 指第 i 个群体所包含的个体在总体中的占比，I_i 指第 i 个群体的某属性指标在全国中的占比。在本部分中 G_i、P_i、I_i 分别指东中西部的区域内基尼系数、三大区域包含的省份数量与全国总省份数量的比值和各区域零售业资产在全国中的占比，i = 1, 2, 3；n = 3。$\sum_i^n P_i I_i G_i$ 表示东中西部区域内基尼系数的加权汇总，也就是最终的组内差异。首先计算出各区域内的基尼系数 G_i 及其加权系数 $P_i * I_i$。然后根据 $P_i I_i G_i / \sum_i^n P_i I_i$ G_i 计算出区域内差异对组内差异的贡献率。计算结果如表 4-4 所示,为了更直观地反映组内差异的结构和各地区的区域内差异对组内差异的动态影响,本部分在表 4-4 的基础上绘制了图 4-6。如图 4-6 所示,1999—2017 年,东部地区对组内差异的贡献率虽然较高,但是自 2008 年之后持续下降,而中部和西部的地区内差异在组内差异中的占比自 2008 年之后基本上持续上升,所以可以看出,组内差异的上升主要是由中部和西部的区域内差异造成的。2008 年之后,外资零售业的布局由东部逐渐渗透到中部和西部,从一定程度上带动了中西部部分地区零售业的发展,造成区域内分布差异扩大。除此之外,扶贫政策在各地区的倾斜程度不同也造成了中部和西部区域发展的不平衡。

表 4-4 各地区零售业资产的区域内差异对组内差异的贡献率

年份	$P_i * I_i$			G_i			贡献率		
	东部	中部	西部	东部	中部	西部	东部	中部	西部
1999	0.2078	0.0607	0.0693	0.3396	0.2701	0.3875	0.6703	0.1225	0.2073
2000	0.2099	0.0575	0.0719	0.3443	0.2311	0.3785	0.7011	0.1127	0.1862
2001	0.2118	0.0569	0.0708	0.3215	0.2134	0.3858	0.6807	0.1134	0.2059
2002	0.2148	0.0533	0.0729	0.3153	0.2384	0.3753	0.6889	0.1122	0.1988
2003	0.2204	0.0527	0.0676	0.3164	0.2400	0.4126	0.7143	0.1066	0.1792
2004	0.2238	0.0510	0.0664	0.3176	0.2432	0.4426	0.7463	0.0962	0.1575
2005	0.2275	0.0488	0.0657	0.3176	0.2128	0.4250	0.7650	0.0935	0.1415
2006	0.2334	0.0477	0.0609	0.3274	0.2084	0.4180	0.7595	0.0904	0.1501
2007	0.2408	0.0450	0.0569	0.3289	0.2143	0.4011	0.7722	0.0829	0.1449
2008	0.2458	0.0454	0.0508	0.3298	0.2256	0.3931	0.7284	0.0921	0.1795
2009	0.2531	0.0425	0.0471	0.3494	0.2233	0.3520	0.7092	0.0864	0.2044
2010	0.2491	0.0449	0.0480	0.3489	0.2305	0.3582	0.6833	0.0889	0.2278
2011	0.2454	0.0468	0.0491	0.3538	0.2268	0.3269	0.6535	0.0938	0.2526
2012	0.2417	0.0468	0.0532	0.3464	0.2304	0.3323	0.6296	0.1099	0.2604
2013	0.2376	0.0474	0.0569	0.3180	0.2379	0.3332	0.6323	0.1146	0.2531

续表

年份	$P_i * I_i$			G_i			贡献率		
	东部	中部	西部	东部	中部	西部	东部	中部	西部
2014	0.2294	0.0522	0.0586	0.3159	0.2260	0.3572	0.6283	0.1178	0.2538
2015	0.2262	0.0540	0.0594	0.3067	0.2142	0.3535	0.6333	0.1128	0.2539
2016	0.2260	0.0545	0.0588	0.3339	0.2225	0.3411	0.6409	0.1178	0.2413
2017	0.2227	0.0557	0.0606	0.3282	0.2397	0.3728	0.6200	0.1440	0.2360

数据来源:《中国统计年鉴》。

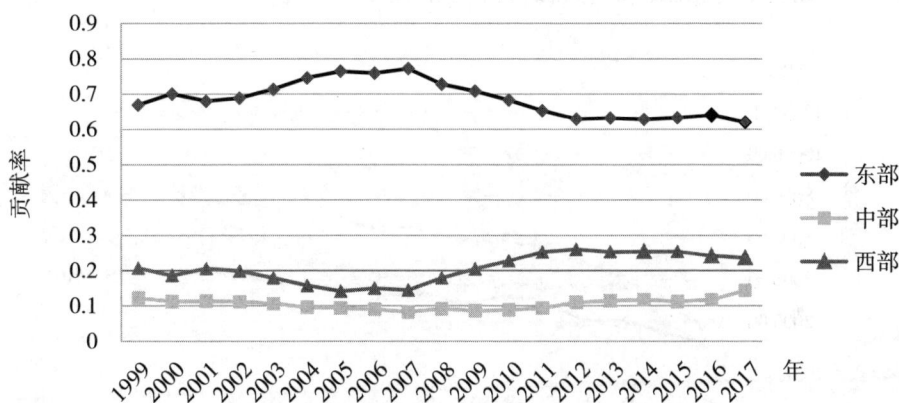

图 4-6　各地区零售业资产的区域内差异对组内差异的贡献率

三、　零售业市场发育程度的地区差异

发育程度较高的市场往往具有灵活的市场机制、成熟的市场组织形式、健全的物质技术基础、更加完善的市场功能,能为零售业发展提供良好的市场环境,除此之外,自由、健康、成熟的市场往往具有更大的市场容量和更丰富的、结构更优的市场要素。这是企业发展的生命源泉和内在动力。总之,市场发育程度的高低是影响零售业竞争力的重要因素。连锁零售和网络零售是目前发展最好的两种零售业态,其发展与一个市场的开放度和成熟度密切相关,所以本部分以连锁零售企业门店数、连锁率和地区网络零售总额作为测算指标,

分别从连锁零售和网络零售的发展水平两个方面来分析零售业市场的发育程度。连锁零售企业门店数和连锁率反映的是零售业的连锁化水平,地区网络零售总额反映的是零售业的网络化程度。由于《中国统计年鉴》对连锁零售业的数据统计是从 2004 年开始的,而且西藏个别年份数据缺失严重,为了保证研究结果的可信性,本部分采用 2004—2017 年除西藏外 30 个省区市的面板数据对零售业的连锁化水平的区域间差异和区域内差异进行分析。

1. 连锁零售企业门店总数的分布差异及动态变化

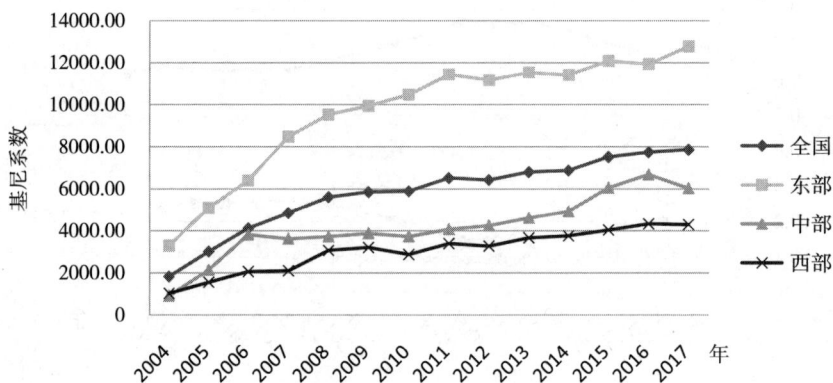

图 4-7　各地区连锁零售企业门店总数的平均水平

为了更好地反映零售业在各地区的连锁化水平及其差异,本部分先对连锁零售企业门店总数近 15 年的数据进行了描述性统计,如图 4-7 所示,从绝对水平来看,连锁零售企业的规模在地区间的分布存在一定的差异,主要表现在东部>中部>西部,其中东部的连锁零售企业门店数比中部加西部的总数还要多。从发展速度来看,随着经济发展水平和人民生活水平的提高,连锁零售业的规模不断扩大,但是受 2011 年我国经济和消费增速放缓等的影响和2015 年"关店潮"的影响,自 2011 年开始,我国零售业门店总数的增速放缓。从平均增长率来看,全国、东部、中部、西部的连锁零售企业门店总数的平均增长率分别为 10.99%、10.17%、14.48%、10.74%,中部>全国>西部>东部。说明中部和西部地区的连锁零售业的后天发展具有一定的优势,但是动力仍然不足。

表4-5 连锁零售企业门店数的基尼系数及组群分解

年份	基尼系数	组内差异				组间差异	组内贡献	组间贡献
		东部	中部	西部	小计			
2004	0.5798	0.4830	0.2762	0.5927	0.1717	0.4081	0.2961	0.7039
2005	0.4860	0.3817	0.3492	0.4256	0.1341	0.3519	0.2759	0.7241
2006	0.4673	0.4017	0.4185	0.2753	0.1300	0.3374	0.2781	0.7219
2007	0.5488	0.4594	0.4952	0.3618	0.1555	0.3933	0.2834	0.7166
2008	0.5379	0.4455	0.3806	0.5340	0.1589	0.3790	0.2954	0.7046
2009	0.5376	0.4327	0.3917	0.5451	0.1573	0.3802	0.2927	0.7073
2010	0.5482	0.4480	0.3623	0.5169	0.1574	0.3908	0.2871	0.7129
2011	0.5536	0.4721	0.3367	0.5365	0.1637	0.3899	0.2957	0.7043
2012	0.5447	0.4508	0.3282	0.5628	0.1592	0.3855	0.2923	0.7077
2013	0.5209	0.4332	0.3246	0.5352	0.1531	0.3678	0.2940	0.7060
2014	0.5073	0.4255	0.3172	0.5251	0.1497	0.3577	0.2950	0.7050
2015	0.4982	0.4402	0.2502	0.5350	0.1479	0.3502	0.2970	0.7030
2016	0.5001	0.4157	0.3845	0.5412	0.1504	0.3498	0.3006	0.6994
2017	0.4788	0.3885	0.2919	0.5009	0.1375	0.3413	0.2871	0.7129

数据来源:《中国统计年鉴》。

为了测算组内差异,分析各种差异的来源,本部分测算了相关数据的基尼系数并进行了组群分解。计算结果如表4-5所示,从横向来看,全国基尼系数基本上都超过了0.5,说明连锁零售企业门店总数在省域之间的分布差距较大,其中组间差异对总体差异的贡献率高达70%左右,远远高于组内差异,所以可以看出组间差异是造成总体差异的主要原因。从局部区域来看,连锁零售企业门店数的区域内差异表现为西部>东部>中部,东部的基尼系数基本上在0.4—0.5之间,分布较不均衡;中部在0.3—0.4之间,分布较为合理;西部在 0.5—0.6 之间,差异较为悬殊,但是组内差异总体上来说较小,这是因为西部地区经济落后,连锁零售企业门店总数在全国占比较小,不足以对全国的分布差异造成充分的影响。从纵向来看,全国基尼系数呈现出波动中下降的趋势,但是下降幅度不大,2016 年及 2016 年以前基本上都处于 0.5 以上的水平,说明近些年来连锁零售业门店总数在省域间的差异虽有所下降,但差距仍然悬殊。正如上文所述,这可能是因为受西部大开发和中部崛起等政策的影响,中西部的零售业快速发展,从一定程度上缩小了三大区域之间的差异。但是由于连锁零售业在中西部发展的先天条件不足,导致后天发展步履维艰,很难对总体差异产生足够大的影响。

2. 连锁率的分布差异及动态变化

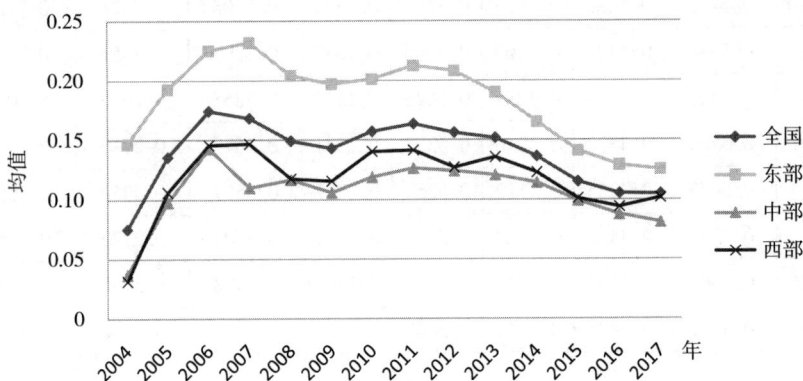

图 4-8　各地区连锁率的平均水平

连锁率是连锁零售企业销售额与社会消费品零售总额的比值,从质上反映了各地区连锁零售业的发展水平和零售业的市场发育程度。如图 4-8 所示,从横向来看,全国平均连锁率在 15% 左右,在所有区域中,东部的平均连锁率最高,中部和西部基本持平,说明连锁零售企业在中西部的发展落后于东部地区,存在一定的地区间差异。从纵向来看,全国和各区域的平均连锁率的变化趋势基本一致,呈双峰状分布,第一个分布高点是在 2006 年(或 2007 年),之后由于金融危机的影响,连锁率水平迅速下降。第二个高点是

2011 年,2011 年之后连锁率基本上呈直线下降的趋势,这与各地区连锁零售企业门店总数的变化趋势相反,说明近些年来,虽然连锁零售业的数量规模在扩大,但是资产规模却随着门店数量的增加而减少,连锁零售业的发展质量不佳。

表 4-6　连锁率的基尼系数及组群分解

年份	基尼系数	组内差异				组间差异	组内贡献	组间贡献
		东部	中部	西部	小计			
2004	0.6073	0.5740	0.3527	0.3488	0.1826	0.4247	0.3006	0.6994
2005	0.3987	0.3648	0.4418	0.3054	0.1244	0.2743	0.3121	0.6879
2006	0.3309	0.3341	0.3244	0.2528	0.1055	0.2254	0.3187	0.6813
2007	0.3565	0.3027	0.3550	0.3245	0.1107	0.2458	0.3105	0.6895
2008	0.3801	0.3452	0.3222	0.3659	0.1203	0.2598	0.3164	0.6836
2009	0.3786	0.3554	0.3242	0.3397	0.1200	0.2587	0.3168	0.6832
2010	0.3757	0.3404	0.3558	0.3608	0.1212	0.2545	0.3227	0.6773
2011	0.3939	0.3283	0.3423	0.4313	0.1264	0.2675	0.3208	0.6792
2012	0.3677	0.2408	0.3513	0.4559	0.1130	0.2547	0.3072	0.6928
2013	0.3439	0.2460	0.3340	0.4130	0.1100	0.2338	0.3200	0.6800
2014	0.3364	0.2149	0.3502	0.4175	0.1067	0.2297	0.3171	0.6829
2015	0.3501	0.2746	0.3489	0.3977	0.1135	0.2366	0.3241	0.6759
2016	0.3625	0.3046	0.3445	0.4007	0.1188	0.2436	0.3279	0.6721
2017	0.3831	0.2936	0.3261	0.4647	0.1257	0.2574	0.3282	0.6718

数据来源:《中国统计年鉴》。

　　为了进一步分析连锁率的区域内差异及各种差异的来源和动态变化的原因,本部分进一步对有关数据进行了基尼系数的测算及组群分解。如表 4-6 所示,从横向来看,2004—2017 年,全国基尼系数基本上在 0.3—0.4 之间,说明连锁率在全国各省域之间的分布较为合理,差别较小。东中西部大部分年份的基尼系数都在 0.4 以下或者 0.4 附近,说明连锁率在地区内的分布相对合理。组间差异占比 70% 左右,组内差异占比 30% 左右,说明总体差异主要是由组间差异造成的。从纵向来看,2004—2017年,全国基尼系数基本上都在0.3—0.4范围之内波动,变化趋势和组间基尼系数基本一致,组间贡献率和组内贡献率一直维持在较为稳定的水平,这一方面说明,近些年来连锁率在区域间分布和区域内的分布差异较为稳定,一直保持在较为合理的范围上。另一方面进一步说明,连锁率的总体差异主要是由组间差异造成的。

综上所述,零售业的连锁化水平在量和质上的发展不协调,主要表现在以下两个方面:

(1)从静态比较来看。连锁零售业门店总数的区域内差异和区域间差异较大,近些年来,受各区域协调发展的相关政策的影响,中部和西部的零售业发展较快,与东部的差距逐渐缩小,从而导致区域间差异虽有所降低,但是受经济发展水平落后、基础设施不健全、资源匮乏等先天条件的限制,中西部地区的发展动力不足,区域间差异下降幅度不大。和连锁零售企业门店总数的地区分布差异相反,连锁率的区域内差异和区域间差异较小,近些年来分布较为稳定,一直保持在合理的范围内。二者的共同点是总体差异都是由组间差异即东中西部的区域间差异造成的。如上所述,这主要是由东中西部地区间经济发展不平衡造成的。

(2)从动态发展来看。近15年,连锁零售企业门店数总体上持续增加,自2011年之后,增速放缓。但是2011年之后,连锁率却在下降,2014年之后更是大幅下跌,连锁零售企业的资产规模和数量规模发展不完全同步,发展质量有待提升。随着连锁零售业态的成熟,人们生活水平的提高和零售市场的扩大,各大零售商开始"跑马圈地",抢占市场份额,门店从东部地区开到了中部和西部地区。从一线城市渗透到二三线城市,这期间,再加上国家政策的支持,如"万村千乡市场工程",连锁零售的发展更是如虎添翼,即使是在我国经济下滑的情况下,门店数量仍持续扩张。但是门店数量在扩张的同时,基础设施建设和地区经济发展水平以及人们的消费能力却跟不上。一方面,中西部地区交通、物流等基础设施建设不完善,劳动力的素质不高,无法满足连锁零售业大规模扩张的需求;另一方面,2012 年开始,世界经济进入低迷时期。我国为了抑制房价过高,实行了一系列的房价管控政策,另外再加上通货膨胀、货币增值、人们的消费信心不足等影响,我国经济增长速度和消费速度放缓,从而导致连锁零售企业自 2011 年之后进入低潮时期。连锁零售企业销售额占社会消费品零售总额的比重下降。2015 年左右,受电商冲击、租金上涨、用人成本增加等的影响,零售业"关店潮"来袭,使得连锁零售企业销售额占社会消费品零售总额的比重进一步下降,进而加剧了连锁零售业数量规模和质量规模不一致的程度。

3. 地区网上零售额的分布差异及动态变化

近年来,在国家政策的引导下和数字技术的驱动下,我国网络零售的发展更加注重质量、效率和创新,取得了较大的进步,根据 2018 年 5 月 31 号商务部最新公布的《中国电子商务报告(2017)》,2017 年,我国网上零售额达到7.18 万亿元,同比增长 32.3%。实物商品网络零售额对社会消费品零售总额增长的贡献率达 37.9%,对消费的拉动作用进一步增强,网络零售规模达到全球最大,产业创新活力世界领先。毫无疑问,网络零售突破了传统零售的发展瓶颈,使得整个零售业改头换面,焕然一新。在未来,网络零售将成为引领传统零售业发展的新动力,网络零售和实体零售的交融是大势所趋。所以一个地区的网络零售的发展水平是衡量一个地区的零售业的竞争力和市场发育程度的关键指标,本部分以地区网上零售额来反映各地网络零售的发展水平,根据国家统计局,网上零售额是指通过公共网络交易平台(包括自建网站和第三方平台)实现的商品和服务零售额之和。商品和服务包括实物商品和非实物商品(如虚拟商品、服务类商品等)。国家统计局仅公布了2015—2017 年的网上零售额的数据,我们根据 15 年的网上零售额和增长率测算出了 14 年的值。考虑到数据获取的难度,本部分在衡量网络零售额的地区分布差异时仅对近四年全国 31 个省区市的网上零售额的数据进行了分析。

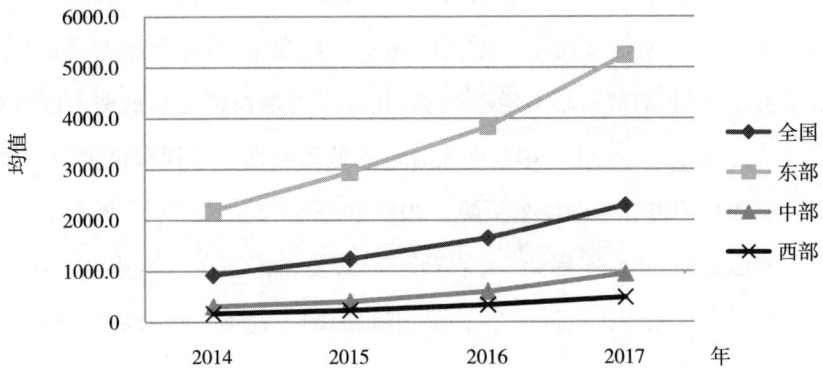

图 4-9 各地区网上零售额的平均水平

表 4-7 地区网上零售额的基尼系数及组群分解

年份	基尼系数	组内差异				组间差异	组内贡献	组间贡献
		东部	中部	西部	小计			
2014	0.7080	0.5107	0.3681	0.6253	0.1780	0.5300	0.2514	0.7486
2015	0.7140	0.5141	0.3803	0.6487	0.1803	0.5338	0.2525	0.7475
2016	0.6923	0.5017	0.3441	0.6282	0.1748	0.5175	0.2525	0.7475
2017	0.6750	0.4922	0.3420	0.5686	0.1692	0.5058	0.2506	0.7494

数据来源:《中国统计年鉴》。

本部分采用基尼系数和描述性统计的方法分析 2014—2017 年网上零售额的地区分布差异。如表 4-7 所示,从总体上来看,基尼系数高达 0.6 以上,说明网上零售额在省域间的分布差距悬殊。从分解结果来看,组间差异在 0.5 左右,说明东中西部网上零售额的区域间差异较大,对总体差异的贡献率达到 70% 以上。从组内差异来看,西部的区域内差异最为悬殊,基尼系数高达 0.6 左右;东部次之,基尼系数在 0.5 左右;西部在 0.5—0.7 之间,分布相对合理。虽然东部和西部的区域内差异较大,但是组内差异对总体差异的贡献率仅有 25% 左右,由此可以看出,网上零售额在省域之间的分布差异主要是由东中西部的区域间差异造成的。从图 4-9 中的折线图来看,这种区域间差异主要表现在西部的网络零售发展水平最低,中部其次,东部最高,在2014年的网上零售额都已经达到了中西部2017年的两倍。这主要是因为网络零售是依托于现代互联网技术而发展起来的新的零售业态,它的兴衰与发展更加依赖于一个地区的技术发展水平、基础设施建设水平和制度环境。东部地区作为我国经济发展水平最高,发展速度最快的地区,不管是互联网的发展水平还是物流等基础设施的建设水平抑或是人们的消费观念和市场的开放程度,都要远远高于中西部地区,这为东部地区网络零售的发展创造了得天独厚的优势。另外,根据赵霞、荆林波①,网络零售在受地区间经济发展水平的影响的同时,反过来又会通过发达地区和欠发达地区电商消费的"流入"和"流出"效应进一步加剧地区间的经济差距,从而又会进一步加剧网络零售在东中西这三大区域之间的差异。从纵向来看,虽然网上零售额的区域间差异和区域内差异较大,但是近些年来,这种差距正在逐步下降。从图4-9可以看出,从2014—2017年,各地区的网上零售额均呈持续上涨趋势。网络零售的发展水平不断提高,其中东部地区的年平均增长率为33.89%,中部和西部分别为45.81%和42.6%。这从某种程度上说明网上零售额的区域间差异和区域内差异下降和中西部网络零售的快速发展有关。而中西部地区网络零售的快速发展主要是由于网络零售业态的日渐成熟和中西部地区的基础设施不断完善,技术水平不断提高等因素造成的。

第三节　我国零售业时空分布差异影响因素的实证分析

本书在第二部分利用描述性统计和基尼系数分析了近20年我国零售业在31个省区市之间的分布差异,并通过基尼系数的组群分解找出了差异的主

---

①　赵霞、荆林波:《网络零售对地区经济差距的影响:收敛还是发散?》,《商业经济越管理》2017年第12期。

要来源,然后结合近 20 年零售业的发展历程和相关资料分析了造成这种差异的现实因素。从上述分析可以看出,我国零售业的时空分布差异是多种因素综合作用的结果,包括一个地区的经济发展水平,对外开放程度,基础设施建设程度,人们的消费水平,零售业的市场容量和市场需求量等等。这些因素大致可以分为四大类:政策、经济、区位和基础设施建设。

一、 指标选取

为了使上文所述的现实影响因素得到进一步验证,本部分从这四个方面出发选取自变量,以区位商为因变量,构建面板数据模型对相关因子进行回归分析。模型中涉及的指标如表 4-8 所示。

表 4-8 面板数据模型研究指标及其含义

变量类型	变量名	变量含义
被解释变量		
	Y	区位商
解释变量		
经济变量	X_1	人均地区生产总值
	X_2	市场化指数
政策变量	X_3	地方财政支出在全国中的占比
	X_4	地区 FDI 在全国中的占比
区位变量	X_5	人口密度
基础设施变量	X_6	公路路网密度
	X_7	互联网普及率

如表 4-8 所示,本部分选取区位商为因变量。区位商是衡量产业地区集聚的重要指标,在本部分中可以代表零售业的地区集聚程度,能够较好地反映出我国零售业的时空差异。区位商的计算公式为 $LQ = (g_1/g_2)/(G_1/G_2)$,其中,g_1 表示某地区该产业的产值,g_2 表示该地区的地区生产总值。G_1,G_2 分别

表示全国该产业的产值和国内生产总值。本部分以社会消费品零售总额代表零售业的产值,根据《中国统计年鉴》上各地区及全国的社会消费品零售总额,各地区的生产总值和国内生产总值计算出我国 31 个省份在 2003—2017 年的区位商,用 Y 表示。

在自变量的选取上,本部分以现实因素为考量,从经济、政策、区位、基础设施四个方面出发共构建了 7 个自变量,各个自变量表示的含义及计算方法如下。

1. 经济变量:本部分选取人均地区生产总值和市场化指数作为经济变量,人均地区生产总值反映了该地区的经济发展水平和人们的购买力水平,其计算公式为:人均地区生产总值=地区生产总值/年末地区常住人口。用 X_1 表示,市场化指数表示一个地区的市场化程度,本部分采用的 2004—2016 年的市场化指数摘自樊刚、王小鲁所著的《中国市场化指数——各地区市场化相对进程报告》中的数据,其中 2003 年和 2017 年的数据是根据 2004 年到 2016 年期间市场化指数的平均增长率推算出来的。在本部分中,市场化指数记为 X_2。

2. 政策变量:仲伟周等[①]分别采用各地区人均财政支出与全国人均财政支出的比值和地区人均 FDI 与全国人均 FDI 的比值来研究政府政策和对外开放水平对我国零售业区域集聚的影响。本部分认为各地区对外开放程度可以直接反映出各地区对外开放政策的强度。所以本部分在仲伟周等的研究基础上稍做变化,将地方财政支出在全国中的占比和地区 FDI 在全国中的占比整合到一起称为政策变量。地方财政支出在全国中的占比等于地方财政一般预算支出与全国财政支出的比值,用 X_3 表示。地区 FDI 在全国中的占比等于地区 FDI 与全国 FDI 的比值,用 X_4 表示,FDI 指的是外商直接投资,2003 年该值为各地区实际利用外商投资额,2004 年及以后 FDI 为各地外商投资企业投资

---

① 仲伟周等:《我国零售业区域集聚影响因素的实证分析及政策含义》,《商业经济与管理》2012 年第 10 期。

总额,虽然国家统计局对该指标的统计口径在 2003 年之后发生了变化,但是由于本部分采用的是相对数,所以影响不大。

3. 区位变量,人口密度代表各地区人口的密集程度,决定了一个地区的市场需求量和劳动力供给量,零售业作为直接面对消费者的劳动力密集型产业,人口密度是决定其发展和集聚的重要区位变量。人口密度=年末地区常住人口/地区面积,代表各地区人口的密集程度,用 X_5 表示。

4. 基础设施变量,一个地区的基础设施建设水平决定了该地区零售业的发展水平和发展潜力,对零售业发展至关重要的两大基础设施分别是交通基础设施和技术设施。由于地区内的货物运输主要依赖于公路,所以本部分选取公路路网密度来反映一个地区的物流水平和交通的便利度,公路路网密度=公路里程数/省域面积,用 X_6 表示。互联网的出现使零售业的发展迈向了一个新的阶段,本部分以互联网普及率反映各地区的互联网建设程度,互联网普及率=上网人数/地区常住人口。

二、 模型构建

以上指标除了市场化指数外,其余指标的数据均来自于国家统计局、地方统计局及商务部网站,为了消除变量之间的异方差和多重共线性,将所有变量进行对数化处理,建立面板数据模型如下:

$$\ln Y_{it} = c_i + \beta_1 \ln X1_{it} + \beta_2 \ln X2_{it} + \beta_3 \ln X3_{it} + \beta_4 \ln X4_{it} + \beta_5 \ln X5_{it}$$
$$+ \beta_6 \ln X6_{it} + \beta_7 \ln X7_{it} + \mu_{it}$$

其中,i 表示截面成员,在本部分中表示 31 个省份个体,i=1,2,3,…,31,t 表示每个截面成员的样本观测时期数,在本部分中 t=1,2,3,…,15,代表从 2003—2017 年,μ_{it} 为随机扰动项,c_i 为截距项,采用的变截距模型不同,c_i 的形式则不同。

三、 实证分析

利用 EViews 对该模型进行估计,在估计之前,先构造 χ^2 统计量,然后通过

Hausmans 检验确定应该采用固定效应模型还是随机效应模型,检验结果如表 4-9 所示。

表 4-9　Hausman Test

Test Summary	Chi-Sq.Statistic	Chi-Sq.d.f.	Prob.
Cross-section random	20. 285153	7	0. 0050

如表 4-9 所示,χ^2 统计量的值为 20. 285153,P 值为 0. 0050,小于 0. 05,所以拒绝固定效应模型与随机效应模型不存在系统差异的原假设,建立固定效应模型。固定效应模型的估计结果如表 4-10 所示:

表 4-10　固定效应模型估计结果

Variable	Coefficient	Std.Error	t-Statistic	Prob.
C	1. 936516	0. 149552	12. 94879	0. 0000 ***
X1?	−0. 014358	0. 015179	−0. 945965	0. 3447
X2?	1. 59E−05	4. 66E−06	3. 417120	0. 0007 ***
X3?	3. 829270	1. 962155	1. 951563	0. 0516 *
X4?	8. 625486	3. 943540	−2. 187244	0. 0293 **
X5?	0. 000957	0. 000174	−5. 511570	0. 0000 ***
X6?	0. 100355	0. 061764	1. 624794	0. 1049
X7?	0. 379526	0. 145785	−2. 603329	0. 0096 ***
Effects Specification				

注:*** 、** 、* 分别代表 0. 01、0. 05、0. 1 的显著性水平。

表 4-10 分为两部分,上半部分给出的是固定效应变截距模型的估计结果。下半部分是整个模型的检验统计量及其概率值。从整个模型来看,调整 R^2 = 0. 971473;F 统计量的值为 428. 0694,P 值远远小于 0. 05,所以可以认为该模型的整体回归效果显著,具有较好的解释作用。

从固定效应变截距模型的估计结果来看,变量 X2,X5,X7 在 0. 01 的水平上是显著的,X4 和 X3 分别在 0.05 和 0.1 水平上显著,X2,X3,X4,X5,X7 的系数均为正,说明在这 7 个解释变量中,有 5 个解释变量对区位商具有显著的正向影响,即一个地区的市场化指数越大,地方财政支出在全国中的占比越多,地区 FDI 在全国中的占比越大,人口密度越大,互联网普及率越高,该地区的零售业集聚程度就越大。

市场化指数代表一个地区的市场化程度,市场化指数由五个方面构成,分别是政府与市场的关系;非国有经济的发展;产品市场的发育程度;要素市场的发育程度;市场中介组织发育和法律制度环境。从政府与市场的关系来看,一个地区的市场化指数越高,则政府对市场的干预越少,市场环境越自由。从非国有经济的发展来看,市场化指数越高意味着非国有经济在国民经济中的占比越大,市场调节在整个经济中的比重就越大。而产品市场的发育程度反映了产品价格由市场决定的程度以及商品流通程度。要素市场的发育程度反映了市场要素的丰富程度与资源的配置效率。市场中介组织发育和法律制度环境代表的是市场机能的完善程度以及市场环境的规范程度。毫无疑问,一个地区的市场化水平越高,零售业的发展环境就越好,区域集聚程度也就越高。

一个地区的经济发展水平与政府政策息息相关,地方财政支出在全国中的占比反映了国家对一个地区的政策倾斜程度和扶持力度,国家为了促进区域经济的协调发展,大方针上会更加注重落后地区的建设,政府支持一方面可以使一些地区享受一些政策上的优惠,另一方面可以吸引外来的人力、物力、财力。这对于地区经济发展无疑是锦上添花。经济水平的提高自然而然会带来零售业发展水平的提高,使入驻该地区的零售商增加。地区 FDI 在全国中的占比,从表面上看反映了一个地区利用外资的程度,实质上反映了该地区的对外开放水平,对外开放既能吸引外资进入,又能学习西方的一些先进的经营理念和管理方法,可以为零售业的发展营造一个良好的环境。

人口密度代表一个地区人口的密集程度。人口密度越大,零售业的市场容量和市场需求量越大,劳动力资源越充足,越有利于零售业的发展。

互联网的出现,催生了一种新的零售业态——网络零售,网络零售可以超越时空的限制,其消费者从地区内延展到了国内甚至是海外,市场需求量大大增加。另外,随着新零售浪潮的掀起,零售业正在建立一种线上线下全面打通的全渠道发展模式,这种模式既保留了网络零售的优势,还能为实体零售引流,加强货物周转,极大地促进零售业的发展。

第四节　结论与启示

本部分首先利用描述性统计直观地反映了各地区零售业发展的绝对水平以及近 20 年各地区零售业的发展状况,然后通过基尼系数测算零售业在省域之间的分布差异。为了找出差异的来源和原因,文章首先将这 31 个省区市划分为东中西部三大区域,并按照这三大区域对总体基尼系数进行组群分解,然后建立面板数据模型,通过回归分析,找出影响我国零售业分布不均衡的因素。经过以上分析,得出以下结论:

1. 从横向来看,我国零售业在省域之间的分布差异较大,而这种差异主要是由东中西部三大地区之间的差异造成的,主要表现为东部的零售业发展水平和集聚程度最高,中部次之,西部零售业的发展水平最为落后,而零售业在三大区域内的分布相对较为均衡。所以零售业的区域间差异应该是今后重点关注的对象。而要想降低零售业的区域间差异,就必须提高中西部的建设水平,努力缩小中西部与东部在经济发展、技术水平以及文化教育等多方面上的差异。

2. 从纵向来看,虽然我国零售业的省域差异较大,但是近些年来,在国家牵头下,中部和西部的经济建设大有成效,这使得零售业的发展水平与东部的差距逐渐缩小,零售业的区域间分布越来越平衡,但是与此相反的是,中西部零售业发展水平在提高的同时,零售业的发展水平和分布状况在地区内的差异却有所扩大,这可能是由于中西部地区经济建设的进度不一造成的。在以后的建设过程中,不仅仅要追求量的增加,更加要追求质的飞跃。

3.零售业的连锁化水平在量和质上的发展不协调,这主要体现在两个方面,从静态比较来看,连锁零售业门店总数的区域内差异和区域间差异较大,但是连锁率,即连锁零售企业销售额占社会消费品零售总额的比重的区域内差异和区域间差异较小。从动态发展来看,近15年,连锁零售企业门店数总体上持续增加,自2011年之后,增速放缓。但是2011年之后,连锁率却在下降,2014年之后更是大幅下跌,连锁零售企业的资产规模和数量规模发展不完全同步。国家政策的支持和零售商的盲目扩张,是门店数增加的主要原因,而基础设施建设和消费能力的不足以及2011年之后经济的低迷导致了连锁率的下降。在今后的发展上,应着重于提高连锁零售门店的绩效,降低僵尸门店的数量。

4.通过回归分析发现,市场化指数、地方财政支出在全国中的占比、地区FDI在全国中的占比、人口密度、互联网普及率对区位商具有显著的正向影响作用,所以如果想要提高一个地区的零售业的发展水平,或者如上文所述提高连锁零售门店的发展质量,可以从这几个方面出发:第一,提高市场化程度。首先应该提高市场调节在经济发展中的作用,减少政府干预,深化政府职能改革,推动政府职能向创造良好发展环境、提供优质公共服务转变。其次,要健全市场体系和市场运行机制;完善市场功能,优化投资服务环境;促进市场向规范化、组织化、社会化、现代化、均衡化、完整化方向发展。第二,加大政府扶持力度。国家和地方政府可以通过一些政策性措施,如前文所述的西部大开发,中部崛起,人才引进等来引导和促进地区发展,为各大零售商的进入创造条件。第三,提高对外开放水平,转变心态,主动开放市场,坚持"引进来"和"走出去"相结合的战略。对内立足本土资源,加快培育地区特色品牌。对外,招商引资,创新利用外资的方式,优化利用外资的质量和结构。第四,在人口密度上,一方面,通过经济发展和政策引导减少人口外流,吸引外来人口。

另一方面,政府要鼓励引导消费,市场要充分发掘并尽可能多地满足消费者的需求,使有限的人口发挥出最大的消费能力。第五,提高地区网络化程度。首先要加强网络基础设施建设,提高互联网覆盖率,其次,要提高当地居民的受教育程度,增强地方居民的网络使用意识,提高互联网普及率。

第五章　纯实体零售、网络零售、多渠道零售企业效率比较研究

零售业作为连接生产和消费的桥梁,对经济的贡献不断增强。然而随着互联网的快速发展,零售企业在近年的发展并不顺利,主要表现在如下三个方面:一是实体零售企业显示出发展方式粗放、有效供给不足、运行效率不高等问题。来自北京工商大学商业经济研究所提供的一组数据①显示,2012—2015 年,全国有 138 家百货关闭,262 家超市关闭,6209 家体育品牌店市场关闭,这些关闭的百货市场、购物中心,是中国实体零售企业走向闭店潮的一个缩影。二是网络零售企业经过多年快速发展,增速明显放缓,电商红利减少。根据 CNNIC 公布的《2016 年第 39 次中国互联网络发展状况统计报告》②显示,中国电商网络购物 PC 端的增幅已经降至 12. 9% ,手机端也只有 29% 的增幅,创造近年新低。三是多渠道零售模式尚处于探索发展期。实体零售企业纷纷"触网",开展线上业务,新世界的"新百购"、万达的"飞凡"等都是传统零售向"新零售"转型路上进行的积极探索;而网络零售也开始布局线下门店,淘品牌"韩都衣舍""三只松鼠"等都建立了实体门店,成为多渠道零售企

---

① http://www.chinabgao.com/.
② CNNIC:《2016 年第 39 次中国互联网发展状况统计报告》,2017 年 1 月 22 日,见 ht-tp://www.cac.gov.cn/2017-01/22/c_1120362500.htm。

业,这种零售模式面临线上线下的营销整合和协同,很多实施多渠道的零售企业面临着发展中的诸多困惑[1]。

零售效率是衡量零售企业投入产出比的重要依据,能够体现出零售企业利用已有技术达到最大产出的程度,零售效率的高低关系到企业的竞争力强弱,对零售企业的发展至关重要。提高零售效率,促进消费升级,也是推进供给侧结构性改革,促进经济增长的有力支撑。

在现实经济运行中,实体零售企业、网络零售企业与多渠道零售企业同时存在,三者的零售效率如何? 本部分通过实证分析,客观比较三类零售企业的效率高低,有助于认清零售企业的发展趋势,并找出提高零售企业效率的途径,有较强的现实意义。

第一节 相关文献综述

国外关于零售效率的研究,可以归纳为以下两个方面:一是对传统零售业效率的研究。Vasanthakumar[2]、Kartinah & William[3] 采用 DEA 方法测算了传统零售业的效率,并分析了内部人持股及员工素质对零售效率的影响。Kumar、Chopra[4]、Gupta、Mittal[5] 以印度的食品零售企业为研究对象,基于

① 汪旭辉、万丛颖:《零售业上市公司生产率增长、技术进步与效率变化——基于 Malmquist 指数的分析》,《经济管理》2009 年第 5 期。

② Vasanthakumar N.B., "Productivity in the retail industry: does insider ownership of shares matter?" *Applied Financial Economics Letters*, 2008, pp.121-125.

③ Kartinah, William, "The impact of task and outcome interdependence and self-efficacy on employees' work motivation: an analysis of the Malaysian retail industry", *Asia Pacific Business Review*, 2010, pp.123-142.

④ Kumar, Chopra, "Determinants of customer satisfaction of traditional and modern formats in food and grocery: the case of Indian retail", *International Journal of Research in Commerce*, 2013, pp.44-51.

⑤ Gupta, Mittal, "Measuring retail productivity of food & grocery retail outlets using the DEA technique", *Journal of Strategic Marketing*, 2010, pp.277-289.

DEA-Malmquist 测算了不同零售企业的效率并进行了对比分析。Kato[1] 以日本的百货和超市为例研究了零售效率、规模经济、产品差异化之间的关系。Wu et al.[2] 利用三阶段 DEA 分析了台湾南部的连锁便利店的效率,认为管理者要提高便利店的效率,需要重视各店面的竞争因素,并监控各店的运营速度等。二是对多渠道及网络零售企业效率的研究。Mokaya[3] 以 300 家网络零售商为研究对象,研究了搜索引擎广告对网络零售商及多渠道零售商零售效率的影响。ZhuofanYang[4] 和 H.Joseph Wen[5] 利用 DEA 测算了网络零售企业的效率,并建立了一套效率评价标准,指出管理者可以从运营规模控制、改善网络基础设施等方面提高企业效率。

国内对零售业效率的研究,也可归纳为以下两个方面:一是对传统零售业效率的实证研究。汪旭晖[6]、方虹等[7]、杨波[8]、雷蕾[9]运用 DEA 模型、全要素生产率指数(Malmquist 指数),对我国本土零售业上市公司的增长率进行了实证研究。樊秀峰、王美霞[10]以 22 家零售业上市公司的 2009 年截面数据为

① Kato,"Productivity,returns to scale and product differentiation in the retail trade industry:an empirical analysis using Japanese firmlevel data",*Journal of Productivity Analysis*,2012,pp.345-353.

② WuW.Y.,BAI C.,GUPTA O.K."An appraisal system for monitoring performance of convenience stores in Taiwan"South African Journal of Industrial Engineering,2009,pp.163-177.

③ Mokaya.B.O.,"Search engine advertising in web retailing:an efficiency analysis",*Brock University Working Paper*,2010.

④ ZhuofanYang,YongShi,Hong Yan,"Scale,congestion,efficiency and effectiveness in e-commerce firms",*Electronic Commerce Research and Applications*,2016,pp.171-182.

⑤ H.Joseph Wen,Billy Lim,H.Lisa Huang,"Measuring e-commerce efficiency:a data envelopment analysis approach",*Industrial Management & Data System*,2003,pp.703-710.

⑥ 汪旭晖:《服务效率、区域差异与影响因素:零售业上市公司证据》,《改革》2009 年第 1 期。

⑦ 方虹、冯哲、彭博:《中国零售上市公司技术进步的实证分析》,《中国零售研究》2009 年第 1 期。

⑧ 杨波:《我国零售业上市公司经营效率评价与分析》,《山西财经大学学报》2012 年第 1 期。

⑨ 雷蕾:《零售业上市公司全要素生产率增长的实证研究》,《北京工商大学学报》(社会科学版)2013 年第 6 期。

⑩ 樊秀峰、王美霞:《我国零售企业经营效率评价与微观影响因素分析——基于 22 家百强零售上市公司的实证》,《西北大学学报》(哲学社会科学版)2011 年第 3 期。

例,采用 DEA-Tobit 方法,分析了上市公司的效率变化及微观影响因素。少数学者对零售业宏观层面全要素生产率进行了研究。例如,雷蕾利用随机前沿模型对我国 30 个省区市的零售业技术效率及宏观影响因素进行了实证研究;李子文等[1]借助面板随机前沿分析方法,研究了 2006—2013 年间我国零售业技术效率的影响因素,重点分析了连锁化经营、外资进入、网络购物对零售业技术效率的影响。二是对网络零售企业效率的研究。雷兵、赵梦佳[2]以 10 家实体零售企业和 6 家网络零售企业为例,对其 2010—2012 年的效率进行了分析;殷夏[3]以 44 家实体零售企业和 4 家网络零售企业为例,对其 2011—2014 年的绩效进行分析,发现电商的纯技术效率明显高于传统零售企业。这两篇文献由于所选的样本数量有限,考察时间区间较短,且没考虑采取多渠道零售企业数据,使其结论有一定的局限性,但其将网络零售企业的效率考虑进来,亦属于首次。

从以上的文献梳理中可以看出,学界对传统零售业效率的研究比较集中,成果也很丰富,但鲜有对多渠道零售企业及网络零售企业效率进行的研究,对三者的效率进行比较研究的文献更是匮乏。基于此,本部分拟以纯实体零售企业、多渠道零售企业和网络零售企业为研究对象,对其 2011—2015 年的投入产出数据进行测算,比较其效率高低,并指出无效决策单元进行效率改进的方向。

第二节 实证分析

一、 方法介绍

进行效率评价的方法常用的有随机前沿分析(SFA)和数据包络分析

---

[1] 李子文、刘向东、陈成漳:《基于随机前沿模型的中国零售业技术效率影响因素研究》,《中国流通经济》2016 年第 11 期。

[2] 雷兵、赵梦佳:《线上与线下零售企业投入产出效率评价研究》,《统计与信息论坛》2015 年第 5 期。

[3] 殷夏:《基于 DEA 的电商和传统零售业上市公司绩效研究》,《全国商情》2015 年第 19 期。

（DEA），而要处理多投入多产出问题，DEA 是一种可行又有效的工具。DEA可以对决策单元的相对有效性作出度量，还能够指出决策单元非有效的原因和程度，给主管部门提供决策参考信息。刘满芝、周梅华[①]等利用 DEA 测算出效率并从投入冗余和产出不足两方面分析非 DEA 有效单元的城市物流存在的问题。

如果要衡量动态跨期的生产率变化、技术变化、效率变化之间的关系，可以用 Malmquist 指数，它专门用于分析面板数据，是进行生产率动态分析的重要工具。Fare[②] 将 Malmquist 指数分解为技术效率变化（TEC）和技术进步的变化（TC）。其中，技术效率变化指数可以进一步分解为纯技术效率变化指数和规模效率变化指数。汪旭辉[③]、雷蕾[④]等多个学者都用过 Malmquist 指数测算零售企业的效率变化。

借鉴以上文献的做法，本部分拟利用 DEA 测算出零售企业的效率，并找出投入冗余和产出不足；利用 Malmquist 指数对实体零售、网络零售、多渠道零售企业的全要素生产率进行纵向的比较分析。

二、 研究对象

本部分选取的零售企业主要有三类：第一类是纯实体零售企业，主要是指传统的零售企业；第二类是网络零售企业，是指以开展线上业务起家，在网上销售的零售企业，即电商零售上市公司；第三类是多渠道零售企业，指零售企业在原有实体店的基础上，拓展线上市场，通过自建网上商城进行产品销售，

---

① 刘满芝、周梅华、杨娟：《基于 DEA 的城市物流效率评价模型及实证》，《统计与决策》2009 年第 6 期。

② FARE R., GROSSKOPF S., NORRIS M., "Productivity growth, technical progress and efficiency change in industrialized countries", *American Economic Review*, 1997, pp.1040−1044.

③ 汪旭辉、万丛颖：《零售业上市公司生产率增长、技术进步与效率变化——基于 Malmquist 指数的分析》，《经济管理》2009 年第 5 期。

④ 雷蕾：《零售业上市公司全要素生产率增长的实证研究》，《北京工商大学学报》（社会科学版）2013 年第 6 期。

或在第三方平台天猫、京东等建立官方旗舰店,进行线上销售的零售企业。那些仅将官网作为企业介绍、产品展示的平台,而未进行产品销售的零售企业,不属于本部分研究的多渠道零售企业的范畴。

本部分以零售业上市公司为研究对象,原因在于,上市零售公司作为零售企业中规模较大、实力较强的企业,是众多中小企业的标杆和学习的对象,有很强的代表性,并且上市公司每年披露的数据指标相对较为齐全,通过官方渠道容易获得。根据国泰安数据库中 85 家 A 股零售业上市公司的相关数据,考虑到数据的连续性、可得性,逐个筛选得到纯实体零售企业共计 33 家,多渠道零售企业共计 24 家。此外又选取了 5 家有代表性的网络零售企业:京东、聚美优品、唯品会、当当网、阿里,其数据来源于新浪财经、东方财富网等。由于这 5 家网络零售企业的数据最早可以追溯到 2011 年,为保证数据的统一性,因此选择 2011—2015 年这 5 年作为本部分的研究区间。由于网络零售企业上市数量少,数据收集起来比较困难,所以样本企业数量相对少,这在一定程度上对网络零售企业测算结果的普遍性上有影响,这也是下一步研究时需要改进的。

三、 指标设定

进行零售企业效率分析,首先要确定投入产出指标。目前,学界对零售企业投入产出指标的选择并不固定,本部分以雷蕾①对零售业上市公司投入产出指标的选择为重点参考。

---

① 33 家纯实体零售企业分别是:首商股份、大商股份、广深铁路、铁龙物流、豫园商城、步步高、武汉中商、健民集团、南京新百、宏图高科、飞亚达 A、三联商社、大东方、新华百货、流程控股、兰州民百、宁波中百、中兴商业、友好集团、杭州解百、香溢融通、茂业商业、华东医药、东百集团、美克家居、大连友谊、恒信移动、申华控股、昆百大 A、高鸿股份、茂业通信、国际医学、海航基础。24 家多渠道零售企业分别是:上海医药、百联股份、南京医药、王府井、鄂武商 A、广百股份、银座股份、重庆百货、广州友谊、永辉超市、天虹商场、徐家汇、百大集团、新世界、南宁百货、友阿股份、北京城乡、中百集团、三江购物、苏宁云商、欧亚集团、第一医药、合肥百货、人人乐。各零售企业的渠道类型以 2016 年 12 月的企业年报及官网资料为准。

投入主要是企业在"人、财、物"三个方面的投入情况,具体用资产总计来衡量企业的资本投入,用管理费用来衡量企业在经营管理方面的投入,用员工人数和应付职工薪酬共同来衡量企业在人力方面的投入。产出主要从企业总体经营情况和经营效果两方面来考察,用营业总收入和营业利润来衡量。

四、 基于 Malmquist 指数的零售业上市公司动态效率比较分析

利用 DEAP2.1 软件对 62 家零售业上市公司的 2011—2015 年的投入产出面板数据进行测度,得到各家企业 5 年期间的全要素生产率变化及其分解情况,如表 5-1 所示。

表 5-1　零售业上市公司 Malmquist 指数变动(2011—2015 年)

年份	全要素生产率指数	技术效率变化	技术进步指数	纯技术效率指数	规模效率指数
2011—2012	0.959	1.300	0.740	1.164	1.120
2012—2013	1.015	1.060	0.960	1.010	1.053
2013—2014	0.951	0.970	0.990	0.960	1.007
2014—2015	1.027	1.020	1.010	1.029	0.987
平均值	0.988	1.080	0.915	1.038	1.040

注:根据国泰安数据库、新浪财经、东方财富网等公布的 62 家零售企业的投入产出数据,利用 DEAP2.1 软件计算整理得到。

从表 5-1 可以看出,2011—2015 年零售业上市公司的全要素生产率(TFP)经历了先增后减再增的波动变化,平均值为 0.988。将全要素生产率分解为技术效率变化和技术进步指数,发现技术效率变化促进了全要素生产率的增长,5 年间的平均值为 1.080,而技术进步指数只有 0.915,是导致全要素生产率较低的主要原因。这与雷蕾测算的 2010—2013 年的零售业上市公司全要素生产率 0.933 相比,略有提高;技术效率值与技术进步值也比当时略高。这说明,2014 年和 2015 年,零售业上市公司的 TFP 得到一定程度的增

长,也从侧面反映出零售企业开通网络零售等多渠道对 TFP 的增长有一定的促进作用。

技术效率变化值为 1.080,表示技术效率在 5 年间增长了 8%,为零售业上市公司全要素生产率增长的主要源泉。进一步将其分解,得到纯技术效率指数为 1.038,即这 5 年间,纯粹的技术因素对 TFP 的增长做出了 3.8% 的贡献。这反映出我国零售业上市公司经过多年的发展,通过向优秀的外资零售巨头学习及自身的摸索,经营管理能力、资源配置能力有了很大提升。规模效率指数为 1.040,表明零售业上市公司的规模效率 5 年之间提高了 4%。但从各年的规模效率看,2011—2015 年,零售业上市公司的规模效率呈递减趋势,反映了实体零售企业近几年的实际情况:受电商影响而出现大范围的关店潮,导致其不能简单靠连锁经营、兼并重组实现规模化,而不得不重新调整定位进行战略布局。

技术进步指数成为制约零售业上市公司全要素生产率增长的主要瓶颈,5 年间的平均值只有 0.915。技术对零售业的影响最直接、最深远,包括线上购物和线下购物,从提升顾客体验、提高搜索效率、便捷支付方式、创新提货方式等消费者购物的各个方面,推动着零售业发生革命性的变化。技术进步,从长远看,是推动全要素生产率增长的主要来源,尤其是大数据、云计算、人工智能、虚拟现实、无人仓、无人机、3D 打印等新技术在零售企业中的应用,推动了零售企业的服务升级,提高了零售业的效率。从各年的技术进步指数看,2011—2015 年,我国零售业上市公司技术进步指数呈递增态势,这是个好的兆头,体现出零售企业主动积极迎接新技术挑战,逐步适应了技术对零售业带来的变革。

表 5-2 列出了三种类型零售企业 2011—2015 年的全要素生产率及其分解情况。按 TFP 的大小排序,排在前两位的企业是网络零售企业当当和京东,其 TFP 值分别高达 1.745 和 1.563;排第三位、第四位的是开展多渠道的零售企业上海医药和百联股份,其 TFP 值分别为 1.410 和 1.361;纯实体零售

企业的 TFP 值整体偏低,排在末位的是实体零售企业海航基础,其 TFP 只有 0.577,与第一名差距悬殊。进一步分解 TFP,发现多渠道零售企业及实体零售企业的技术效率变化指数普遍高于技术进步指数,而网络零售企业的技术进步指数明显高于其技术效率指数。

表 5-2　各类型零售企业全要素生产率及其分解(2011—2015 年)

企业类型	全要素生产率指数	技术效率变化	技术进步指数	纯技术效率指数	规模效率指数
多渠道零售企业均值	1.026	1.131	0.909	1.064	1.065
纯实体零售企业均值	0.943	1.050	0.899	1.021	1.030
网络零售企业均值	1.286	1.123	1.149	1.040	1.083
所有企业均值	0.988	1.080	0.915	1.038	1.040

注:根据国泰安数据库、新浪财经、东方财富网等公布的 62 家零售企业的投入产出数据,利用 DEAP2.1 软件计算整理得到。

从表 5-2 可以看出,按零售企业类型进行对比分析,网络零售企业的全要素生产率最高,多渠道零售企业其次,纯实体零售企业最低。自 2012 年开始,实体零售进入低速增长期,与此形成鲜明对比的是,网络零售发展强劲,每年呈爆发式增长——2013 年我国网上零售总额同比增长 42.8%,2014 年同比增长 49.7%,2015 年同比增长 33.3%,远高于同期实体零售业增长幅度。这迫使传统实体零售企业纷纷触网,开拓多渠道运营,寻求线上与线下的融合发展。纵观 24 家多渠道零售企业,其前身都是纯实体零售企业,且多数都是近几年才开通网络及移动终端等多渠道的运营,目的是要满足消费者的无缝购物。王府井、银座股份、苏宁云商这三家零售企业,则成为零售企业开展多渠道的标杆企业。

对比零售业上市公司所在的地理区域,网络零售企业及开通多渠道的 29 家零售企业中,有 19 家分布在北京、上海、广州、南京等发达城市,且对应的零售企业全要素生产率比较高。这从侧面体现出发达地区拥有良好的人才优势、技术优势、商业环境等,有利于零售企业的效率提升。

各种渠道类型零售企业全要素生产率变动趋势的纵向比较如表5-3所示。2011—2015年,纯实体零售企业的全要素生产率逐年递减,多渠道零售企业和网络零售企业的全要素生产率呈现先减后增的态势。这与零售企业近几年的发展比较吻合:传统实体零售企业遭遇寒冬,率先进行了变革;开展多渠道运营的零售企业在拓宽渠道初期,难免遇到渠道整合协调方面的问题;网络零售企业在最初的疯狂发展后渐趋理性。

表5-3 各零售企业不同渠道类型全要素生产率变化分析(2011—2015年)

渠道类型	指数名称	2011—2012年	2012—2013年	2013—2014年	2014—2015年
多渠道	技术效率变化	1.083	1.087	1.071	1.085
	技术进步	0.754	1.003	1.035	0.983
	全要素生产率	1.428	1.027	1.045	1.065
纯实体	技术效率变化	1.454	1.116	0.985	1.013
	技术进步	0.781	1.031	0.985	0.970
	全要素生产率	1.082	1.146	0.985	0.960
网络	技术效率变化	1.131	1.161	0.924	1.417
	技术进步	0.912	0.861	1.102	1.330
	全要素生产率	1.071	1.010	1.009	1.490

注:根据国泰安数据库、新浪财经、东方财富网等公布的62家零售企业的投入产出数据,利用DEAP2.1软件计算整理得到。

五、 基于 DEA 的效率评价

利用DEAP2.1软件对62家零售企业的投入产出数据分年度进行测算,得到零售企业各年份的技术效率值及其分解情况,如表5-4所示。总体而言,2011—2015年,零售企业的技术效率呈现出先增后减再增的波动变化,与前面得到的 Malmquist 指数变动一致。技术效率又可以分解为纯技术效率和规模效率,对比每年这两个指标的数据发现,规模效率对技术效率的贡献要大于纯技术效率。

表 5-4　各类型零售企业技术效率及分解(2011—2015 年)

企业类型	指数名称	2011 年	2012 年	2013 年	2014 年	2015 年
多渠道零售企业	技术效率	0.503	0.699	0.740	0.728	0.713
	纯技术效率	0.684	0.834	0.841	0.836	0.823
	规模效率	0.743	0.846	0.884	0.875	0.869
纯实体零售企业	技术效率	0.605	0.665	0.706	0.683	0.665
	纯技术效率	0.759	0.808	0.798	0.753	0.778
	规模效率	0.805	0.834	0.89	0.901	0.866
网络零售企业	技术效率	0.741	0.715	0.793	0.713	0.979
	纯技术效率	0.896	0.829	0.873	0.865	1.000
	规模效率	0.845	0.885	0.915	0.840	0.979
所有企业均值	技术效率	0.577	0.683	0.726	0.702	0.709
	纯技术效率	0.741	0.820	0.820	0.794	0.814
	规模效率	0.784	0.843	0.889	0.886	0.876

注:根据国泰安数据库、新浪财经、东方财富网等公布的 62 家零售企业的投入产出数据,利用 DEAP2.1 软件计算整理得到。

就三种类型企业的技术效率而言,表 5-4 显示,纯实体零售企业的技术效率除 2011 年高于多渠道零售企业外,其余年份都是低的。这也解释了 2012 年以来,实体零售企业开始遭遇的关店潮、低增长寒冬现象。而多渠道零售企业和网络零售企业的技术效率总体发展态势是增长的。

对 2015 年 62 家零售企业的 DEA 效率进行分析,找出各家企业的技术效率、纯技术效率和规模效率的变化情况。其中,规模效率又可以分为规模效率递增、规模效率递减和规模效率不变三种情况,2015 年各类型零售企业的规模效率变化情况分析结果如表5-5所示。

表5-5　2015年62家零售上市公司投入产出效率值及规模收益

企业名称	综合效率	纯技术效率	规模效率	规模收益
合肥百货	0.566	0.609	0.929	递减
鄂武商A	0.535	0.934	0.573	递减
中百集团	0.783	0.784	0.999	递增
广州友谊	1.000	1.000	1.000	—
苏宁云商	1.000	1.000	1.000	—
广百股份	0.835	1.000	0.835	递减
友阿股份	0.453	0.613	0.739	递减
人人乐	0.760	0.763	0.996	递增
天虹商场	0.592	1.000	0.592	递减
徐家汇	1.000	1.000	1.000	—
新世界	0.500	0.505	0.991	递减
欧亚集团	0.472	0.651	0.725	递减
南宁百货	0.621	0.621	1.000	—
重庆百货	1.000	1.000	1.000	—
百联股份	0.512	0.688	0.744	递减
第一医药	0.798	0.876	0.911	递减
银座股份	0.606	0.626	0.968	递减
王府井	0.597	0.766	0.780	递减
北京城乡	0.450	0.545	0.826	递减
百大集团	0.718	1.000	0.718	递减
三江购物	0.779	0.779	1.000	—
上海医药	0.696	1.000	0.696	递减
永辉超市	0.875	1.000	0.875	递减
南京医药	1.000	1.000	1.000	—
飞亚达A	0.584	0.761	0.767	递减
通程控股	0.564	0.590	0.956	递减
国际医学	0.395	0.561	0.703	递减

续表

企业名称	综合效率	纯技术效率	规模效率	规模收益
昆百大 A	0.236	0.236	0.999	—
大连友谊	0.364	0.365	0.998	递增
中兴商业	0.663	0.668	0.993	递减
武汉中商	0.772	0.773	0.999	递增
高鸿股份	0.938	0.941	0.997	递减
茂业通信	0.376	0.879	0.427	递减
华东医药	0.951	1.000	0.951	递减
步步高	0.575	0.608	0.947	递减
恒信移动	0.710	0.714	0.995	递增
宏图高科	0.664	0.962	0.690	递减
铁龙物流	1.000	1.000	1.000	—
大东方	0.816	0.839	0.973	递减
美克家居	0.310	0.673	0.461	递减
海航基础	0.382	0.445	0.858	递减
申华控股	0.841	0.845	0.995	递增
豫园商城	0.737	0.936	0.788	递减
南京新百	0.461	0.500	0.922	递减
东百集团	0.581	0.582	0.999	—
大商股份	0.868	1.000	0.868	递减
首商股份	0.819	0.944	0.867	递减
兰州民百	0.633	0.804	0.788	递减
友好集团	0.451	0.451	0.999	—
新华百货	0.862	1.000	0.862	递减
杭州解百	0.637	0.967	0.659	递减
茂业商业	0.640	0.640	0.999	—
香溢融通	0.870	1.000	0.870	递减
宁波中百	1.000	1.000	1.000	—
三联商社	1.000	1.000	1.000	—
健民集团	1.000	1.000	1.000	—
广深铁路	0.239	1.000	0.239	递减

续表

企业名称	综合效率	纯技术效率	规模效率	规模收益
京东	1.000	1.000	1.000	—
聚美	1.000	1.000	1.000	—
唯品	0.996	1.000	0.996	递减
当当	1.000	1.000	1.000	—
阿里	0.901	1.000	0.901	递减
均值	0.709	0.814	0.876	

注:①"—"代表规模收益不变。

②根据国泰安数据库、新浪财经、东方财富网等公布的62家零售企业的投入产出数据,利用DEAP2.1软件计算整理得到。

具体而言,广州友谊、苏宁云商、徐家汇、重庆百货、南京医药等12家零售企业的技术效率、纯技术效率和规模效率值都为1,即都处在前沿面上,状态最优,其中多渠道和网络零售企业数量为8家。没有达到效率理想状态的原因之一是规模无效造成的,如广百股份、天虹商场、百大集团、上海医药、永辉超市等12家零售企业;原因之二是纯技术无效造成的,如南宁百货、三江购物。企业效率值不在前沿面的,是规模无效和纯技术无效共同作用的结果,多数企业属于这种情况。

2015年,纯实体零售企业的技术效率、纯技术效率、规模效率都明显低于多渠道零售企业和网络零售企业,究其原因,纯实体零售企业经过多年的高速发展之后,遭遇了发展的瓶颈,受到互联网信息技术和冷链物流、仓储配送等物流技术的冲击,加之房租和人工成本的上涨,人力资本的缺乏,导致资源利用效率下降,失去了过去靠开店积累的规模优势,而处于规模收益递减阶段。

相比之下,网络零售企业突破了时空限制,满足了消费者随时随地购物的需求,提高了购物的便捷性,多渠道零售企业能够整合网上渠道的便捷和线下实体店的体验优势于一体,二者都以后发优势,顺应了时代潮流,逐步赶超实体零售企业的效率。

六、 非 DEA 有效单元的改进

非 DEA 有效单元的改进可以从投入冗余和产出不足两方面展开。可以对 62 家零售企业 2015 年的投入产出数据进行投影分析,计算出其非 DEA 有效单元的投入冗余额和产出不足额,找出导致零售企业效率低的原因及改进方向,使其转化为 DEA 有效单元。从 2015 年 50 家非 DEA 有效的零售企业投入产出指标的松弛变量可以看出,投入冗余主要集中在管理费用、员工人数和员工工资三个指标上。纯实体零售企业存在投入冗余的企业数量有 29 家,远高于多渠道零售企业的 19 家和网络零售企业的 2 家。投入冗余的存在,说明对应的零售企业所投入的要素配置不够科学,并没有达到完全有效率,还有改进的空间。

管理费用包括了企业组织生产经营活动中所发生的各项费用,管理费用存在冗余说明零售企业的技术效率还没有达到理想值。虽然前面的分析表明对零售企业全要素生产率贡献较大的是纯技术效率,但与技术效率值达到前沿面的优秀企业相比,多数企业的这项指标依然有较大的提升潜力。可以通过改善自身管理水平,使用先进的管理手段和管理方法,提高资源利用效率,降低管理费用的冗余程度。

众所周知,传统的实体零售企业属于劳动密集型企业,就业门槛低,员工素质参差不齐,多数员工未经过专业培训,不是科班出身,企业员工数量虽多,但人浮于事,效率低下。雷蕾分析过传统零售企业的这些特点,即存在员工人数冗余,多渠道零售企业及网络零售企业对人才的素质要求相对较高,尤其要懂得信息化技术和现代企业管理理念,人员冗余的情况相对较低。而员工工资存在冗余,反映了多数企业仅将工资作为对员工的激励手段,在薪酬体系的设计实施方面还有待改进。

50 家非 DEA 有效的零售企业中,共有 14 家存在产出不足,其中,5 家属于多渠道零售企业,9 家属于纯实体零售企业。产出不足主要集中在营业利润上,反映了零售企业还存在较大的利润空间,利润还可以在现有的基础上有所增加。除了从改善企业内部的经营情况增加利润外,政府也可以减少企业的税收负担、控制租金来间接增加零售企业的利润。

第三节　结论与启示

一、结论

已有关于零售企业效率的研究成果主要集中在对传统零售企业效率的测算上,较少将零售企业按渠道类型不同进行分类研究。在已有文献的基础上,本部分的实证研究部分率先将零售企业细分为纯实体零售企业、网络零售企业及多渠道零售企业三种类型,并选取了 33 家纯实体零售企业、24 家多渠道零售企业和 5 家网络零售企业作为研究对象,对其 2011—2015 年的投入产出数据进行了测算比较。结果显示:多渠道零售企业和网络零售企业的全要素生产率分别是 1.026 和 1.286,远高于纯实体零售企业的效率 0.943。通过 DEA 测算得到的 2011—2015 年零售业技术效率,呈现出先增后减再增的波动变化。其中,网络零售企业的技术效率最高,多渠道零售企业居中,纯实体零售企业的最低。最后,通过投影分析发现,DEA 无效的决策单元产出不足主要体现在营业利润上,投入冗余主要集中在管理费用、员工人数和员工工资上。

二、启示

1. 多渠道零售是纯实体零售企业提高效率的必由之路

本部分的效率测算结果显示,纯实体零售企业的效率远低于多渠道零售和网络零售企业。而雷蕾通过实证研究发现,零售业上市公司开通多渠道与提升零售效率之间具有显著的正相关性。Mokaya 也指出,渠道的拓展有助于零售企业更好地满足消费者需求,增加零售企业的投入产出比,即提高零售效率。可见,纯实体零售企业转型升级势在必行。

纯实体零售企业先天的优势在于满足用户的购物体验,有较高的用户黏性;劣势在于发展方式粗放,运行效率低。本部分的研究结果显示,纯实体零售企业的全要素生产率最低(0.943),且主要是技术进步指数(0.899)的拖累。因此,纯实体零售企业要想摆脱危机,应以技术进步为企业的内生发展驱动力,借助商业智能技术,利用云计算、大数据分析管理、智能定位、移动支付、社交互动等手段,对传统商业运营模式进行改进,为用户提供丰富的体验式场景化服务,为百货建立商品与人的精准关系,为商超打造便捷的数字化零售通道,全面帮助零售业实现"实体+互联网"的升级变革。

部分大型零售企业已经开辟了跨境电商业务,走在了同类企业的前列。例如京东的"全球购"、阿里的"天猫国际"、友阿股份的"友阿海外购"等。在经济全球化背景下,跨境电商是企业转型升级的有效路径,但这并非大公司的专利,也是中小企业所面临的历史机遇。只有找到自身与新经济、新科技、新技术的契合点,积极拓展发展渠道,才能使道路越走越宽。

2. 多渠道零售企业发展的关键在于人才

由投影分析的结果可见,投入冗余主要集中在管理费用、员工人数和员工工资上。因此,零售企业提升自身效率的关键在于提高管理水平和加强人才培养。

多渠道零售企业需要将实体零售与网络零售不断深度融合,实现网上网下协同发展。在深度融合和协同发展的过程中,需要零售企业不断加强内部管理,提升管理效率,降低影响效率的投入冗余。多渠道零售企业要重视复合型人才的培养,既懂网络营销又有实体零售经验,既懂技术又懂管理的人才,并制定合理的薪酬体系,为员工量身定制职业发展规划,以更好地激发员工的积极性和创造性,为员工发展营造良好的制度环境。

第六章　新零售时代多渠道零售企业的效率研究

　　自 2016 年新零售概念提出后,传统零售企业转型的步伐不断加快,线上线下融合更加深入,然而,零售企业在进行渠道变革的过程中,并不是一帆风顺的,面临着人、货、场的重新布局,遭遇不同渠道间的产品类别配置、价格冲突、信息共享、人员协同等问题,这场深刻的零售革命在行业掀起大波,在此变化过程中,很多企业都是摸着石头过河,根本没有现成的经验可遵循,因此,有些企业难免遭受失败的打击,美特斯邦威试水电商和移动互联网而推出的"邦购网""有范APP"并没有带来好的业绩,反而造成企业亏损;步步高的线上平台"云猴网"也因经营不善而关闭,零售企业面临如何顺利开展多渠道的难题。

　　上一章已经探讨了多渠道零售是传统实体零售企业在当前的环境下提高效率转型升级的有效路径,那么,多渠道零售企业在实施前后的效率变化如何,哪些因素会影响企业的效率,这些都是值得深入探究的问题。

　　本部分选取 32 家开通多渠道的零售企业作为研究对象,对其 2010—2018 年的投入产出数据进行效率评价,横向比较各个企业的效率水平,纵向对比各个企业的效率演进趋势,尤其是全渠道(2011)概念①提出后,新零售概

---

① 数据来源:百度百科:https://baike.baidu.com/item/全渠道零售/13207390? fr=aladdin。

157

念①提出后(2016),企业的效率变化情况,分析并试图揭示背后的原因,接着,选取效率为因变量,资产负债率、总资产周转率、股权集中度、存货周转率、公司成立年数为自变量,分析各因素的影响程度。

第一节　相关文献综述

一、　多渠道零售的研究

多渠道是零售商为适应信息时代消费者行为的变迁而采取的渠道发展战略,学术界对多渠道的研究也比较广泛,主要集中在以下几个方面。

多渠道的开通对零售企业的作用。认为有积极作用的代表学者有Berman & Thelen② 分析了零售商实施多渠道战略的优势,增加了消费者数量、提高了企业的营业收入和市场占有率,这就要求零售企业进行多个渠道的产品整合、促销手段整合、价格整合并加强多个渠道的信息管理能力。Dennis Herhausen 和 Jochen Binder③ 研究了线上线下渠道整合对零售企业的影响,主要利用扩散理论,并测试了渠道整合对顾客搜索意向、购买意愿和支付意愿的影响,结果显示渠道整合实现了不同渠道之间的交互,导致竞争优势和渠道协同,而不是渠道蚕食。吴锦峰等④利用结构方程模型,研究了多渠道整合,表现为线上线下产品和价格信息整合、促销手段整合、交易整合等,对零售商权

---

① 数据来源:百度百科:https://baike.baidu.com/item/新零售/20143211? fr＝aladdin。

② Berman B., Thelen S., "A. Guide to Developing and Managing a Well－integrated Multi－channel Retail Strategy", *International Journal of Retail & Distribution Management*, 2004, pp.147－156.

③ Dennis Herhausen, Jochen Binder, "Integrating Bricks with Clicks: Retailer － Level and Channel－Level Outcomes of Online － Offline Channel Integration", *Journal of Retailing*, 2015, pp.309－325.

④ 吴锦峰、常亚平、候德林:《多渠道整合对零售商权益的影响:基于线上与线下的视角》,《南开管理评论》2016 年第 2 期。

益带来积极作用。也有学者认为有消极作用，J.E.M.van Nierop 和 P.S.H. Leeflang① 研究了传统零售企业开通网络渠道后，消费者可以将网站作为信息来源，方便查找商品信息，但是在线下实体店的购买行为却减少了，甚至转而向竞争者处购买商品，论证了网络渠道对实体渠道的负面影响。

对零售企业开通多渠道的动机研究。Julie Lewis 和 Paul Whysall② 采用多案例方法，分析了零售商采取多渠道的主要驱动因素和技术障碍，关键驱动因素是满足客户变化的需求和追求商品销售量的增加，技术障碍体现在零售商在不同渠道间切换和获取资源时遇到困难。V.KUMAR③ 论证了企业开通多渠道后，方便了顾客从企业获取信息，对消费者从多渠道购物有积极的协同作用。并且多渠道购物的顾客对企业具有更高的价值，购物频次及购买量都高于单渠道购物的顾客，验证了渠道间的协同作用，鼓励企业开通多种渠道接触消费者。Lih-Bin Oh 和 Hock-Hai Teo④ 研究了多渠道零售企业在改进与客户的关系、提高自身的绩效方面使用信息技术的积极作用，通过对新加坡 125 家多渠道零售商的测量数据发现，通过使用 IT 技术进行零售渠道整合，不仅提高当前产品的效率，而且有利于未来的产品创新。

二、零售效率的研究

关于零售效率的研究，研究对象主要集中在两个方面：一是对实施单一渠

①　J.E.M.van Nierop, P.S.H.Leeflangand so on, "The impact of the introduction and use of an informational website on offline customer buying behavior", *International Journal of Research in Marketing*, 2011, pp.155-165.

②　Julie Lewis, Paul Whysall Carley Foster, "Drivers and Technology-Related Obstacles in Moving to Multichannel Retailing", *International Journal of Electronic Commerce*, 2014, pp.43-68.

③　V.KUMAR, "Scale, congestion, efficiency and effectiveness in e-commerce firms", *Electronic Commerce Research and Applications*, 2016, pp.171-182.

④　Lih-Bin Oh, Hock-Hai Teo, "The effects of retail channel integration through the use of information technologies on firm performance", *Journal of Economic Literature*, 2012, pp.368-381.

道的零售企业上,研究视角有对零售效率影响因素的研究,代表学者有Vasanthakumar①、Kartinah & William②,对测算出的传统实体零售企业效率,从公司治理的角度分析了内部人持股份额及员工素质高低如何影响零售效率。Kato③ 研究了规模经济、产品差异化对日本的百货和超市零售效率的影响。Yang et al④ 先用 DEA 测算出网络零售企业的效率,指出运营规模控制、网络基础设施等方面对企业效率的正向影响,企业应在这些方面改进。杨波⑤采用 DEA 法对我国实体零售业上市公司的增长率进行了实证研究。雷蕾⑥、李子文等⑦借助随机前沿分析方法,测算出我国传统零售业的技术效率及宏观影响因素。

二是对实施各种渠道的零售企业的效率进行比较研究。代表学者有雷兵、赵梦佳⑧对实体零售企业和网络零售企业的效率进行比较,样本量分别是10 家和 6 家,并对近 3 年两类零售企业的效率进行了分析,得出实体零售企业处于规模递减阶段,网络零售企业处于规模递增阶段,并指出商业基础设施和信息技术基础设施的完善影响到零售企业效率水平提高;殷夏⑨对 44 家实

---

① Vasanthakumar, "Productivity in the retail industry: does insider ownership of shares matter?", *Applied Financial Economics Letters*, 2008, pp.121-125.

② Kartinah, William, "The impact of task and outcome interdependence and self-efficacy on employees' work motivation: an analysis of the Malaysianretail industry", *Asia Pacific Business Review*, 2010, pp.123-142.

③ Kato, "Productivity, returns to scale and product differentiation in the retail trade industry: an empirical analysis using Japanese firmlevel data", *Journal of Productivity Analysis*, 2012, pp.345-353.

④ ZhuofanYang, YongShi, Hong Yan, "Scale, congestion, efficiency and effectiveness in e-commerce firms", *Electronic Commerce Research and Applications*, 2016, pp.171-182.

⑤ 杨波:《我国零售业上市公司经营效率评价与分析》,《山西财经大学学报》2012 年第 1 期。

⑥ 雷蕾:《我国零售业技术效率及影响因素的实证研究》,《北京工商大学学报》(社会科学版)2014 年第 6 期。

⑦ 李子文、刘向东、陈成漳:《基于随机前沿模型的中国零售业技术效率影响因素研究》,《中国流通经济》2016 年第 11 期。

⑧ 雷兵、赵梦佳:《线上与线下零售企业投入产出效率评价研究》,《统计与信息论坛》2015 年第 5 期。

⑨ 殷夏:《基于 DEA 的电商和传统零售业上市公司绩效研究》,《全国商情》2015 年第 19 期。

体零售企业和4家网络零售企业2011—2014年的绩效进行比较,得出网络零售企业的纯技术效率显著高于实体零售企业。雷蕾[①]对实体零售企业、网络零售企业及多渠道零售企业三者的效率进行对比,并找出了导致效率低下的原因。

从以上的文献梳理中,可以看出单一的对多渠道零售问题的研究视角较多,实证分析和规范分析都有,对零售效率的研究主要是实证分析,而且主要集中于对传统零售业的效率分析,对多渠道零售效率的研究很少,然而,当前多渠道零售是传统零售业转型的必经阶段,多渠道零售企业的效率高低直接关系企业的竞争力,有必要深入研究多渠道零售企业的效率情况,并探究哪些因素会影响到效率的高低,这些为本部分内容的开展留下余地。

第二节　实证分析

一、　方法介绍

DEA是由Charnes等人开发的主要用于确定存在多个输入和多个输出时相对效率的方法。这种方法首先建立一个由一组决策单元(DMU)组成的"有效边界",该决策单元展示出最佳的企业实践,然后根据其他非边界单元到有效边界的距离将效率水平分配给其他非边界单元。

DEA中使用了几种类型的模型,但根据规模的可变性,这些模型在很大程度上可分为规模报酬不变(CRS)模型和规模报酬可变(VRS)模型。CRS模型基于输入和输出比率不随大小变化的假设,并在作者Charnes、Cooper和Rhodes的第一个字母后称为CCR模型。VRS模型是一种适用于输入和输出比例随大小变化的模型,也被称为BCC模型,以Banker、Charnes和Cooper的

---

① 雷蕾:《纯实体零售、网络零售、多渠道零售企业效率比较研究》,《北京工商大学学报》(社会科学版)2018年第1期。

名义首次引入了该模型。

DEA 模型可以通过两种方式进行分析,即输入方向或输出方向,以提高效率。输入导向模型的目标是在效率提高的方向上最小化输入,而输出导向模型则试图最大化输出,以提高效率。

效率通常以输出与输入的比率大小来衡量的。被测单元的输出与输入变量之比越高,可以直接解释为效率越高。当前,学界有许多方法可以用来评价一个单位的效率,如投入产出比法、回归法、成本函数、全要素生产率指数等,而 DEA 被选为主要效率评估技术的原因在于,虽然 DEA 与传统的测量技术有着相同的概念,但它涵盖了传统技术所缺乏的许多其他方面。DEA 作为常用的效率评估方法,它的主要优点体现在可以兼顾多个输入和输出因素、兼顾可控和不可控因素、计算单一生产力指数,以表现最好的零售商作为基础,为每个零售商制定相对的绩效衡量标准,不将任何功能形式强加于数据上。此外,与全要素生产率指数不同,DEA 给出了每个观测值自己的一组权重,使分析更为恰当。正是这些优点掩盖了它的缺点,使得 DEA 在分析效率时占据主导优势。

DEA—Malmquist 指数主要用来衡量多个评价对象的全要素生产率的动态变化情况,它假定规模报酬不变,通过计算距离函数 D 来测度评价对象在一定时期内的投入产出效率变化(距离函数与技术效率互为倒数关系),计算公式为:

$$D_i^t(x_t, y_t) = 1/F_i^t(y_t, x_t/C, S)$$

从 t 时期到 t+1 时期,以 t 时期技术为参照基于产出角度的 Malmquist 指数定义为:

$$M_i^t(x_t, y_t, x_{t+1}, y_{t+1}) = \frac{D_i^t(x_{t+1}, y_{t+1})}{D_i^t(x_t, y_t)}$$

从 t 时期到 t+1 时期,以 t+1 时期技术为参照的基于产出角度的 Malmquist 指数为:

$$M_i^{t+1}(x_t, y_t, x_{t+1}, y_{t+1}) = \frac{D_i^{t+1}(x_{t+1}, y_{t+1})}{D_i^{t+1}(x_t, y_t)}$$

而测度全要素生产率增长(TFPG)的 Malmquist 指数:

$$M_{i,t+1}(x_t, y_t, x_{t+1}, y_{t+1}) \left[\frac{D_i^t(x_{t+1}, y_{t+1})}{D_i^t(x_t, y_t)} \cdot \frac{D_i^{t+1}(x_{t+1}, y_{t+1})}{D_i^{t+1}(x_t, y_t)} \right]^{1/2}$$

它代表和生产点(x_t, y_t)相比较的生产点(x_{t+1}, y_{t+1})的生产力,上式可分解为:

$$M_{i,t+1}(x_t, y_t, x_{t+1}, y_{t+1}) = \underbrace{\frac{D_i^{t+1}(x_{t+1}, y_{t+1})}{D_i^t(x_t, y_t)}}_{TEC_i^{t+1}} \underbrace{\left[\frac{D_i^t(x_{t+1}, y_{t+1})}{D_i^{t+1}(x_{t+1}, y_{t+1})} \frac{D_i^t(x_t, y_t)}{D_i^{t+1}(x_t, y_t)} \right]^{1/2}}_{TP_i^{t+1}}$$

即

$$M_{i,t+1}(x_t, y_t, x_{t+1}, y_{t+1}) = TEC_i^{t+1} \times TC_i^{t+1}$$

$$TEC = SEC \cdot PEC$$

当全要素生产率大于 1 时,意味着评价对象的效率经过时间的发展得到提升,反之,则下降。Malmquist 指数可以分解成技术效率变化(TEC)和技术进步的变化(TC),分别体现了评价对象向生产前沿面接近的"水平效应"和"增长效应",技术效率反映了企业的经营管理水平和决策能力,技术进步反映了企业的新技术开发能力、应用水平等。而技术效率变化又分解为规模效率变化(SEC)和纯技术效率的变化(PEC)。

由 DEA 方法测算出 32 家公司的效率值以后,如果想进一步分析影响效率的因素,为避免 OLS 带来的偏误,Tobin 于 1958 年提出了截断回归模型(Censored Regression Model),即"Tobit 模型",

$$y^* = \beta x_i + \varepsilon$$

$$y_i = y_i^*, \text{ if } y_i^* > 0; \ y_i^* = 0, \text{otherwise}$$

其中,$\varepsilon_i - N(0, \sigma^2)$,$y^*$ 是效率值,β 为自变量的系数,y_i 为因变量向量。采用极大似然估计对 Tobit 模型进行估计,可以得到 β 和 γ 的一致估计。

二、 研究对象——多渠道零售企业

受研究数据的限制,不可能对开通多渠道的零售企业都进行研究,只能从中选择有代表性的,而且数据公开的,这就将研究范围定在了零售业上市企业上,上市零售企业具有一定的资本规模和运营实力,而且每年公布的财报相对客观全面,零售上市企业是很多中小零售企业追求的目标,因此,选择上市公司具有一定的代表性,对其他企业也可以起到很好的导向作用。

本部分界定的多渠道零售企业是指传统零售企业在线下经营的基础上,又在线上开通了销售渠道,线上开通方式可以是自建销售平台,也可以是入驻第三方平台,而不仅仅是停留在线上只做企业的展示和宣传的初级阶段。

基于此,我们从国泰安数据库零售板块 85 家零售企业中,通过逐个上网筛选,选取在网上开通销售渠道的 32 家零售企业(查询是截至 2018 年 4 月)作为实施多渠道的零售企业样本,这 32 家零售企业都属于分布于全国各省有实力的大型零售企业集团,成立时间平均为 22 年(截至 2018 年),因此研究区间可以适当拉长。通过查找历年数据,根据各家企业数据的完整性和可得性,选取其 2010—2018 年间的数据共计 9 年的投入产出面板数据进行研究。这 9 年间,是零售业发生巨变的 9 年,零售业经历了网络零售冲击,实体店遭遇关店潮,传统零售面临转型多渠道、全渠道的生死抉择,本书试图对开通多渠道的零售企业的效率进行横向对比,并且对企业开通多渠道前后的效率进行比较分析,进而找到制约效率提升的因素。

三、 指标设定

根据 DEA 测算效率的要求,需要选定投入产出指标若干,借鉴之前学者对 DEA 投入产出指标的选择情况,选取资产总计、管理费用、应付职工薪酬、员工人数作为投入指标,从资本投入和劳动投入两方面衡量企业的投入情况;选取营业总收入和营业利润作为产出指标,衡量零售企业在一定时期内的经营效果,见表 6-1。

表 6-1 投入产出指标

类型	变量	单位
投入	资产总计	万元
	管理费用	万元
	应付职工薪酬	万元
	员工人数	人
产出	营业总收入	万元
	营业利润	万元

四、 基于 Malmquist 指数的多渠道零售业上市公司动态效率分析

利用 DEAP2.1 软件,测算出 32 家零售业上市公司 2010—2018 年的投入产出效率,可以得到各企业在 9 年间的 Malmquist 生产率指数及其分解情况。具体结果见表 6-2。

表 6-2 零售业上市公司 Malmquist 指数变动(2010—2018)

年份	技术效率变化指数	技术进步指数	纯技术效率指数	规模效率指数	TFP 指数
2010—2011	1.002	1.005	1.002	1	1.006
2011—2012	1	1.004	1.002	0.998	1.004
2012—2013	0.999	0.996	0.999	0.999	0.995
2013—2014	0.996	1.022	1.001	0.995	1.018
2014—2015	1	0.99	0.999	1.001	0.99
2015—2016	0.997	0.992	0.998	0.998	0.988
2016—2017	1	1.007	1	0.999	1.007
2017—2018	1.004	0.974	0.998	1.006	0.978
均 值	0.9995	0.9987	0.9999	0.9995	0.9981

数据来源:根据 DEAP2.1 处理结果整理得到。

1. 我国零售业上市公司 Malmquist 指数变动的宏观分析

表 6-2 的测算结果显示,2010—2018 年间,32 家零售业上市公司的全要素生产率 TFP 指数变化的均值是 0.9981,进一步将其分解为技术效率变化指数和技术进步指数,可以看出技术效率变化与技术进步对 TFP 的贡献程度接近,9 年间的平均值分别是 0.9995 和 0.9987,技术效率变化指数与技术进步指数在 9 年间呈现此消彼长的态势,这个结果比雷蕾(2015)测算出的零售业上市公司 2010—2013 年间的全要素生产率 0.933 值略高。反映出零售企业对技术效率与技术进步两大因素都比较重视,采取双管齐下的策略共同推动零售业效率的提升。

对技术效率变化指数和技术进步指数进行分析,可以发现,2011 年这两个指标都呈现下跌,对照零售业的变化可知,2011—2012 年,很多零售企业开始进行渠道变革,由多渠道、跨渠道向全渠道转变,在这一转变过程中,零售企业需要在传统实体门店的基础上,开拓网络及移动端,并逐渐打通线上与线下的渠道,使线上、线下一体化,不断融合,满足消费者的无缝体验。因此,在这次变革的开始阶段,零售企业无现成的经验可以遵循,遇到很多问题都是新问题,需要进行渠道的磨合,自 2016 年开始,这两项指标有所增长,分别达到了 1 和 1.007。

进一步将技术效率变化指数分解为纯技术效率指数和规模效率指数,结果显示,纯技术效率指数 9 年间对技术效率的贡献高于规模效率指数的贡献,这显示出近几年零售企业实体店受电商冲击过大,开店速度减慢,关店潮频现,零售企业过去单纯依靠开店扩张获取规模效应已风光不再。

为了比较零售业上市公司 TFP 变化的区域差异,根据开通多渠道的 32 家零售业上市公司的总部所在地所处的区域,依据统计年鉴中对我国东、中、西部的划分范围,结果显示零售业上市公司的分布情况为:东部地区有 23 家零售业上市公司,中部 6 家,西部 3 家。从分布数量可以明显看出,东、中、西部的零售业发展很不均衡。

下面分析各区域零售业上市公司 TFP 的变化情况。三大区域 9 年间的技术效率变化情况都高于技术进步的情况,成为推动零售业上市公司 TFP 改善的主要推动力。东部和西部的 TFP 在数值上并列为 0.998,这并不能简单地认为西部地区的零售业很发达,从具体企业看,西部只有 3 家零售业企业开通了线上线下的多渠道:重庆的重庆百货、新疆乌鲁木齐的美克家居、西安的供销大集。显然,广阔的西部土地上,零售企业发展还比较落后,只是这三家零售企业成为了西部地区的领头羊,走在了其他企业的前面,成为西部零售企业的开拓先锋。中部相对落后,TFP 值为 0.996。总体而言,东部地区开通多渠道的零售业上市公司占了绝大多数,多数企业位于北上广深和东部沿海省份,这些地区城市开放度高,消费者需求多样,构成加速零售企业自身变革发展的外部动力。中部地区有 6 家零售业上市公司开通了多渠道,以武汉的鄂武商 A 为领头羊,其 TFP 值为 1.001,除此之外,湖北的中百集团、湖南的步步高和友阿股份、安徽的合肥百货、吉林长春的欧亚集团,相对中部的其他省份而言,这 4 个省的零售业发展较好,值得一提的是河南和江西两省,目前还没有一家零售业上市公司,尤其河南,虽有丹尼斯、胖东来这两家省内大型零售企业,但始终没有上市,影响自身获得更大的发展空间,下一步需利用资本的力量,提高自身竞争力。

9 年间,各区域的技术效率变化指数都高于技术进步指数,成为促进零售业全要素生产率增长的主要因素,尤其是西部地区,技术效率变化指数高达1.0017,而技术进步指数只有 0.997(如表 6-3 所示),显示出三大区域零售业的技术革新方面还有很多工作要做。数字化技术、人工智能、无人零售、智慧零售等,都体现了零售业是一个高科技应用很广泛的行业。这些技术赋能的零售企业,不断提高了零售业的效率。

表6-3　32家零售上市公司全要素生产率及其分解情况（2010—2018年）

公司名称	技术效率变化指数	技术进步指数	纯技术效率指数	规模效率指数	TFP指数	所属地区
永辉超市	1	1.002	1	0.999	1.002	东部
上海医药	1	0.998	1.002	0.999	0.998	东部
三江购物	0.996	0.998	0.997	1	0.994	东部
百大集团	0.998	0.997	1	0.998	0.995	东部
北京城乡	0.995	1	0.995	1	0.995	东部
王府井	1.001	0.997	1.001	1	0.998	东部
银座股份	0.997	1	0.997	1	0.996	东部
第一医药	1	0.998	1	1	0.999	东部
百联股份	0.998	0.998	0.999	0.999	0.996	东部
重庆百货	1	0.998	1	1	0.998	西部
南京医药	1.001	0.999	1.001	1	1.001	东部
南宁百货	1	0.998	1	1	0.997	东部
欧亚集团	0.998	0.997	0.999	0.999	0.995	中部
大商股份	1.002	0.997	1.001	1.001	0.999	东部
豫园股份	0.996	0.999	1.001	0.996	0.996	东部
新世界	0.998	1.002	0.999	0.999	1	东部
美克家居	1.004	0.996	1.004	1	1	西部
中央商场	1.001	0.998	1.001	0.999	0.998	东部
开开实业	1	0.997	1	1	0.997	东部
天虹股份	1	0.998	1	1	0.998	东部
人人乐	1.002	0.998	1.001	1	0.999	东部
友阿股份	0.998	0.999	0.997	1.001	0.997	中部
新华都	1	0.999	1	1	0.999	东部
步步高	0.999	1.001	0.999	1	0.999	中部
广百股份	1	1.006	1	1	1.006	东部
苏宁易购	1	1.008	1	1	1.008	东部
中百集团	1	0.988	1	1	0.988	中部
中兴商业	1.001	0.997	1.001	1	0.998	东部
供销大集	1.001	0.997	1.003	0.997	0.998	西部
鄂武商A	1	1.001	1	1	1.001	中部

续表

公司名称	技术效率变化指数	技术进步指数	纯技术效率指数	规模效率指数	TFP 指数	所属地区
合肥百货	0.997	0.999	0.997	1	0.996	中部
海王生物	1.001	0.999	1.003	0.998	0.999	东部
东部均值	0.9994	0.9993	1.0000	0.9995	0.9986	
西部均值	1.0017	0.9970	1.0023	0.9990	0.9987	
中部均值	0.9987	0.9975	0.9987	1.0000	0.9960	
总均值	0.9995	0.9987	0.9999	0.9995	0.9981	

数据来源:根据 DEAP2.1 处理结果计算整理。

2. 我国零售业上市公司 Malmquist 指数变动的微观分析

按照 TFP 由高到低的顺序排序,如表 6-4 所示,从中可以看出,TFP 最高的是已开展全渠道零售的苏宁易购,其 TFP 值为 1.008,高居榜首,成为其他企业的标杆,前 7 名开通多渠道的零售业上市公司的 TFP 值在 1 以上,其中东部有 5 家企业,中西部各 1 家企业。可见,东部地区零售业上市公司的效率在全国的排名属于上游水平,是零售业中改革步伐早并且成效较好的企业。

苏宁易购的前身是苏宁电器、苏宁云商,是零售业内最早一批从实体店开始拥抱互联网的企业。2010 年,苏宁易购正式上线,2012 年启动 O2O 转型,始终依靠科技引领企业发展,2014 年,线上线下融合效益显现,年盈利较上年增长 24.4%,走在了全渠道零售的前列,得到李克强总理的充分肯定。苏宁引导的智慧零售模糊了线上线下零售的边界,并且做出了全面布局,包含零售云、苏宁小店、苏宁拼购、苏宁推客、苏鲜生、无人超市、苏宁极物等,在零售业内引起强烈反响。在规模化发展上,苏宁的各业务板块的会员人数超过 6 亿人,互联网门店超过 11000 家,苏宁易购县镇店超过 4000 家,苏宁小店超过 2300 家,苏宁易购云店超过 1600 家,苏宁易购大润发店超过 400 家,线下门店总数破万店,在零售业界都首屈一指。面对数量庞杂的门店,苏宁运用大数据、人工智能等先进技术手段提升店铺经营效率,降低企业运营成本。在提升消费体验方面,通过新技术联通线上线下渠道的场景,为消费者提供沉浸式的场景化体验。

表6-4　2010—2018年32家零售业上市公司全要素生产率排名

排序	公司名称	技术效率变化指数	技术进步指数	纯技术效率指数	规模效率指数	TFP指数	所属地区
1	苏宁易购	1	1.008	1	1	1.008	东部
2	广百股份	1	1.006	1	1	1.006	东部
3	永辉超市	1	1.002	1	0.999	1.002	东部
4	上海医药	1.001	0.999	1.001	1	1.001	东部
5	鄂武商A	1	1.001	1	1	1.001	中部
6	新世界	0.998	1.002	0.999	0.999	1	东部
7	美克家居	1.004	0.996	1.004	1	1	西部
8	第一医药	1	0.998	1	1	0.999	东部
9	大商股份	1.002	0.997	1.001	1.001	0.999	东部
10	人人乐	1.002	0.998	1.001	1	0.999	东部
11	新华都	1	0.999	1	1	0.999	东部
12	步步高	0.999	1.001	0.999	1	0.999	中部
13	海王生物	1.001	0.999	1.003	0.998	0.999	东部
14	南京医药	1	0.998	1.002	0.999	0.998	东部
15	王府井	1.001	0.997	1.001	1	0.998	东部
16	重庆百货	1	0.998	1	1	0.998	西部
17	中央商场	1.001	0.998	1.001	0.999	0.998	东部
18	天虹股份	1	0.998	1	1	0.998	东部
19	中兴商业	1.001	0.997	1.001	1	0.998	东部
20	供销大集	1.001	0.997	1.003	0.997	0.998	西部
21	南宁百货	1	0.998	1	1	0.997	东部
22	开开实业	1	0.997	1	1	0.997	东部
23	友阿股份	0.998	0.999	0.997	1.001	0.997	中部
24	银座股份	0.997	1	0.997	1	0.996	东部
25	百联股份	0.998	0.998	0.999	0.999	0.996	东部
26	豫园股份	0.996	0.999	1.001	0.996	0.996	东部

排序	公司名称	技术效率变化指数	技术进步指数	纯技术效率指数	规模效率指数	TFP指数	所属地区
27	合肥百货	0.997	0.999	0.997	1	0.996	中部
28	百大集团	0.998	0.997	1	0.998	0.995	东部
29	北京城乡	0.995	1	0.995	1	0.995	东部
30	欧亚集团	0.998	0.997	0.999	0.999	0.995	中部
31	三江购物	0.996	0.998	0.997	1	0.994	东部
32	中百集团	1	0.988	1	1	0.988	中部

数据来源:根据 DEAP2.1 处理结果计算整理。

值得一提的还有永辉超市,近两年发展也较快,它是全国首批将生鲜农产品引进现代超市的流通企业之一,并且不断创新发展,使生鲜形成永辉的特色,打造出差异化竞争优势。永辉的发展规模已遍及北京、上海、天津、河北、安徽等 24 个省市,经营 900 多家连锁超市,形成较强的规模优势,经营业绩突出,获得"2017 年中国连锁百强企业 6 强""中国快速消费品连锁百强 4 强"。

在渠道变革方面,永辉不断根据市场变化做出相应调整,2014 年永辉推出 O2O 电商平台——"永辉微店 APP";2017 年 1 月,永辉探索"新零售"的重要举措——首家"超级物种"(温泉店)开业;2017 年 12 月,腾讯入股永辉,为助力永辉实现线上线下融合发展增加技术支持,以上调整体现了永辉在技术方面孜孜不倦的努力。

上海医药作为医药类零售企业的代表,其销售渠道遍布全国 31 个省份,与其合作的渠道商数量高达 27000 家,旗下的品牌连锁药房有 1900 家,以华氏大药房、国风大药房等为代表,尤其是它的新特药 DTP 服务网络,为国内之最。为适应零售渠道变革,建立了上海医药云健康形成了以电子处方流转为基础的处方药新零售平台,能更好地服务患者。可见,上海医药在零售技术及规模方面都获得协同发展。

人人乐是一家立足深圳、服务全国的大型综合零售企业。旗下有 130 多家购物广场、8 家 Le Super 高端精品超市、9 家人人乐百货商场。

在渠道变革方面,2016 年,人人乐在深圳市南山区建立了第一家网购生活超市;2017 年,人人乐 O2O 服务品牌"乐到家"上线,体现了人人乐将服务触角指向全国市场,扩大了受众范围。人人乐不断升级自身的全渠道布局,围绕超市业务,打造出知名的线上品牌:人人乐园、唯乐之家同时将部分精选商品入驻饿了么、美团外卖和百度外卖,与第三方线上平台展开深度合作。

此外,人人乐重视零售技术研发,由企业自主研发的泰斯玛(TSM)零售业经营管理软件系统,紧密结合零售行业实际情况,并针对企业自身实际,为公司经营业务及供应链管理提供了完善的解决方案,提高了企业的信息化管理水平和运营效率。

步步高商业集团主要服务于西南市场,主要经营业态有超市、百货、电器和云猴网,其中,云猴网是步步高集团进行渠道变革开拓网上市场,于 2013 年组建并于 2015 年转型为云猴全球购,但因巨大的物流成本,云猴全球购的业绩一直亏损,最后被迫关闭。但是,步步高并没有停止进行渠道变革,2018 年 2 月与腾讯合作,通过技术赋能步步高超市——主要是通过腾讯小程序帮助消费者扫码购物、刷脸结算,增加了消费者的体验。更值得称道的是步步高把线下店的服务做到了极致,以步步高线下商城为例,商城内引入公安便民自助服务点,使得商城的服务更加多元化,有年轻人喜欢的飞行体验馆,这是线上无法满足的,有当当实体书店,商城内还为老年人免费健康检查、讲课讲座,接近家属区的商城还有供放学的孩子们写作业的区域……这些举措增加了商城的流量,提高了顾客满意度,为顾客提供了差异化的服务,使步步高集团在实体零售关店的背景下,一年开店 60 家,形成独特的竞争力。这些做法对零售企业做实、做好线下业务树立了标杆。

五、 TOBIT 回归

为了进一步研究多渠道零售企业效率的微观影响因素,本部分以第一阶段通过 DEA 测算出的各个零售业上市公司的全要素生产率(TFP)为因变量,关于影响多渠道零售企业的效率因素主要有宏观和微观层面的多种因素,参考以往文献中对影响因素的选取,并结合新零售环境下企业的发展实际,本部分主要从企业管理角度和公司治理结构的角度选择自变量,最终选取资产负债率、总资产周转率、股权集中度、存货周转率、公司成立年数作为自变量,利用 EVIEWS10.0 对 32 家企业的 2011—2018 年的面板数据进行 Tobit 回归。

1. 模型设定与数据说明

假设一:零售企业资产负债率越高,则企业的效率值越低。采用零售企业资产负债率(ZF_{it})来衡量企业的资本结构情况。

假设二:零售企业总资产周转率越高,则企业效率值越高。采用零售企业总资产周转率(ZZ_{it})来衡量零售企业全部资产的管理质量和利用效率。

假设三:零售企业的股权集中度越高,则企业效率值越高。采用零售企业前 5 位大股东持股比例的平方和,即 $H5_{it}$ 指数来表示。

假设四:零售企业的存货周转率越高,则企业效率值越高。采用零售企业存货周转率(CH_{it})来衡量企业的营运能力。

假设五:零售企业的成立时间越长(NF_{it}),则企业效率值越高。企业年龄对经营绩效的影响是一个引人关注、颇有争议的话题。一方面,Rosenzweig 和 Roth 认为年龄大的企业由于积累多年的经验,容易与经销商、消费者建立良好关系,同时积累起较高的绩效和信誉度;另一方面,有学者指出年龄较大的企业可能会出现思想、理念陈旧,不易接受新事物,从而落后于新企业。用 NF_{it} 表示。

在上述假设的基础上,将零售企业全要素生产率的 Tobit 回归模型设定为:

$$TFP = \alpha_0 + \alpha_1 ZF_{it} + \alpha_2 ZZ_{it} + \alpha_3 H5_{it} + \alpha_4 CH_{it} + \alpha_5 NF_{it} + \varepsilon$$

其中,α_0 为截距项,α_1、α_2、α_3、α_4、α_5 为各自变量的回归系数,i 为公司数(i=1,2,…,n;n=32),t 代表时期(t=1,2,3,4,5,6,7),ε 为随机扰动项。

2. 计量结果分析

通过 EVIEWS 软件对上述 Tobit 模型进行回归,得到详细结果,如表 6-5 所示。

表 6-5　零售业上市公司效率影响因素的 Tobit 回归结果

变量	系数	标准差	Z 值	P 值
α_0	0.0401	0.0341	0.9524	0.6831
ZF_{it}	−1.1745	0.3298	4.8794	0.0048 ***
ZZ_{it}	0.1836	0.1721	−1.9514	0.0234 **
$H5_{it}$	0.0053	0.0736	2.2563	0.6624
CH_{it}	0.9413	0.1576	0.9531	0.0220 **
NF_{it}	0.0601	0.4325	−3.1193	0.0633 *

注:*、**、*** 分别表示在 10%、5%、1% 的置信度下通过显著性水平检验。

可得出以下结论:

第一,零售业上市公司的资产负债率与公司的效率在 1% 的置信度水平下显著负相关,这与之前的假设相吻合,与雷蕾[①]得出的结论一致。企业的资产负债率越高,则说明企业面临较高的财务风险,影响企业的效率提升和自身的发展。

第二,零售业上市公司的总资产周转率与公司的效率在 5% 的置信度水平下显著正相关,这与之前的假设相吻合。公司总资产周转率高,反映了零售企业销售业绩良好,企业产品受消费者欢迎,企业经营期间全部资产从投入到产出的流转速度快,资产投资的运营效率高,是考察企业资产运营效率的一项重要指标,体现了企业全部资产的管理质量和利用效率。

第三,股权集中度对上市公司的效率影响不显著,推翻了之前的假设,这

① 雷蕾:《网络时代零售业上市公司效率及微观影响因素的实证研究》,《北京工商大学学报》(社会科学版)2015 年第 6 期。

与朱红军和汪辉的研究结论类似。

第四,存货周转率与零售业上市公司的效率在5%的置信度水平下显著正相关,这与之前的假设相吻合。存货周转率越高,说明企业存货周转得越快,存货管理水平高,企业的销售能力越强,存货占有的资金也会越少,有助于企业提高效率。

第五,零售企业年限与公司的效率在1%的置信度水平下显著正相关,这与之前的假设相吻合。这表明,零售企业成立时间越长,企业管理各方面的经验积累和学习效应得以发挥出优势,经营效率较高,相对于新兴企业,各方面都处于探索阶段。

第三节　结论与启示

一、结论

选取32家开通多渠道的零售企业作为研究对象,对其2010—2018年的投入产出数据进行效率评价,结果显示,32家零售业上市公司的全要素生产率TFP指数变化的均值是0.9981,进一步将其分解为技术效率变化指数和技术进步指数,9年间的平均值分别是0.9995和0.9987,东、中、西部区域的技术效率变化指数都高于技术进步指数,成为促进零售业全要素生产率增长的主要因素。接着,选取效率为因变量,选取资产负债率、总资产周转率、股权集中度、存货周转率、公司成立年数作为自变量,分析效率影响因素,结果显示资产负债率与公司的效率在1%的置信度水平下显著负相关,总资产周转率与存货周转率与公司的效率在5%的置信度水平下显著正相关,零售企业年限与公司的效率在1%的置信度水平下显著正相关,股权集中度对上市公司的效率影响不显著。

可见,多渠道零售企业的效率整体水平不高,这与零售企业近两年处在变革期,有很多方面都需要不断探索有直接关系,线上渠道与线下渠道间的协同与融合管理,消费者对不同渠道的认可度、满意度,如何更好地将大数据技术应用于零售企业等,都是所有零售企业在变革和磨合的道路上,值得关注和思考的问题。

二、 启示

新零售时代,零售业的变革势在必行,走线上、线下多渠道共同发展的道路是传统零售企业努力的方向,这一转型过程中,传统零售企业应充分利用自身多年精耕线下的优势,加强内部管理,包括对资产、存货的管理,来提升自身的效率水平,实现零售业高质量发展。

第七章　渠道变革背景下零售
企业竞争力探究

——基于永辉和大润发的比较研究

　　互联网、物联网和大数据的应用既推动了零售企业变革、降低了运营成本、实现了精准营销,也提升了消费者的购物体验、刺激了潜在需求。线上购物的需求对只布局了线下渠道的传统零售企业提出了新的要求,推动着企业加码线上渠道,推动零售渠道融合。同时近两年传统零售企业还积极探索"新零售"模式发展,《2017—2022 年中国零售行业市场前瞻与投资战略规划分析报告》显示①,到 2022 年我国新零售交易规模将达到 1.8 万亿元,届时以无人零售、智慧零售为代表的新零售模式将引领行业发展。传统零售企业有其竞争优势,在向新零售转型的过程中,竞争力会发生什么样的变化成为企业重点关注的课题。

　　已有对零售企业竞争力的研究多集中在控制成本、提升管理运营能力②、价值创造③、技术进步④等方面。竞争力的提升涉及众多要素,需要企业对已

---

① 中研普华:《2017—2022 年中国零售行业市场前瞻与投资战略规划分析报告》,2017 年。

② 孙永波、王振山、杨洁:《零售企业竞争力影响因素分析——基于互联网时代分水岭》,《商业经济研究》2015 年第 34 期。

③ 谢守祥、沈正舜:《基于顾客价值的企业核心竞争力塑造》,《湖南行政学院学报》(双月刊)2004 年第 5 期。

④ 魏国伟、狄浩林:《新零售企业竞争力评价指标体系研究》,《经济问题》2018 年第 6 期。

有的资源进行准确评估的基础上,加大对"短板"要素的投入,所以如何找寻到企业发展的短板将成为获取竞争优势的关键。对于众多传统零售企业来说,现阶段都在进行数字化改造、全渠道融合、新技术运用等,如何掌握极富竞争力的资源要素是一项实践意义很强的课题。而目前由于学者的研究视角不同,对渠道变革环境下零售企业竞争力的评价各有不同。因此本部分在已有研究的基础上,针对零售业出现的新情况,构建了竞争力指标评价体系,选取在零售行业发展比较好、有代表性且正在转型过程中的永辉(腾讯系)和大润发(阿里系)作为研究对象,采用专家意见以及消费者评价结合的方式来对比两家企业的竞争力差异,为其他传统零售企业在渠道变革背景下如何提升竞争力提供指导性意见。

第一节　相关文献综述

市场经济条件下,大多数企业都处在完全竞争中,而如何不断提升企业的竞争力、获取可持续竞争优势考验着企业的管理和决策能力。就竞争力来说,最著名的是迈克尔·波特在《竞争战略》、《竞争优势》和《国家竞争优势》,即"竞争三部曲"中提出的"五力竞争"模型①是众多学者研究竞争力的蓝本。竞争力就是指多个竞争主体之间在掌握一定的资源基础上,表现出的不同能力水平,而企业依靠这些资源与能力来保持竞争优势②。总之,竞争力是在相互比较中得到的。

目前对竞争力的研究大致可以分为三个层次:企业层、行业(产业)层、国家层,本部分立足于企业角度,尤其是零售企业层面展开研究。国外对企业竞

---

① 迈克尔·波特:《竞争战略》,中信出版社 2014 年版;《竞争优势》,陈丽芳译,中信出版社 2014 年版;《国家竞争优势》,李明轩、邱如美译,中信出版社 2007 年版。

② Baum J.A.C.,Dobbin F.,"Firm Resources and Sustained Competitive Advantage",*Journal of Management*,2009,pp.3-10.

争力的研究可划分为资源、能力和市场结构三个方面①。而国内企业管理理论的滞后导致有关于竞争力的研究目前仍旧处在初步阶段,对企业竞争力的认识有待进一步提升。

影响零售企业竞争力的因素是多重的,对传统零售企业的竞争力研究而言,丁凤娇②研究指出,传统零售企业在互联网背景下应该推进商业模式创新,激发企业活力,从而培育新的竞争优势,这成长为竞争力的重要来源。苏永彪③以华润万家为例,指出以价值链为核心的关键环节是零售企业竞争力的决定性因素。而王琛等人④认为传统零售企业应该打破传统经营思维、传统渠道、技术和供需关系来突出重围,重构企业的竞争优势。范海芹⑤认为零售企业应该优化企业流通渠道选择,从而增强企业的产品品牌竞争力。多数学者认为传统零售应该重视产品、品牌、成本等来提升竞争力,并未将提升顾客体验的物流、技术和服务等放在突出的位置。

新零售的概念目前逐渐被学界所重视,传统零售企业在进行新零售转型时,影响竞争力的因素会发生怎样的变化值得研究。王宝义⑥认为"新零售"是在数据驱动和消费升级时代下,以全渠道和泛零售形态更好地满足消费者购物、娱乐、社交多维一体需求的综合零售业态。而蒋亚萍等人⑦研究指出新零售企业应该通过整合零售渠道、实施全渠道策略,以及构建"社交+体验"的

① 王晓露:《企业竞争力理论文献综述》,《煤炭经济研究》2007 年第 7 期。
② 丁凤娇:《基于移动互联背景的传统行业企业商业模式研究》,《决策论坛》2015 年第 7 期。
③ 苏永彪:《零售企业的竞争力研究——以价值链为视角》,《商业经济研究》2016 年第 7 期。
④ 王琛、黄凯悦:《互联网时代四大突破助力传统零售业走出困境》,《中外企业家》2016 年第 5 期。
⑤ 范海芹:《品牌竞争视角下零售企业流通渠道选择分析》,《商业经济研究》2018 年第 22 期。
⑥ 王宝义:《中国电子商务网络零售产业演进、竞争态势及发展趋势》,《中国流通经济》2017 年第 4 期。
⑦ 蒋亚萍、任晓韵:《从"零售之轮"理论看新零售的产生动因及发展策略》,《经济论坛》2017 年第 1 期。

平台来促进发展,提升竞争力。蒋侃等人①也提出应该构建全渠道平台和新兴技术来推动新零售企业竞争力的提升。郭艳②指出经营模式、销售渠道和技术将会是未来零售企业转型和竞争力提升的主要支撑要素。目前对新零售企业竞争力的分析仍旧处在初步阶段,实践在变化,学者还未能形成一致的评价意见。

对零售企业竞争力的分析主要有定量和定性两种方法,在定量的研究中,任晓丹③将财务指标与非财务指标结合起来,运用因子分析对零售业上市公司综合竞争力进行了评价。李金铠④从零售企业的基本情况、财务结构、盈利能力和工资福利四个方面进行静态比较分析。易艳红等⑤选取核心竞争力前五的上市零售企业,从企业主体角度出发,建立零售企业竞争力评价指标体系,研究五大竞争力要素与核心竞争力的关系。从企业价值链的角度构建指标体系来测评零售企业竞争力。

通过对以上零售企业竞争力研究的文献梳理发现:第一,对于传统零售企业和开展新零售企业的竞争力评价指标体系不相同,后者青睐于由技术所推动的供应链升级、服务、渠道变革等要素。第二,目前对零售企业竞争力评价的指标体系不唯一,未实现有效整合,这也与多变的市场环境相关。第三,虽有学者对永辉和大润发新零售展开研究,但将两家零售企业集合起来进行竞争力对比的研究相对缺乏,本部分在构建评价指标的基础上,就传统零售企业竞争力的变化展开研究,能够进一步丰富竞争力理论,为其他零售企业提升竞争力提供借鉴参考。

---

① 杜睿云、蒋侃:《新零售:内涵、发展动因与关键问题》,《价格理论与实践》2017 年第 2 期。
② 郭艳、张群:《传统零售业在互联网影响下的发展——兼谈模式、渠道、技术转型之路》,《商业经济研究》2018 年第 3 期。
③ 任晓丹:《零售行业上市公司竞争力评价研究》,《特区经济》2015 年第 7 期。
④ 李金铠:《中国内外资零售企业竞争态势比较分析》,《商业经济与管理》2006 年第 5 期。
⑤ 易艳红、冯国珍:《基于财务视角的不同业态零售企业核心竞争力实证分析》,《企业经济》2013 年第 7 期。

第二节　零售企业竞争力评价指标体系构建

一、　指标选取

以往学者在构建零售企业竞争力评价指标时,主要从两方面出发:第一,以企业竞争力为蓝本,从难模仿性、不可替代性、稀缺性等指标构建指标体系;第二,从零售企业竞争力的具体构成内容出发建立指标体系。另外,已有研究探讨的多是传统零售企业的竞争力。但是在新零售的背景下,传统零售企业正奋力转型,求变求新。如永辉、大润发、银泰等线下商超纷纷联手阿里、京东、腾讯等线上零售巨头,打造互融共通的新型零售业态。传统零售企业如何焕发新活力,又如何实现破局、提升竞争力将一直是研究的重点。

基于此,本部分在构建零售企业竞争力评价指标体系时,主要从三个方面进行考虑:第一,充分借鉴有关零售企业竞争力的相关文献,对原有的传统零售企业的竞争力评价指标进行筛选和整合,提炼出对现阶段零售业竞争仍具有较大影响力的指标。第二,考虑到本部分研究的是新零售背景下零售企业的竞争力,所以本部分在构建指标时,对传统指标的内涵以及整个指标体系进行了拓展与丰富,在指标构建及选取上,更加关注零售商进行新零售转型的变革创新能力。第三,征求多位专家的意见,对现有指标进行综合评定,进行多次调整,以提高指标体系的适用性、科学性和结构性。

经过文献梳理、综合考量本部分的研究性质和专家意见之后,最终形成了如表7-1所示的指标体系。该指标体系由5项二级指标和15项三级指标构成,分别从诚信因子、效用因子、服务因子、联通因子、成长因子五个方面考查新零售企业的竞争力。其中诚信因子和效用因子主要是从以往对传统零售企业的竞争力的研究中提炼出来的;诚信因子和效用因子触及的是消费者最核心的利益,也是零售企业进行同行业竞争最基本的保障。考虑到新零售的特点,本部分对诚信因子和效用因子的内涵进行了补充和丰富。如大数据的广泛应用、移动支付的普及使得人们越来越关注自己的隐私安全和支付安全,所以本部分将隐私安全和支付安全纳入诚信因子的三级指标中。新零售的出现,新技术的应用,提升了零售效率,降低了消费成本。所以本部分将成本节约引入效用因子的二级指标中,并分别从经济成本、时间成本、精神成本三方面全面衡量零售企业将在多大程度上降低消费者的购物成本。

不同于效用因子和诚信因子,服务因子和联通因子主要考查零售企业在新零售方面的竞争力。新零售变革分为"上半场"和"下半场",上半场主要是基于需求端的"场"的变革,"下半场"主要是基于供给端的供应链的整合。而在整场变革中,技术、数据、物流都是关键支撑力量,效率、体验、成本都是永远追求的目标。服务因子和联通因子正是基于零售企业把握关键力量的程度以及现阶段变革的速度与成效构建的指标。在两大因子具体内涵的界定上以及三级指标的构建上主要参考了魏国伟、狄浩林[1]的研究。成长因子主要从环境感知能力、变革创新能力以及组织能力三个方面来考查一个零售商未来的发展潜力,它反映的是零售企业的动态竞争力。

表7-1 零售企业竞争力评价指标体系及说明

一级指标	二级指标	三级指标	指 标 说 明
竞争力评价指标	诚信因子	安全度	产品安全、隐私安全、支付安全
		美誉度	企业可信度、企业知名度、服务满意度
		真实度	产品宣传真实度、活动宣传真实度、服务承诺真实度
	效用因子	产品效用	产品质量、产品多样性、产品知名度
		情感效用	消费环境舒适度、消费满足度、顾客和企业的社会交往程度
		成本节约	经济成本节约、时间成本节约、精神成本节约
	服务因子	创新服务	体验创新、场景创新、物流创新
		物流服务	需求响应速度、时效性、配送质量
		售后服务	服务速度、服务价格、人员素质

---

[1] 魏国伟、狄浩林:《新零售企业竞争力评价指标体系研究》,《经济问题》2018年第6期。

续表

一级指标	二级指标	三级指标	指　标　说　明
竞争力评价指标	联通因子	入口联通	各种入口和渠道,即社交媒体入口、实体店、网店入口、移动渠道、网络渠道、实体渠道的联通程度
		互动联通	企业与顾客互动的频率、互动的深度和互动的广度
		数据关联	竞争者数据、产品数据和消费者行为数据的关联和融通程度
	成长因子	环境感知能力	市场预警能力、环境信息解读能力、产业规律认知能力
		变革创新能力	管理者和员工的素质、核心人才匹配度、技术开发与服务能力、企业技术合作能力
		组织能力	组织的柔性、企业内外部资源整合能力、组织学习能力、跨部门合作能力

二、　零售企业竞争力评价方法

本部分采用层次分析法和模糊综合评价法相结合的方式对永辉和大润发的竞争力进行评价。首先,采用层次分析法确定各级指标的单排序权重和总排序权重,然后利用模糊综合评价法,构建模糊评价矩阵,也叫隶属度矩阵;接着以层次分析法计算的指标权值为权重对模糊评价矩阵进行模糊运算,得到最后的综合评定值,对永辉和大润发的竞争力进行比较。

1.层次分析法

层次分析法是一种简单实用而又不失系统性的分析方法。它将定性分析与定量分析有机地结合起来,首先利用定性分析把复杂的难以测量的问题具象为各个基本要素,并找到要素之间的逻辑关系建立层次结构模型。然后运用定量分析,确定各层要素的相对重要性权重,并据此计算确定出最佳因素或者最佳备选方案。

层次分析法的主要特点有:(1)方法本身的结构性较强,分析过程严谨,可将分析人员的思维过程系统化、模型化、数学化。(2)不需要使用太多的定量数据,但要求分析人员思路清晰,能够准确地把握各要素之间的关系。(3)适用于研究涵盖面较大、涉及指标较多的复杂问题。

新零售作为一种新的零售业态,目前学术界和商界对于新零售的研究都处于一种探索阶段。这意味着本部分研究的问题较为复杂,复杂性主要体现在问题的模糊性和抽象性两方面;也意味着本书可以用的支撑材料十分有限。而层次分析法的三大特性恰好能解决本书所面临的困惑。层次分析法的具体步骤如下:

(1)建立层次结构模型,所谓的层次结构模型,即把所有评价指标按照隶属关系或者统领关系划分为目标层、准则层、指标层。每一层次的指标既隶属于上一层,又统领下一层。从上往下是指标不断具象的过程,从下往上是指标不断抽象的过程。

(2)构造判断矩阵,通过专家打分的方式,对同一层次要素相对于上一层次指标的重要性进行两两比较,比较结果即为判断矩阵。

(3)层次单排序及一致性检验。层次单排序的过程即通过判断矩阵计算出每一层指标相对于上一层某个指标的重要性权值的过程,从数学上来看,就是计算判断矩阵的特征值和特征向量的问题。为了确定单权重的计算结果是否有效,需要对判断矩阵进行一致性检验,常用的一致性检验指标为 CI,一般来说,当判断矩阵具有完全一致性时,CI = 0;CI 越趋近于 0,判断矩阵的一致性越高;CI 越大,判断矩阵的一致性越差,计算结果越不可信。人们也常用一致性比例 CR 来对判断矩阵进行一致性检验,CR 为一致性指标 CI 与平均随机一致性指标 RI 的比值。当 CR<0.1 时,判断矩阵具有较高的一致性。

(4)层次总排序及一致性检验。层次单排序计算的是某一层指标相对于上一层指标的单权重,而层次总排序计算的是某一层指标相对于总指标,即目标层的总权重,层次总排序之后也要进行一致性检验。

2. 模糊综合评价法

模糊综合评价法是在模糊数学的基础上发展起来的。其基本思想是用模糊数学的方法,对受多种因素影响的模糊问题进行量化,最终给出一个系统的、清晰的评价。

模糊综合评价法的主要特点有：(1)通过利用精准的数字化手段对模糊问题进行更加精准的定位；尤其适用于分析涉及的评价因素较多且难以定义的对象系统。(2)使用数学模型对不完全信息、不确定概念进行量化，评价结果科学合理，准确可信。(3)评价结果不仅仅是一个点值，其包含的信息较为丰富，既能精确地刻画分析对象，又能对评价结果进一步加工，得到更多有价值的信息。(4)对各个对象逐一评价，每个对象的评价结果具有唯一性，不受被评判对象所处集合的影响。

就目前而言，学术界和商界对于新零售并没有一个统一的概念，也没有一个可供参考的实践标准，那么新零售企业的竞争力本身就不好定义了，因此我们考虑采用模糊综合评价法对研究对象进行分析，具体步骤如下：

(1)建立因素集 F 和评语集 E。因素集即评价指标的集合，评语集是评价等级的集合。(2)建立隶属度矩阵。隶属度是指某个评价对象在某个指标上被多个评价主体评为某个等级的可能性的大小。(3)确定各指标的权重向量。本部分中各指标的权重是由层次分析法计算得出的。(4)对权重向量和隶属度矩阵进行模糊运算，得出最后的综合评定向量以及综合评定值。

第三节　新零售企业竞争力评价分析

一、　计算新零售企业竞争力指标权重

本部分以永辉和大润发两家具有代表性的新零售企业为研究对象进行竞争力评价。根据对相关文献的梳理以及对新零售发展特点的把握，确定了本部分的指标体系。为相对真实、客观地确定新零售企业竞争力指标权重，本部分设计了第一份问卷(见附录 1)，按照 1—9 成对比较法设定比较尺度，邀请在零售或渠道领域研究比较权威的 15 位专家对这一评价指标的重要性进行

打分。之后求出专家的平均值,并将数据输入层次分析法软件(yaahp10.3)进行计算,其中目标层评价指标矩阵 $\lambda max = 5.1719$, $CI = 0.043$, $RI = 1.12$,则 $CR = 0.0384 < 0.10$,判断矩阵通过一致性检验。同理,准则层也都通过一致性检验,还得到准则层、指标层的权重,如表 7-2 所示。

表 7-2　新零售企业竞争力指标权重

目标层	准则层	权重	指标层	权重
竞争力评价指标	X_1	0.3867	X_{11}	0.5814
			X_{12}	0.1961
			X_{13}	0.2225
	X_2	0.2335	X_{21}	0.5745
			X_{22}	0.2422
			X_{23}	0.1834
	X_3	0.1666	X_{31}	0.4479
			X_{32}	0.3269
			X_{33}	0.2252
	X_4	0.1142	X_{41}	0.4100
			X_{42}	0.3872
			X_{43}	0.2028
	X_5	0.0990	X_{51}	0.3584
			X_{52}	0.4152
			X_{53}	0.2264

数据来源:根据 yaahp10.3 软件计算所得。

本部分的第二份问卷是分别对永辉和大润发两家企业竞争力模糊隶属度进行调查(见附录 2 和附录 3),按照"高、较高、一般、较低、低"(分别对应 100 分、80 分、60 分、40 分和 20 分)对指标层的不同程度进行打分,从而建立模糊综合评价法的评价矩阵。该部分问卷委托专业调查公司进行发放,调研对象为在永辉和大润发消费过的人群,共计发放 450 份,将回答时间过短、漏填的问卷判定为无效并剔除后,最终获得 415 份有效问卷,有效率达到 92.2%,能够满足数据分析需要。

二、 模糊综合评价结果

根据计算获得各指标权重,对收回的问卷数据进行计算得到永辉和大润发两家企业竞争力指标各因子的得分,构建模糊评价矩阵。下文将以永辉竞争力评价为例进行分析:

(1)首先确定因素集 F 和评语集 E 如下:

$F = \{f_1, f_2, f_3, f_4, f_5\} = \{$诚信因子,效用因子,服务因子,联通因子,成长因子$\}$

$f_1 = \{f_{11}, f_{12}, f_{13}\} = \{$安全度,美誉度,真实度$\}$

$f_2 = \{f_{21}, f_{22}, f_{23}\} = \{$产品效用,情感效用,成本节约$\}$

$f_3 = \{f_{31}, f_{32}, f_{33}\} = \{$创新服务,物流服务,售后服务$\}$

$f_4 = \{f_{41}, f_{42}, f_{43}\} = \{$入口联通,互动联通,数据关联$\}$

$f_5 = \{f_{51}, f_{52}, f_{53}\} = \{$环境感知能力,变革创新能力,组织能力$\}$

$E = \{e_1, e_2, e_3, e_4, e_5\} = \{$高,较高,一般,较低,低$\} = \{100, 80, 60, 40, 20\}$

(2)其次对准则层的诚信因子、效用因子、服务因子、联通因子和成长因子进行评判,得到模糊评判矩阵为:

$$R_1 = \begin{bmatrix} 0.17 & 0.61 & 0.16 & 0.04 & 0.01 \\ 0.26 & 0.37 & 0.3 & 0.07 & 0 \\ 0.25 & 0.45 & 0.24 & 0.03 & 0.02 \end{bmatrix} \quad R_2 = \begin{bmatrix} 0.15 & 0.58 & 0.23 & 0.03 & 0.01 \\ 0.11 & 0.34 & 0.41 & 0.12 & 0.01 \\ 0.13 & 0.33 & 0.44 & 0.09 & 0.01 \end{bmatrix}$$

$$R_3 = \begin{bmatrix} 0.14 & 0.47 & 0.31 & 0.07 & 0.01 \\ 0.15 & 0.43 & 0.31 & 0.09 & 0.01 \\ 0.18 & 0.44 & 0.30 & 0.07 & 0.02 \end{bmatrix} \quad R_4 = \begin{bmatrix} 0.10 & 0.52 & 0.31 & 0.05 & 0.01 \\ 0.19 & 0.39 & 0.31 & 0.10 & 0.01 \\ 0.18 & 0.42 & 0.3 & 0.09 & 0.01 \end{bmatrix}$$

$$R_5 = \begin{bmatrix} 0.15 & 0.42 & 0.32 & 0.1 & 0.01 \\ 0.21 & 0.36 & 0.35 & 0.06 & 0.02 \\ 0.17 & 0.45 & 0.3 & 0.07 & 0.02 \end{bmatrix}$$

$$B_{11} = W_{11} * R_1 = (0.5814, 0.1961, 0.2225) * \begin{bmatrix} 0.17 & 0.61 & 0.16 & 0.04 & 0.01 \\ 0.26 & 0.37 & 0.3 & 0.07 & 0 \\ 0.25 & 0.45 & 0.24 & 0.03 & 0.02 \end{bmatrix}$$

$$= (0.2054, 0.5273, 0.2053, 0.0437, 0.0103)$$

同理可得到 $B_{12} = W_{12} * R_2 = (0.1367, 0.4761, 0.3121, 0.0628, 0.0100)$

$B_{13} = W_{13} * R_3 = (0.1535, 0.4453, 0.3077, 0.0790, 0.0123)$

$B_{14} = W_{14} * R_4 = (0.1511, 0.4494, 0.3080, 0.0775, 0.0100)$

$B_{15} = W_{15} * R_5 = (0.1760, 0.4053, 0.3262, 0.0789, 0.0158)$

最后由 $B_{11}, B_{12}, B_{13}, B_{14}, B_{15}$ 组成准则层模糊评价矩阵：

$$R = \begin{bmatrix} 0.2054 & 0.5273 & 0.2053 & 0.0437 & 0.0103 \\ 0.1367 & 0.4761 & 0.3121 & 0.0628 & 0.0100 \\ 0.1535 & 0.4453 & 0.3077 & 0.0790 & 0.0123 \\ 0.1511 & 0.4494 & 0.3080 & 0.0775 & 0.0100 \\ 0.1760 & 0.4053 & 0.3262 & 0.0789 & 0.0158 \end{bmatrix}$$

根据表7-3得到准则层指标权重 $W_1 = (0.3867, 0.2355, 0.1666, 0.1142, 0.0990)$，得

$B = W_1 * R$

$$= (0.3867, 0.2355, 0.1666, 0.1142, 0.0990) * \begin{bmatrix} 0.1982 & 0.5246 & 0.2175 & 0.0495 & 0.0103 \\ 0.1291 & 0.4661 & 0.3197 & 0.0752 & 0.0109 \\ 0.1568 & 0.4412 & 0.3110 & 0.0799 & 0.0131 \\ 0.1472 & 0.4415 & 0.3098 & 0.0836 & 0.0154 \\ 0.1736 & 0.3966 & 0.3323 & 0.0830 & 0.0182 \end{bmatrix}$$

$$= (0.1672, 0.4758, 0.2764, 0.0679, 0.0121)$$

归一化后得 $B' = (0.1673, 0.4761, 0.2766, 0.0679, 0.0121)$，因此在新零售企业竞争力评价中，有16.73%的消费者认为永辉竞争力高;47.61%的消费者认为其竞争力较高;认为其竞争力一般的有27.66%;认为其竞争力较低的

有 6.79%;剩余 1.21% 的消费者认为永辉的竞争力水平低。

同时根据评语集 E=(100,80,60,40,20) 可以得到永辉竞争力总体评价得分 C=B*VT=74.4 分,同理可得到永辉竞争力各因子得分,以及大润发竞争力各因子和总体评价得分,具体情况见表 7-3:

表 7-3 竞争力评价结果汇总表

企业	诚信因子	效用因子	服务因子	联通因子	成长因子	竞争力得分
永辉	77	73.19	72.84	72.84	73.07	74.4
大润发	78.75	74.22	73.47	73.67	74.94	76

数据来源:通过计算得到。

第四节　永辉和大润发竞争力评价结果分析

一、 永辉超市竞争力评价结果分析

如表 7-3 所示,永辉超市的竞争力综合得分为 74.4,诚信因子、效用因子、服务因子、联通因子、成长因子的得分分别为 77、73.19、72.84、72.84、73.07。从整体评分结果来看,永辉超市的竞争力处于中等偏上水平,其中得分最高的是诚信因子,得分最低的是服务因子和联通因子。

1. 诚信因子分析

就诚信因子而言,永辉作为国家级的流通企业,自成立之初,便一直坚守对社会的承诺,努力做百姓的永辉,做民生的超市,并积极践行"引领现代农业,守护百姓健康"的使命。永辉始于"农超对接",更关注食品安全和产品质量,为了打造新鲜的永辉,其积极促进农产品结构的改革与升级,优化进口水果、无公害果蔬、肉蛋类等一系列生鲜专区专柜。为了打造顾客放心的永辉,永辉实行精细化管理,在卫生环境、员工服务、支付效率、隐私安全、优惠活动、促销手段等方面进行全面提升,以期为顾客提供百分之百的服务。将近20年的积累,在顾客心中,永辉已经成为了"安心、放心、省心、真心"的代名词。

2. 效用因子分析

永辉的效用因子得分为73.19,处于中等偏上的水平。永辉超市是我国"农改超"的典范,它既保留了传统农贸市场品类齐全、价格低廉、产品新鲜的特点,又一改传统农贸市场在消费者心中"杂、乱、脏、差"的印象,依据国外同行业的标准,对灯光照明、服务技术、冷藏保鲜设施、陈列台等进行技术升级,给消费者营造了一个干净舒适的购物环境。较好地满足了消费者在产品和情感上的需要。此外,更值得一提的是永辉特有的采购模式,永辉采用全国统采和区域直采相结合的模式,全国统采,充分利用规模优势,增加议价筹码。且永辉拥有"专业买手"团队近1300人,他们拥有丰富的采购经验,能够准确把握生鲜产品的集散点,使得永辉超市的产品种类更加丰富、产品质量更加有保障。直采模式,减少了中间环节,有效降低了生鲜产品的损耗率和进货成本,使得产品更加新鲜,实现真正意义上的物美价廉。满足了消费者在成本节约上的需要。不过,尽管永辉的传统服务能力较强,供应链优势明显。但在新零售的时代背景下,消费者的需求在变,零售商的服务能力也需要变。永辉利用技术和数据整合供应链、提升消费者体验、精准定位消费者需求的能力还需要进一步提升。

3. 服务因子分析

本部分从创新服务、物流服务、售后服务三方面来评价永辉的服务能力,这三方面对永辉服务能力的相对重要性权重分别为0.4479、0.3269、0.2252,说明作为新零售企业,传统的服务能力已经不能很好地满足同行业竞争的要求了,企业和消费者越来越关注的是适合新零售形式的新服务能力,如创新服务、物流服务。永辉作为老牌零售商,其拥有完善的售后服务体系,但是其在创新服务和物流服务的建设上仍不完善。就创新服务而言,首先,永辉的新零售尚处于发迹和探索阶段，一些场景创新、体验创新形式尚未广泛应用。如：经调查，只有 7.62% 的人在永辉超级物种上购买过商品。其次，创新服务是基于技术和数据推动下的体验创新、场景创新、物流创新。而根据访谈也得知永辉的大数据获取和应用能力还在培育中，渠道之间、数据之间的割裂，使得永辉精准定位顾客需求的能力不足，进而导致了服务创新的能力不足。就物流服务而言，根据调查显示，在关于永辉在物流配送上有哪些地方需要进一步改进的提问中，有 51.43% 的人选择了订单响应速度，有 76.67% 的人选择了配送的时效性，有 45.71% 的人选择了配送质量，有 28.1% 的人选择了配送追踪。而且在问到永辉今后的新零售布局应该更重视哪一个环节时，有 1/4 的人选择了物流，说明目前永辉的物流配送能力距离消费者的期望仍有一定的差距。

4. 联通因子分析

就联通因子而言，本部分分别从入口联通、互动联通、数据关联三个方面来评价永辉的联通能力，这三个维度对于永辉联通能力的相对重要性权重分别为 0.5745、0.2422、0.1834。从中可以看出，入口联通是影响永辉联通能力高低的关键因素。具体来看，永辉现有的终端形式分为线上和线下两部分，线上有自营电商：永辉生活 APP，第三方电商平台：京东官方旗舰店；线下有：红标店、绿标店、精标店、会员店、超级物种。尽管终端形式丰富多样，但各个渠道之间无法做到互融共通、信息共享。渠道冲突和渠道稀释效应明显。就目前而言，永辉只有极少部分的线上渠道可以与实体店打通形成闭环。线上渠道之间更是难以融合。这一点从消费者的调查数据也可以看出，从问卷调查结果来看，仅有 30% 多的人认为永辉的渠道协同程度较其他零售商好。不仅如此，2018 年 7 月永辉云创的剥离可能给永辉线上线下的融通带来更大的挑战。另外，永辉的数据化建设尚不成熟，根据汪旭晖等人的研究，永辉的线上平台：永辉生活 APP、永辉全球购 APP、永辉京东到家的数据不共享。这些都较好地揭示了永辉在联通因子上得分较低的原因。

5.成长因子分析

永辉具有较强的环境感知能力和变革创新能力,在新零售的形势尚不明晰之际,永辉便联手各大零售巨头和物流、金融等服务商大刀阔斧地变革现有的商业模式。过去一到两年,永辉快速开创新业态、新业务、新领域。利用技术赋能线下门店,联合京东发展线上业务。背靠腾讯,利用大数据打通线上线下,精准定位消费者需求,打造高效的供应链体系。表面上,永辉是在盲目地扩张和抢夺流量,但实际上,永辉是在为整个新零售转型做准备。在经历了连续三年利润下滑之后,2019 年,在新零售第一阶段的布局基本完成之后,永辉前期的投入终于得到了回报。根据永辉 2019 年一季度报告,2019 年一季度永辉营收 222.35 亿元,比去年同期增长 18.48%,净利润 11.23 亿元,比上年同期增长 50.28%。这充分说明永辉已经成功迈开了新零售转型的第一步,在接下来的日子里,永辉即将进入新零售"下半场",进行供给端改革,而目前,由于永辉在发展线上业务是以借助第三方平台力量为主,所以,无法全面把控在会员、营销、支付、物流等方面管理的主动权,尤其是物流配送能力和数字化能力亟待提升(根据访谈信息汇总)。不过,有强大供应链和独特的经营模式作为支撑,相信永辉在同行业竞争中能够超群绝伦。

二、 大润发竞争力评价结果分析

根据表 7-3 的竞争力得分情况,不难看出两家新零售企业各因子竞争力得分相差不大,但大润发的总体情况要优于永辉。其中大润发的竞争力得分为 76 分,五个因子的得分依次为 78.75、74.22、73.47、73.67、74.94,处于中等水平。虽然大润发在 2018 年全面开启新零售布局以及线下实体店的数字化改造,但是目前有很多模式仍旧处于探索阶段,还需要时间来检验其效果,同时消费者的感知也会存在一定时滞,未来还有很大的成长空间。尤其是要补短板,尤其是在得分较低的服务因子、联通因子上继续下功夫。

1. 诚信因子分析

从大润发竞争力评价结果可以看到,目前诚信因子的得分是最高的。大润发在内地经过 22 年的发展,经营版图遍布全国 29 个省市及自治区,在国内零售业享有较高的知名度,消费者对企业的服务满意度也相对较高。包括"完善的售后服务"在内的 14 条服务承诺是大润发对消费者做出的保证,不遗余力地让消费者体验到真实的服务,提升顾客的获得感与满足感。根据问卷数据分析可得到,反映诚信因子的安全度、美誉度与真实度的权重分别为 0.5814、01961、0.2225,这说明作为消费者对消费环境和过程的安全性比较重视,尤其是移动支付、人脸识别等新技术的运用,使顾客担心自己的消费隐私数据会被泄露。在调查大润发的互联网赋能方案中,仅有 6% 的消费者选择"通过数据洞察消费者行为和兴趣偏好",从侧面说明消费者对企业数据搜集与运用行为的担忧,今后大润发运用消费者大数据进行精准营销时,应该重视对消费者数据的保护,用安全的数据服务来赢得消费者的掌声。

2. 效用因子分析

效用因子分析得分为 74.22 分,其中产品效用、情感效用与成本节约的权重分别为 0.5745、0.2422、0.1834,虽然零售企业都在通过特色服务、较好的购物体验来获得差异化竞争优势,但产品是一切消费者感知服务评价的基础。由于大润发管理层团队有相当比例都有经营工厂的背景,这些管理层所建立的工业化流程和制度让大润发的标准化和品控做得十分到位,同时大润发管理层通过"365 无休巡店"让企业的标准化达到极致,有效保证了产品的质量。

除工业化外,大润发的供应链和货品管理在业界颇具优势,首次开拓生鲜食品市场,与供应商建立良好的关系确保"质优价廉"的商品传递到消费者手中。阿里运用大数据提升了大润发的商品力,对消费者实现精准画像,这使企业的营销策略更加精细化,更能够满足消费者的需求,大大节约消费者的成本,价格优势、搜索的便利化大大降低了顾客让渡总成本,间接提升了消费者的价值获得感,但是目前大润发大数据的边际效用仍然没有完全发挥出来,还有待于进一步提升,未来数据将是大润发差异化竞争优势的重要来源。

3.服务因子分析

大润发竞争力中服务因子得分为 73.47,是全部因子中得分最低的。作为老牌零售商,线下实体店已经形成成熟的服务流程与模式,但是如何推动服务线上化,给予消费者更好的体验,大润发一直在探索与创新。对于创新服务、物流服务、售后服务的权重分别为 0.4479、0.3229、0.2252,本部分主要探究的是零售企业在向"新零售"转型升级过程中的竞争力评价,而依托于数据赋能的新零售重在增强对消费者的体验满足的能力,因此创新服务是消费者最看重的要素,也是大润发树立差异化的源泉。通过访谈得知,大润发通过在卖场内设置品牌的快闪体验区、智能母婴区等帮助大润发提升客流量、品类升级和增强体验,并帮助品牌获取新客,多渠道提高顾客的满意水平。

体验是消费者购物过程中的一环,也是评价一个企业服务成败的试金石。大润发与苏宁合作,在线上推动"智慧零售"的发展,运用科技手段,让消费者有更深的体验感,而线下实体店更注重品牌展示、使用体验以及挖掘消费诉求的功能。在分析中发现有超过 50% 以上的调查者认为大润发在物流配送上应该重视配送的时效性和订单的响应速度,这将进一步提升消费者对物流服务的体验感,用服务来塑造差异化。

4.联通因子分析

从表 7-3 中可以看出,大润发联通因子的得分为 73.67,属于中等水平。大润发正是在消费需求与市场环境变化的背景下,开始企业的渠道变革之路。大润发作为传统零售的代表,精耕线下渠道,同时在 2013 年成立"飞牛网"开辟线上渠道,线上展示,线下体验,凭借独特的顾客管理经验,成功实现引流。正是对线下顾客流的抓取,使得大润发能够在线下实体店做租赁商,这也成为大润发线下渠道很重要的一部分收入来源。

2015 年,自营网络"飞牛网"与第三方平台"飞牛商城"结合,共同推动大润发的 O2O 模式发展。与苏宁的合作,一方面是拓宽大润发 3C 品类,另一方面是能够实现对顾客数据的全方位管理,同时与苏宁易购的线上数据的链接,有利于企业的大数据管理。而大润发通过具有丰富的线下运营经验以及较强应变能力的管理者,迅速将收集到的数据变现,从而有效降低运营管理成本,提升效率。

5.成长因子分析

新零售本质上是对传统零售的一场进化革命,是对"人、货、场"的重构。表 7-3 中大润发成长因子得分为 74.94,处于中等偏上的水平。2018 年,大润发对线下超 100 家店铺进行"数字化改造",探索新零售发展模式。通过此次改造,大润发将会员管理、支付、库存、营销以及供应链管理融为一体,为企业获得更清晰的画像,实现精准营销,新零售逐渐成为大润发新的增长引擎。

欧尚与大润发市场重合度较高,受制于双方独立的采购与运营体系,使得两者的协同效率不高,因此高鑫零售开始推动大润发协助欧尚升级 IT 系统和整合供应链,将双方的商品端与物流配送端打通,增强企业内部资源整合能力。2019 年,大润发将企业的发展定位到"提升效率、内部协同以及会员积累"上,加快线下实体店数字化改造与升级步伐。而在线下商业模式创新上,大润发与盒马鲜生合作开发"盒小马"店,其定位于"生鲜+精选+线上线下一体化",类似的小店业态满足了消费者的精选服务需求。同时与阿里的合作还为大润发带来了资本、技术、先进的管理理念等,这将进一步提升大润发对市场变化的感知能力,增强对零售业发展的认知能力。

综合来看,大润发整体竞争力略高于永辉,但是两家企业之间的差距不大。这主要是因为目前零售企业纷纷在探索转型,尤其是在阿里和腾讯两大资本力量的加入后,新零售的发展呈现多极化、多模式特点,都在对零售行业进行"解构"与"重构"。目前是零售业创新商业模式、数字化改造的关键时期,实践效果具有时滞性,未来还需要进一步的检验。

三、 比较分析

从表 7-3 中可以看出,永辉和大润发的竞争力得分均在 75 左右,在同行业中处于中等偏上水平。从各分项指标来看,得分最高的均为诚信因子和效用因子,得分最低的均为服务因子和联通因子,成长因子介于两者之间。这与本部分的指标设计和选取密切相关。在五个评价因子中,诚信因子和效用因子的评价属性更倾向于传统的竞争力评价指标,服务因子和联通因子更适合于新零售企业的竞争力评价,而永辉和大润发正处于新零售的转型时期。作为传统的零售巨头,经过多年的经营和悉心培育,永辉和大润发的品牌形象、商品价值、顾客服务已经得到了大多数消费者的认可和信赖。但作为新零售企业,永辉和大润发的新零售服务能力明显不足。

在过去的一到两年内,永辉联手京东、腾讯,大润发携手阿里,积极探索零售新形式,解锁零售新业态。一方面,积极进行线上渠道的开拓,另一方面,对线下实体店进行改造升级,甚至是打造新的零售物种。不管是永辉云创、大润发优鲜,还是会员管理、品类升级,抑或是永辉超级物种、盒小马,都是对需求端的改造。但正如王宝义所说,新零售表面是零售渠道的变革,但本质上将重构整个供应链。所以各大零售巨头的跑马圈地行为仅仅停留在新零售布局的"上半场",即互联网引发的"场"的变化。真正意义上零售效率的提升在于"下半场",即对供给端的变革。所以,永辉和大润发虽然洞察先机,但是对新零售的探索尚未成形。各项能力,如创新能力、物流配送能力、大数据应用能力、渠道协同能力均有待提升。尤其是数字化能力和物流配送能力,数字化是驱动供应链整合的关键力量,而物流配送是供应链得以高效运行的保障。

从永辉和大润发的服务因子和联通因子的竞争力得分来看,二者目前的物流配送能力和数字化能力尚不能很好地满足新零售"下半场"布局的需求,这是永辉和大润发成长能力受限的主要原因。但是就永辉和大润发自身而言,它们既有敏锐的环境感知能力和自我革新的勇气,又有传统零售巨头积淀的实力,发展潜力不可小觑。

纵向比较来看,大润发的综合竞争力及各分项能力比永辉略高。永辉和大润发在零售行业扎根多年,无论是硬实力还是软实力,都是整个行业的典范。两者在竞争力上基本是势均力敌。大润发的综合竞争力之所以高于永辉,有以下三个方面的原因:

1. 进入零售行业的时间更长。大润发 1997 年进入大陆,永辉成立于 2001 年。相比永辉,大润发在零售行业盘踞的时间更长,综合实力更强,大润发曾连续八年蝉联大陆商超行业第一,在供应链管理、成本控制以及商业模式上,都比永辉更加成熟。在零售资源占有率和消费者认可度上也要高于永辉。

2. 触网更早。早在 2013 年大润发便开始向线上发力,投资设立 B2C 电子商务网站"飞牛网"。飞牛网自上线以来,其目标就定位在线下商超在短期内还不能完全覆盖的二三线城市,一方面拓展了大润发的线上渠道,另一方面提高了大润发的市场覆盖率。为了更好地开展线上业务,大润发建立了完善的配送体系,以店为仓,实现了门店周围 3 公里以内 1 小时送达的配送效率。除此之外,飞牛网通过线上订单为大润发积累了大量的用户数据。所以,相比于当时还是纯线下零售商的永辉来说,拥有电商基因的大润发在线上服务、渠道协同、大数据建设、物流配送上明显更胜一筹,在新零售转型中更加得心应手。

3. 阿里入股高鑫零售,成为大润发进行新零售变革的重要推手。2017 年和 2018 年上半年的新零售布局实际上是以"阿里苏宁系"和"京腾辉系"两大阵营主导的零售资源争夺战。2017 年 11 月 20 日,阿里巴巴入股高鑫零售,大润发加入"阿里苏宁系"的新零售阵营。阿里作为新零售的领军者,促进产品及经验数据的共享。在阿里的支持下,大润发在门店布局、产品结构、供应链管理、数据化建设、物流配送、支付方式等方面进行了全面的改造。阿里的进入,如同为大润发打造了一条通向新零售的高速公路。携手阿里巴巴,使大润发在新零售转型中如虎添翼。

2015年京东以43.1亿元入股永辉超市,2017年腾讯入股永辉成为永辉第二大股东。永辉在加入"京腾辉系"阵营之后,借助京东的线上服务能力和腾讯的社交流量、资本力量以及数字化能力,在新零售变革的路上也是一路小跑。但是稍逊于大润发的是,阿里和大润发的联手,可谓是前人栽树,后人乘凉。而永辉和京东、腾讯联手的每一步都需要自己不断地去试错、去探索、去铺路,在发展速度上自然赶不上大润发。另外,阿里充分发挥其"平台化"的特征和"轻资产"的优势,在整个新零售布局中,牢牢占据主导地位。而反观"京腾辉系",重资产的模式使其在转型中步履蹒跚,目前尚处于一种与阿里对标、进行模仿与学习的状态。

第五节　结论与启示

在多变的市场环境下,传统零售企业如何实现破局,实现高质量发展是研究的焦点。而本部分正是在对零售企业研究成果梳理的基础上构建了竞争力指标评价体系,对永辉和大润发两家企业在进行新零售转型升级过程中的竞争力进行评价研究。主要得到如下结论:

第一,通过本部分构建的新零售企业竞争力评价指标,其中具体的因子对竞争力影响的权重有差异,依次为诚信因子>效用因子>服务因子>联通因子>成长因子,说明诚信因子是最重要的。虽然现在的零售企业一直不断提升服务能力,给予消费者更好的体验,但无形的服务需要好产品、良好的信誉来支撑,产品力是服务力的充分条件。

第二,永辉与大润发作为传统零售业的佼佼者,高知名度、成熟的管理经验、差异化的定位以及独特的服务使两家企业竞争力较高。虽然最近几年受到线上零售的强烈冲击,但是两家企业积极进行线上布局,同时在阿里和京腾进驻后,开始进行新零售改造,此时服务因子和联通因子对竞争力的作用得以显现,物流服务、全渠道变革、消费者体验创新和大数据的应用都将是未来发挥的方向。两家企业在各个因子上有差异,比如永辉应该在服务因子和联通因子上补短板。

传统零售的转型升级之路是曲折的,实现高质量发展还需要:

1.用技术提升效率

移动互联网时代下,效率关乎企业的生死,而新兴技术的运用极大地促进零售效率的提升。移动支付、人脸识别推动着交易制度的变革,提升门店的销售效率;线下智能化升级改造,对消费数据的运用能够很好地提升门店营运效率;现如今新零售的发展已经由上半场的"跑马圈地"进入下半场的"资源整合"。供应链系统已经成为制约企业发展的瓶颈,通过技术对供应链条进行升级改造,从生产源头到消费者全程数字化,供应链数字化系统的建设大大提升了供应链效率。

2.提升零售服务能力,增强消费者体验感

从永辉和大润发的竞争力得分中不难看出,服务因子是最低的。多样的消费需求以及差异化的个体,使得服务质量难以保证100%的满意。线上渠道的开拓对物流服务的要求相对较高,零售企业新的模式应该围绕构建前置仓开展:一是线上引流之后将产品快速投递到消费者手中;二是将线下店打造成前置仓,便捷、快速的物流服务将有力地支撑新零售多种模式的发展。无论线上线下如何协同发展,零售企业都需要注重从消费者需求出发来提升其体验价值,增强企业的服务能力。

3.打通渠道连接的壁垒,真正让数据"说话"

零售线上线下的边界越来越模糊,如今的零售已经走过单渠道、多渠道,逐渐走向以消费者为中心、线上线下融合的全渠道新阶段。零售企业应该以提升供应链效率、重构消费体验、延伸消费场景为契机来实现渠道间的融合,最终构建包含业务、数据和技术在内的智慧中台系统,为零售企业全局规划、支撑零售业务信息化应用的柔性拓展,为建设智慧商业提供强有力的技术支撑。新零售的前期非常推崇新技术的运用,商品数字化、服务数字化以及顾客的数字化改造,使得零售企业获得了庞大的消费数据,但是这些数据资源的应用上没有达到帕累托最优效率,潜力有待进一步挖掘。零售企业要明确数据处理的意义在于精准化营销,一方面帮助顾客节省搜索时间等成本;另一方面通过数字化营销使企业的活动更能满足消费者的需求,这也是塑造差异化的主要来源。

第八章　提升零售业竞争力的
对策建议

第一节　国内外零售企业提升竞争力的
经验借鉴

零售企业的竞争力大小,关系到企业的生存与发展,零售企业的竞争力是企业在某方面超越竞争对手、支撑其可持续发展的一种或几种能力的总和。成本领先和差异化是零售企业提升竞争力的常用战略。零售业竞争力水平参差不齐,学习竞争力强的企业的实际做法,有利于企业提高自身竞争力。以下以沃尔玛作为外资零售企业的代表,胖东来作为内资零售企业的代表,剖析各自的竞争力来源。

一、零售行业巨无霸——沃尔玛

沃尔玛由美国零售业的传奇人物山姆·沃尔顿于 1962 年在阿肯色州成立。经过 57 年的发展,沃尔玛公司已经发展成为世界 500 强企业以及最具价值的品牌。现在的沃尔玛已经不再满足于实体零售店,转而开始在线上渠道发力,在零售业务中不断应用新技术,降低流通成本,提升运营效率。至 2018 年,沃尔玛市值 3237 亿美元,当年营收达到 5003 亿美元①,是当之无愧的零

---

① 刘悦、周默涵:《环境规制是否会妨碍企业竞争力:基于异质性企业的理论分析》,《世界经济》2018 年第 4 期。

售巨无霸。沃尔玛通过履行"为顾客省钱,从而让他们生活得更好"这一重要使命,实施成本领先战略不断提升沃尔玛的竞争力,尤其是技术在沃尔玛的转型中扮演着十分重要的作用。

1. 零售技术

技术应用上,沃尔玛利用美国市场强大的消费群体,推出手机移动支付功能和自助结账服务,不断满足消费者对"移动快车,扫码走人"的便捷购物需求,既提升了企业的信息化水平,又降低了企业的人力成本。同时,为进一步提升消费者的购物体验,沃尔玛将 AR 功能引入到购物场景中,让消费者带上装备能够快速找到需要购买的产品,并能够实现不同门店商品价格的自我比对功能,当消费遇上高科技,从而为消费者提供高性价比的满意产品。在线下门店中,为进一步提升门店管理效率,沃尔玛引入货架机器人对商品进行管理,同时还将补货和采购等信息有效连接起来,进一步推动零售自动化水平,实现精细化管理。

2. 物流技术

沃尔玛线上业务在 2018 年的增长率达到 43%,虽然与亚马逊相比差距较大,但其发展值得沃尔玛继续投入资源。[①] 对于线上电子商务业务来说,物流是最重要的要素之一,沃尔玛在上世纪 70 年代建立了物流管理信息系统(MIS)对公司的运输系统进行合理规划。同时,还与修斯公司合作发射物流通信卫星,大大提升了在全球的物流配送效率,为全球化采购提供技术支持。在线上渠道方面,沃尔玛专注于收购在线卖家平台,不断提升数字销售能力。同时为了节省消费者的等待时间,沃尔玛试点基于 JIT 物流技术的"定点取货测试服务",消费者线上下单,路边线下店就能取货,这种服务形式比送货上门的成本更低,对于消费者来说,既节省了时间,又能解决包裹丢失问题;对沃尔玛来说,这能够获得顾客额外的消费。"线上订单+线下配送"的模式,既构

---

① 参见李肖鸣:《零售学》,清华大学出版社 2000 年版。

建了一个完善的销售闭环,也实现了数据端口的有效连接。沃尔玛通过收购物流平台 Parcel,利用无人机等新物流技术的应用,有效解决"最后一公里"的配送问题。并且收购印度电商巨头 Flipkart 77%的股份为契机,加快在美国市场线下无人便利店的布局,沃尔玛将"当日达"作为解决线下配送的目标,利用大数据建立完善的物流配送网来减少消费者的响应时间,增强其满意度。

沃尔玛通过先进的技术及对供应商很好的议价能力带来的成本优势,成为零售业的巨头。

二、 服务界的精英——胖东来

沃尔玛在美国市场的成功可归结为许多因素,线上线下协同发展、物流、新技术的应用以及独具特色的全球采购模式等,帮助其实现"天天平价",将价格作为独具特色的属性定位点是沃尔玛的经营之道。但是对消费者来讲,购物体验过程的完整性和舒适度也十分重要,这就需要企业在消费服务上下更大的功夫。

对国内零售业来说,如何在群雄逐鹿的市场中谋求发展,一直是企业重点关注的,在回归零售本质的引领下,服务水平的提升所带来消费体验感的增强是提升零售竞争力的重要手段。而胖东来作为在消费者服务领域做的较成功的企业,其服务背后的故事需要我们进一步挖掘。"不要为了经营而经营"胖东来董事长的一句话,说出了企业发展的真谛,当企业不再将利益作为首要且唯一的评价目标时,那么就离成功不远了,也正是在这样的理念指引下,胖东来在商业上以及顾客心目中获得了成功。

1.为顾客服务

零售业是直接面对消费者的行业,顾客的信任与口碑就是企业发展的基石。胖东来一直注重"用真品换真心",通过与生产基地建立直采协议来实现对每件产品的溯源追踪,确保消费者买得放心、吃得舒心。同时线下消费最看重的就是体验的过程,一流的购物环境,清晰的商品分类节省了顾客的搜寻成本,专业化的服务人员以及独特的服务措施,尽可能地站在消费者的角度去完善购物过程,这样细致的服务让消费者感受到了"家"的温暖以及受尊重的感觉,增强了消费者的认同感。同时胖东来给予顾客许多额外的免费服务,共计84项,比如修车、裁剪衣服、免费鉴定等,正是这些服务在无形之中增加了消费者的实际获得感,也让顾客更加切实地感受到了消费过程的完整性,使顾客的满意度更高。服务的质量不在大小,而在于消费者需要的时候能够及时提供,胖东来对细节的极致追求已经让顾客无法再提出更苛刻的要求了,人性化设计与服务让每位顾客的购物之旅是愉快的。

2. 为员工服务

零售业作为直面消费者的行业,一线员工的服务会直接影响顾客的满意度,而如何让员工为消费者提供更优质的服务,如何实现"快乐工作、美好生活",并让员工长久留下来是于东来作为管理者所关注的。他坚信不能让功利主义抹杀员工的幸福和应有的快乐生活,为此在2012年胖东来实行"周二闭店制"以及"春节五天假期"等打破行业常规的创举。这让员工在胖东来感受到了尊重,以企业为家的理念深深地根植于每一位员工心目中。

"爱在胖东来"诠释了于东来的经营哲学,一个功利主义至上的企业是无法让员工无私地"爱"企业、"爱"老板。这就需要让员工先学会爱自己,珍视自己、珍惜当下,树立自己良好的形象,建立起自己的尊严,才能知道爱别人、维护别人的尊严。其次从自身出发,爱自己的团队和企业,以及面对的消费者,这种从内而外散发出的"爱"将会为顾客提供更好的服务,这也是企业为员工服务的精髓所在。

3. 为供应商服务

于东来认识到自己作为零售业的一员,服务的对象不仅仅是消费者与员工,还有作为产品来源的合作单位以及供应商,"尊重、合作、服务、共同提升进步"是胖东来与供应商合作的原则,合作不是一方唱独角戏,尤其是在现今多变的市场环境中,竞争已经不再是单个企业的事情,而是整个供应链的竞争。于东来认为,在企业的经营中不能忽视供应商,通过帮扶建立一种稳固的关系,让他们提供更优质的产品,同时也能得到丰厚的回报,实现互利共赢,这就是胖东来的服务经营哲学。

胖东来独特的服务造就了差异化竞争优势,使其在众多零售企业中脱颖而出,荣膺"2018 中国零售服务十佳标杆企业",用心诠释了零售企业的核心软实力——服务。

三、 小结

沃尔玛与胖东来作为零售行业的代表,一个通过强大的技术优势及全球集采能力实现"天天低价",另一个通过无微不至的"服务"获得持久竞争优势,他们都找到了属于自身的特殊定位,并且能够始终站到消费者的角度去思考和解决问题,这也是当代零售企业提升竞争力的来源——理解消费者。就如同于东来所理解的,企业经营应该永远坚持创新进步,保持先进性,但并非哗众取宠,而是与时俱进,对先进文化和创新科技从善如流,能够做到此举的零售企业也定然能够获得成功。

第二节　零售业竞争力提升的机理分析

通过前面章节的实证分析结果和相关文献研究,得出影响零售业竞争力的影响因素、驱动因素,画出提升零售业竞争力的机理图(见图 8-1),主要从渠道变革角度和零售业的时空质均衡发展的角度分析。

近 20 年来随着改革开放的深入,伴随外资零售巨头的入驻、网络零售的高速发展,零售业竞争力高低对企业发展至关重要,竞争力的培育直接关系到企业的生死存亡、蓬勃发展。零售业竞争力主要指零售企业自身独具优势的、能够超越竞争对手、为其可持续发展提供竞争力的各种资源和能力的总和。竞争力对零售企业而言是有价值的、稀缺的、不易被对手所模仿的。根据前面

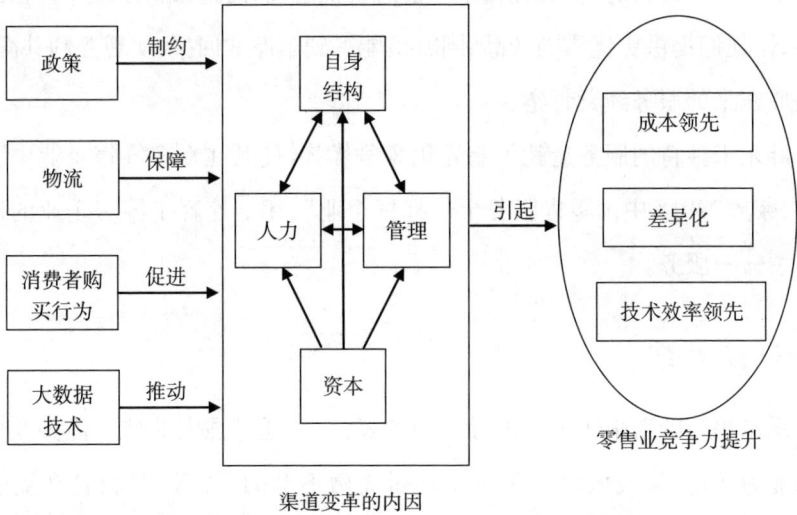

渠道变革的内因

图 8-1　基于渠道变革、时空质均衡发展提升零售业竞争力的机理

的分析及相关文献研究可知,零售业竞争力的来源主要有三个方面:成本领先的竞争力、差异化竞争力、技术效率领先的竞争力。

渠道变革的内因主要是资本力量、人才、管理和企业自身结构因素。资本力量是零售企业进行渠道变革的基础,人才和管理是零售企业进行渠道变革的关键驱动力,企业自身结构主要是指零售企业目前的业态结构,企业自身的人力资源、资本实力、管理能力都会对企业业态等结构的发展变化产生影响。

驱动零售企业进行渠道变革的宏观因素主要体现在四个方面:政府政策的监督指导力、物流业的保障力、消费者购物行为的促进力、人工智能与大数据技术的推动力。政策因素对零售企业进行渠道变革起到宏观指导作用,物流业的快速发展为零售企业进行渠道变革提供保障,消费者购物行为的变化对零售企业进行渠道变革起到了促进作用,人工智能与大数据技术的广泛应用有效推动了零售业的渠道变革。

下面详细分析各个因素的作用。

首先,基于成本领先的零售企业竞争力,要求企业从产品研发、设计生产、销售服务等环节能最大限度地压低成本,加强成本管控,通过降低原材料采购成本、规模化生产等形式来实现低于竞争对手的价格,占有市场,获取高于行业平均利润的超额利润。但是成本领先要和价格最低相区别,避免陷入价格战,成本领先优势为企业在制定产品低价时创造了条件,但低价的前提是保证产品品质,而不是以低价为目的,成本领先的动力是节约,即以相同的投入获得更大的产出,降低成本要全员参与,从生产经营的全过程进行控制。零售巨头沃尔玛就具有成本领先的竞争力,它的采购直接跟工厂对接,获取最低的商品进价,低于同行2%—6%,各门店从总部订货到实现补货周期为2天,而竞争对手要4—5天才能实现补货一次。在物流成本控制方面,沃尔玛拥有自建物流车队,商品运往各家门店的费用占商品总成本的比例只有3%,而竞争对手则高达4.5%—5%。这些做法都造就了沃尔玛的天天低价。

其次,基于差异化的零售企业竞争力,指的是零售企业通过向消费者提供具有特色的产品或服务,形成自身在整个行业内所独有的东西,形成与竞争对手相区别的竞争优势,这是企业采取的一种基于差异化的定位,其中差异化的来源可以是商品、服务、营销、品牌形象、店址、购物环境等。具有差异化竞争力的零售企业能让消费者明显感受到这家企业与同类其他企业的不同,形成独特的印象。零售业内有很多靠差异化优势制胜的标杆企业,在服务方面,银泰、超市发、胖东来等都受人称道,京东提供的到家服务方便了消费者。前面的案例分析中也显示了永辉的生鲜特色,都为业界所称赞,很多企业纷纷学习效仿,但是对于企业真正的差异化竞争力,是很难学到的,是企业经过多年的积淀内化为企业的核心竞争能力。

而基于技术效率领先的零售企业竞争力,反映出零售企业追求的高质量发展,注重自身在技术、人才等内生变量的改进和提升,而不是片面追求规模的扩大、店面数量的增加等粗放型指标。技术效率领先的零售企业,投入产出比高,企业绩效高。前面的案例零售巨头沃尔玛除了在成本领先方面有优势外,技术方面也更胜一筹。它是全球第一个拥有商业卫星,使得全球4000多家门店可以短时间(1个小时)对各种商品的库存情况、上架状况、销售情况全部盘点一遍。技术的优势,推动了其信息化管理的高度发展,沃尔玛与供应商之间能做到销售信息、物流信息、订货信息实时共享,与门店销售、订货保持同步。在全渠道积极发展的今天,更是靠技术对传统零售企业进行赋能、升级,自动货架、自助结账、刷脸支付、RFID电子标签等,越来越广泛的应用于零售企业运营实践中,有助于提升企业技术效率。从长远看,技术效率领先将会为零售企业的持续发展注入竞争活力,成为企业竞争力的不竭源泉。

渠道变革的内因方面,根据前文各章节的实证分析结果,主要从资本力量、人才、管理、企业自身结构等四个方面进行分析。

其中,资本力量是零售企业进行渠道变革的基础,资本实力雄厚的企业,往往容易吸引优秀的人才,实施先进的管理手段和方法,根据市场变化及企业自身发展需要进行必要的渠道变革,对于传统零售企业而言,自建网络渠道是需要大量的资本做后盾的,相反,一些中小零售企业,资本实力不强,产品数量有限,顾客数量有限,其业态形式相对简单、单一,只有当它发展壮大以后,积累了一些资源和经营优势,才有必要和实力进行渠道变革,满足更多的消费者需要。零售上市公司多是资本实力强的大型企业,它们在进行渠道变革时,更适合选择多业态的形式达到均衡、高质量发展。

人才和管理是零售企业进行渠道变革的关键驱动力,由第五章的实证分析结果可以看出,零售效率的投入冗余表现在员工人数和员工工资方面,由第六章的实证分析可以看出,零售效率受到总资产周转率、存货周转率的正向影响,而零售效率代表了零售业的高质量发展,零售企业进行渠道变革的关键离不开懂得新零售规则、掌握新零售技术的复合型人才,渠道变革需要对不同渠道进行协同管理,才能避免渠道冲突,提高渠道运营效率。

企业自身结构主要是指零售企业目前的业态结构,是超市业态、百货业态、专业店、购物中心、网店还是几种业态的组合,企业自身的人力资源、资本实力、管理能力都会影响到企业自身结构的发展,一般而言,企业人力资源较强、资本雄厚、管理高效都有利于企业向多业态发展,走线上、线下渠道融合的协同发展道路,不同业态突出自身的功能,线下店重视体验、沟通、物流驿站、服务,线上店重视便利、效率。反之,企业自身结构对人才和内部管理又提出了相应的要求,不同的业态结构对零售人才及管理技术都有不同的要求,新消费背景下,全渠道是零售企业转型的终极方向,当前广大的中小零售企业都在这条路上探索,多渠道零售是多数企业的实施现状,全渠道零售要求企业采用大数据营销管理技术。

驱动零售企业进行渠道变革的宏观因素主要体现在四个方面:政府政策的监督指导力、物流业的保障力、消费者购物行为的促进力、人工智能与大数据技术的推动力。具体而言,各种力量对零售业渠道变革的驱动如下。

首先,政策因素对零售企业进行渠道变革起到宏观指导的重要作用,同时,政府对企业的行为进行监督管理,保证市场秩序的正常运行。零售业的发展离不开政府的支持,2016 年 11 月,国务院发布《关于推动实体零售创新转型的意见》,从建立标准规范、整合市场资源、建立数据应用机制、营造公平税收环境、创新企业经营机制 5 个方面,提出 16 项具体举措,推动传统零售企业实现转型升级。紧接着,2017 年,商务部等相关部门又相继出台了跨境电商零售监管、商贸物流发展"十三五"规划等政策。此外,为促进区域协调发展,政府对东北部、中西部的扶持发展政策,也有利于这些地区零售业实现时空均衡发展。

物流业的快速发展为零售企业进行渠道变革提供了保障,传统零售企业开通网络渠道后,伴随支付手段的改进和完善,商品能否及时、安全地配送到消费者手中,及物流的最后一公里问题成为彰显零售企业竞争力的重要方面。近年来,以京东到家为代表推出的以物流为主要优势的全新商业模式,已经在一线城市全面铺开,也为广大中小零售企业开展线上业务提供了很好的解决方案,获得消费者认可。对于西部及农村地区,由于基础设施较落后,成为制约物流业的主要障碍,加快这些地区的物流基础设施建设,打通城市和农村,线上和线下的通路,也是促进零售业时空均衡发展的重大举措。

消费者购物行为的变化促进了零售企业进行渠道变革,消费者不再局限于在固定的时间去实体店购物,而演变成随时随地随心购物,尤其对城市的年轻消费者,更是依赖网购,吃穿用等全部一网打尽,基本上消费者能想到的,网上都能满足。因此,传统零售商为了跟上消费者的购买行为的变化步伐,就要加速网络渠道的大力发展。网络零售,节省了消费者的购物时间和体力成本,通过点击不同的页面,实现短时间内多个产品的对比选购,借助智能手机的指尖购物更是已经普及,并受到越来越多消费者的欢迎。

人工智能与大数据技术的广泛应用推动了零售业的渠道变革,为传统零售业转型插上了翅膀,零售业是受益新技术最多的行业。借助人脸识别技术,零售企业可以捕获消费者多个属性数据,更准确地进行客流分析、精准营销;大数据赋能传统零售企业,促进了不同渠道之间的融合、打通了线上线下会员系统,升级了消费者的购物体验,真正实现以消费者为中心,促进了零售企业的高质量发展。

总之零售业要达到时空质均衡发展,需要外部因素的拉力及企业内部因素的推力,进行必要的渠道变革,才能朝着成本领先、差异化、技术效率领先为标志的竞争力提升方向努力。

第三节　提升零售业竞争力的建议

根据前文的分析,并结合竞争力的相关理论,企业竞争力的提升受到外界环境因素和内部企业自身因素的双重影响,因此下面主要从政府和零售企业两个层面对进行渠道变革的传统零售企业如何达到时空质均衡发展,如何提升自身竞争力提出几点建议。

一、 政府层面

零售企业要实现时空质的均衡发展,离不开政府的宏观指导,政府的作用主要是给进行渠道变革的零售企业提供政策和制度层面的支持,以下主要从政府层面提出几点建议。

1.持续扩大内需,多举措提高居民可支配收入,增强居民消费能力

2018年,消费对经济增长的拉动作用更加突出,服务业对经济增长贡献率达到60%。零售业的繁荣发展离不开百姓的光顾,零售业是最接近消费者的行业,消费者只有钱包里有钱了,才有消费欲望和消费能力,零售业的产出才能增加,零售业的竞争力才能得到提升。

2.不断完善物流、物联网等零售业配套基础设施的建设

随着多渠道、全渠道零售的普及发展,零售业对物流的依赖性加强,物流关乎到产品能否安全及时地送达到顾客手中,带给顾客良好的体验。为促进零售业在地区间发展尽可能实现均衡,国家可以在全国范围内的交通枢纽城市增设物流中转中心,对于西部地区和农村地区,可根据地区实际,布局建设下一级物流中心;加快落后地区的铁路、公路等道路网络建设,扩大移动网络在广大农村地区的覆盖面。

3.完善法律法规体系建设

对零售业的监管主要靠政府及相关部门制定相应的行业规范对各零售企业及零售行为进行督导,为零售业发展创造开放、公平的营商环境。2016年11月,商务部等10部门关于印发《国内贸易流通"十三五"发展规划》;2019年1月1日,商务部颁布的《中华人民共和国电子商务法》;2019年4月,还有很多地方性法规,都为零售业的健康发展指明了努力方向,并约束了行业行为。但零售业发展变化非常快,有很多新的问题、难题出现,而且我国的法制化程度相对落后,在此过程中,政府应密切关注零售业的动态发展,为其发展做出相应的政策指引。

二、 企业层面

零售企业通过渠道变革实现竞争力的提升,主要通过自身的改变来实现,以下从企业自身的角度提出几点建议,供企业参考。

1.重视技术的作用

人工智能、移动社交、大数据、虚拟现实、物联网、云计算、3D 等新技术彼此交汇、相互影响,加速了零售业的数字化、智能化改造步伐,促进了零售企业在售前、售中、售后多个环节发生变革。技术是驱动零售革命的原动力,技术进步推动了行业的升级与突破,零售新技术使零售业进入消费者主权时代。新技术的应用,能更好地满足消费者全天候、全渠道的购买行为,节约了消费者的购物时间,提升了消费者的购物体验。相对于发达国家的零售企业,我国零售业信息化水平低,新技术应用范围小,导致零售业的服务成本较高、服务效率低,零售业竞争力不强。为此,我国零售企业应重视技术对企业发展的重要作用,技术尤其指数据技术(data technology),是可以挖掘消费者、企业等数据价值的"商业资源",这场零售革命的根本在于对数据的深度挖掘与应用,发现消费者的需求。

首先,对于资金实力雄厚的大型零售企业集团,可以成立专业的研发部门,每年可以增加在技术方面的研发创新投入,加大对电子交易系统(EDI)、无线射频技术(RFID)、自动补货系统(CRP)、数据挖掘(DM)、视频客服系统、高效消费者回应系统(ECR)、自助结算系统(SCS)等现代化信息技术,有利于企业形成持续性技术创新。

在进行渠道变革的进程中,零售企业的技术部门将发挥巨大作用,有实力的大型零售企业通过自身的技术部门自建网络平台进行个性化经营,自己组织专业人员经营、维护,本书第六章选择的零售企业均已自建官网,自建官网有利于零售企业进行线上线下业务的营销协同(包括产品、价格、促销等),并可以节约在公共平台上发放广告、置顶商户、推送信息等成本。除了官网,借助互联网技术,开发社交商店、移动微店等,形成以消费者为中心的零售体系,培养用户思维。

其次,对于广大的中小型零售企业,虽然自主研发会受到资金和人才的限制,但也不能放松对零售技术的追求,最便捷的做法是可以求助第三方的大数据公司,为企业量身定做适合自身发展和实际的零售变革,比如阿里、腾讯、京东、用友等都可以帮助传统零售企业进行数字化改造,实现交易的数字化、门店的数字化,进行线上线下的双向融合,如海鼎信息为百联的线上业务、盒马外卖都设计出满足自身需求的个性化解决方案,助力其向新零售转型,闪电购为中商集团、中百集团等实体零售企业建立全渠道中台,开发个性化的 APP 和购物小程序,进行会员的数字化升级,密切了店铺与会员之间的关系,增强彼此的黏性;并且,借助消费者的年龄、偏好、消费层等大数据信息,可以描绘出消费者具有立体感的用户画像,掌握消费者的心理特点、消费习惯和消费偏好,洞察消费者需求并进行匹配,丰富了消费者标签内容,对其进行商品的个性化推送,实现精准营销,提高零售企业经营效果。

中小零售企业在开拓线上渠道时,多是进驻第三方平台,也即互联网商圈"淘宝""京东"等,利用平台积累的流量优势,如淘宝天猫有 5 亿到 6 亿的活跃用户,降低获客成本;甚至有些传统零售企业委托第三方大数据企业进行网络平台的运营,这样可以节省自建平台的研发时间和经营成本,减轻传统零售企业缺乏网络销售经验的经营风险,但客观上也失去线上经营的一些自主权。

在新零售的浪潮下,无人零售的出现,正是技术在零售领域的极致应用,依靠 AI 视觉识别,顾客可以实现刷脸进店;商品的价格不再是纸签,而是 ESL 电子价签,实现价格的实时管理;结账时通过 RFID 自动识别,取缔了传统的收银台及刷脸支付,店内虚拟试衣镜、虚拟化妆台、自助取货塔等所组成的智慧零售场景,颠覆了传统的零售门店,同时带给消费者别样的体验,由于无人商店利用技术代替了部分人工,大大降低了零售业的运营成本,提高了零售企业的效率,这也回答了第五章中零售效率低是员工人数冗余造成的。但同时,也要清醒地认识到，技术只是工具和手段，不能完全替代人工，技术赋能零售业，一定程度上提高了零售业的效率，但是，脱离人工只谈技术，无异于空中楼阁。

2. 提高内部管理能力

管理代表了企业的软实力，管理包括了对人、财、物、信息等管理对象的管理，反映零售业质量发展的技术效率更是与管理能力高度相关，卓越的管理能带给企业高效、持续的竞争力，有利于企业降低成本、提高效率。大数据时代，企业内部的管理决策不能再靠过去的经验和直觉制定，而要以精准的数据分析为决策依据，从管理者到员工，都要以决策科学化为目标，创新管理决策方式。

大数据时代零售运营要始于数据，终于数据，要求销售管理人员在对企业线上线下广告数据、产品销售数据、用户数据、竞品数据等多维数据进行充分分析的基础上结合市场变化进行精准的销售预测，从而优化产品组合、价格策略、渠道策略、促销组合，精细化管理落到实处，提高整个供应链效率。

具体而言，产品管理包括准确选择适销对路的商品、优化商品品类，选择商品可以依据商品定位、市场动态变化、商品生命周期预测，在产品的类别上，不同渠道之间可以采取渠道区隔策略；价格策略有别于传统的基于产品成本、顾客接受价格等因素的简单定价，基于消费者支付意愿的差异化定价成主流；渠道管理方面，由于数字技术的介入，渠道长度日趋缩短，层层的经销商结构逐渐被直销取代，企业与顾客接触的机会增加，同时，随着实体渠道、移动渠道、网络渠道的联通，企业对渠道的管理需要加强，防止各渠道各自为政、互相独立，要打造消费者无缝的购物体验，不同渠道之间要协同和统一；促销策略上，传统的大众媒体电视、广播、纸媒等的传播效率下降，让位于移动互联网时代以智能手机为载体的小屏传播，传播内容丰富、形式多样，更加强调顾客互动参与，不同渠道间的促销可以产生互动效应、相互引流；而且，大数据、云计算技术描绘出消费者的精准画像，出现了千人千面的个性化展示，使得消费者的个人商店产生了，消费者主权得以落实，天猫、京东等根据不同消费者的浏览历史数据,会对每个消费者推送的广告内容更具个性化,使企业的广告推送更精准,提高了客户的转换率和成交率。

　　财务管理方面主要体现在对资金的管理和利用,由第七部分得出影响多渠道零售企业效率的微观因素包括资产负债率、总资产周转率等指标,合理的资产负债水平体现企业良好的融资能力和抗资金风险能力,较高的总资产周转率反映出企业对资产的有效管理,体现了企业的资产管理水平较高。

　　库存管理方面,企业对库存的有效管理,可以采取供应商管理库存 VMI(Vendor Managed Inventory)或者是客户管理库存 CMI(Customer Managed Inventory),确保库存地点合适,避免造成局部地区库存积压,尽量保持低库存,提高存货周转率,加快对存货资产的变现能力。人员管理在下面的部分有详细说明。

　　技术的发展为实现高效管理提供了便利的工具,尤其是一些软件的应用,如 OA、ERP、钉钉等,助力企业建立高效的信息管理系统,提高组织的管理能力和反应速度,大润发这一零售巨头 2018 年全面实施新零售改造,5 个区,400 家门店,十几万员工都使用智能移动办公平台——钉钉,大大提高了沟通效率。

　　此外,在当前开放包容的市场环境下,我国零售企业应该积极引进和加强学习,借鉴国外先进零售企业的管理经验和管理手段,增强企业的竞争实力。

3. 零售人才的开发与管理

　　商业模式变革的原动力始于技术革新,而开发和运用新技术的人力资源应当就是商业模式变革实施的关键资源。在零售业的各种要素中,人是关键性因素,人具有主观能动性,不仅是零售业的技术进步与应用,而且零售企业的经营理念和管理创新,都需要专业化人才的培养。2010 年开始,零售业对人才的要求从专一性人才向综合性人才转变,既懂生鲜运营又懂精细化管理,既懂实体店经营又懂得线上经营,既懂零售技术又熟悉运营规则,既有国际视野又有现代理念的跨学科的复合型人才。零售业要取得高水平发展,就对人才提出了更高的要求。《2018新零售人才发展白皮书》显示,在新零售发展的浪潮下,很多企业根据时代发展要求,设立和新零售相关的岗位,涵盖了新零售运营、产品经理、物流专员、业务总监等各个方面的职务。

第五章对零售效率的投入冗余分析中也得出员工人数和员工工资两项指标存在冗余,都体现出零售企业在人才管理中所存在的问题。为此,零售企业需加大对零售人才的开发与管理。

首先,在企业内部建立员工培训体系,人力资源部要针对不同层次的员工,开展对应的培训学习,培训部真正承担起提高员工素质的职责,基层员工要重视服务能力和具体业务素质的培养,中高层员工要重视经营管理能力的培养,实现零售人才的专业化成长,同时要学习零售行业日新月异出现的变化,打造全员学习型组织。对于一线的店员,尤其要重视对他们的培训,门店员工是最直接接触消费者的人,其销售方法、技巧、现场反应力、对顾客的服务能力等直接决定了顾客对商品的成交率,甚至让消费者产生很多额外消费,而这些正是电商的短板,门店员工恰恰是实体零售企业的宝贵资源。

其次,面对零售人员高流动的现象,很多企业人才流失严重,企业要在人才的使用过程中,不断提高员工待遇,营造良好的工作环境,完善员工激励机制,激发员工的工作热情,调动起员工的工作积极性,想方设法留住人才。

此外,零售企业应该主动积极与高校及科研院所展开多层次、多方面的人才培养内涵建设,企业与高校可以联手共同开发适应"新零售"发展需求的课程体系,包括学生适应未来就业的基本能力、职业生涯发展能力的课程。使学生在校期间多接触有关岗位操作学习的课程,学生毕业后真正就业时更加得心应手。实战派企业家与理论派教授可以联合对学生进行培养,一方面企业导师可以为校企合作培养学生进行技术指导,同时企业也可以聘请院校教师为企业在职员工进行理论培训,提升员工的专业素质水平。

还可以通过参加有关行业协会开展的资格认证培训和专题培训作为企业内部在职培训的补充,这方面,可借鉴日本、美国等发达国家的做法,通过制定一套流通从业人员的培训机制,要求流通从业人员参加职业培训并通过考试获得资格证书后才能上岗,这在一定程度上提高了零售业的就业门槛,有利于人员素质的提升。

总之,零售从业人员素质的提高是零售业现代化进程和零售业竞争力提升的原动力。

4.加强服务,回归零售的本源

在零售业百花齐放的时代,零售企业不能盲目跟风,片面追求概念和模式,而要打造以提供优质商品和服务为根基的价值型企业而不是概念型企业,回归零售更好地服务消费者、提升消费者的体验、真正实现以消费者为中心的本源,这一本源指的就是服务。

技术固然重要,但技术毕竟是为人服务的,只有能提高管理效率,满足消费者更好体验的技术才是有价值的。零售行业通过技术实现对传统的供应链体系及营销体系的优化,通过技术缩短了传统的冗长低效的顾客反馈体系。零售业经历了数次革命,但都离不开商品经营和顾客服务这两个主题,这才是零售的本质,而技术可以优化商品组合、并使服务更加高效,使零售人能更好地用爱心、细心带给顾客温暖和感动,做更有温度的服务,成为全社会幸福的推动力量。

售前服务指零售企业可以借助大数据的精准营销为顾客推送有针对性的产品或信息,吸引顾客主动购买,主要围绕向顾客提供满足其需要的商品展开;售中服务包括为顾客提供良好的购物环境,现场引导顾客购买,结账时自助收银代替部分人工收银,为顾客提供更自由的购物体验,售中服务除了企业的硬环境很重要外,现场销售人员对顾客的一对一服务同样重要;售后服务主要是企业对顾客做出的承诺,包括提供产品质量保证、免费送货、安装和调试、三包服务、技术培训、上门维修、定期检修、以旧换新、特殊服务、顾客投诉处理、向顾客赠送小礼品等。新零售背景下,顾客对于物流的要求更高,很多年轻顾客习惯从线上购买,希望零售企业能尽快将产品送达,零售企业如京东有自建物流的优势,利用京东到家,可以做到生鲜及部分超市商品 2 小时内送达,对于广大的中小型零售企业可以与第三方物流企业合作,或者与京东到家合作,2 小时送达,也可让消费者选择线上下单,线下就近取货。通过售前、售中、售后,零售企业建立起完善的服务体系。

零售商超及购物中心,是与顾客高频互动的购物场景系统,完善的服务体系,周到、贴心、暖心的服务,虽然不能直接提高零售业商品的利润,但从长远看,却能够带来持续的交易流量,形成持久的顾客忠诚,提高顾客回购率和客单价。

5. 根据自身资本及规模实力,选择适合的渠道变革模式

随着"80"后"90"后新兴消费群体的崛起,消费者的购买习惯已发生彻底改变,中国的整个商业环境也发生了巨大变革,实体零售、网络零售从最初的对立、冲突逐渐走向融合发展,全渠道、新零售为代表的新商业模式已成为零售业发展的共识,传统零售企业面对这一冲击与挑战,只有拥抱变化,主动变革,才不会被时代所淘汰。

企业在不同的发展阶段,应根据自身的资本及规模实力,选择适合自身发展的渠道变革模式,而不能盲目跟风冒进,过于强调线上,由于电商红利的消失导致电商营销等各项成本费用居高,可能会因过度烧钱对企业的资金链产生负面影响。因此,对企业自身而言,线上线下的发展既要考虑外部动态变化的市场环境因素,更要结合企业自身的发展实际,合理布局线上线下业务,线上线下业务合作共赢、互相配合,各自利用自身的优势促进企业整体的发展,尤其传统零售企业有实体经营的天然优势,开辟线上渠道后,更加如虎添翼。一般而言,随着市场需求的增加,传统零售企业可以重点建设线上渠道,而将线下渠道的体验、服务等功能发挥好,扩大线上渠道的销量。随着市场需求的减少,传统零售企业可以重点建设线下渠道,而将线上渠道的产品宣传、展示功能发挥好,将顾客引流到线下渠道实现购买。

对于规模较小、资本实力不强的传统零售企业,不要盲目开辟网络渠道,等待自身资本和规模达到一定程度,线下渠道已不足以满足自身发展要求时,可以优先选择借助第三方平台的现成流量资源开展自己的网络零售业务;而对于规模大、业态丰富、资本实力雄厚的大型零售企业集团,要走在零售变革的前沿,引领零售企业发展,积极发展线上渠道,创新新型业态模式,与电商平台头部企业合作和自建网购平台相结合来拓展线上渠道,实现线上线下的真正融合,提高传统门店的销售额和竞争力。

参考文献

一、中文文献

1. 蔡爱玲等:《我国中部地区不同等级城市零售业空间布局特征研究》,《北京大学学报》2018 年第 5 期。

2. 蔡昉、王德文、王美艳:《工业竞争力与比较优势:WTO 框架下提高我国工业竞争力的方向》,《管理世界》2003 年第 2 期。

3. 陈昌兵:《各地区居民收入基尼系数计算及其非参数计量模型分析》,《数量经济技术经济研究》2007 年第 1 期。

4. 陈红华、徐芬:《基于不同 O2O 模式的实体零售商融合策略》,《中国流通经济》2017 年第 10 期。

5. 陈建东:《按城乡分解我国居民收入基尼系数的研究》,《中国经济问题》2010 年第 4 期。

6. 陈健:《我国零售业空间分布及其影响因素研究》,浙江工商大学 2015 年硕士学位论文。

7. 陈壮:《中国连锁零售业区域差异测度及影响因素研究》,厦门大学 2014 年硕士学位论文。

8. 戴平生:《区位基尼系数的计算、性质及其应用》,《数量经济技术经济研究》2015 年第 7 期。

9. 戴翔:《中国制造业国际竞争力——基于贸易附加值的测算》,《中国工业经济》2015 年第 1 期。

10. 丁凤娇:《基于移动互联背景的传统行业企业商业模式研究》,《决策论坛——如何建立科学决策机制理论研讨会论文集》,2015 年。

11. 董晓舟、晁钢令:《多渠道零售企业 O2O 战略的协同效应研究——基于顾客 RFM 面板数据的实证分析》,《外国经济与管理》2018 年第 8 期。

12. 杜睿云、蒋侃:《新零售:内涵、发展动因与关键问题》,《价格理论与实践》2017 年第 2 期。

13. 段文斌、董林辉:《中国零售业的组织演化:现状与发展趋势》,《南开经济研究》2005 年第 5 期。

14. 樊秀峰、王美霞:《我国零售企业经营效率评价与微观影响因素分析——基于 22 家百强零售上市公司的实证》,《西北大学学报》(哲学社会科学版)2011 年第 3 期。

15. 范海芹:《品牌竞争视角下零售企业流通渠道选择分析》,《商业经济研究》2018 年第 22 期。

16. 方虹、冯哲、彭博:《中国零售上市公司技术进步的实证分析》,《中国零售研究》2009 年第 1 期。

17. 冯华:《永辉超市核心竞争力探讨》,《物流技术》2012 年第 22 期。

18. 冯燕芳、陈永平:《"互联网+"环境下零售企业营销效率影响因素研究——基于消费体验需求的分析》,《价格理论与实践》2018 年第 5 期。

19. 顾乃华、毕斗斗、任旺兵:《中国转型期生产性服务业发展与制造业竞争力关系研究》,《中国工业经济》2006 年第 9 期。

20. 郭曦、郝蕾:《产业集群竞争力影响因素的层次分析——基于国家级经济开发区的统计回归》,《南开经济研究》2005 年第 4 期。

21. 郭燕、吴价宝、王崇、卢珂:《多渠道零售环境下消费者渠道选择意愿形成机理研究——产品类别特征的调节作用》,《中国管理科学》2018 年第 9 期。

22. 郭燕:《消费者跨渠道购买行为形成机理及其调控策略研究》,中国矿业大学 2016 年博士学位论文。

23. 韩彩珍、王宝义:《"新零售"的研究现状及趋势》,《中国流通经济》2018 年第 12 期。

24. 何永达、赵志田:《我国零售业空间分布特征及动力机制的实证分析》,《经济地理》2012 年第 10 期。

25. 胡鞍钢、魏星、高宇宁:《中国国有企业竞争力评价(2003—2011):世界 500 强的视角》,《清华大学学报》(哲学社会科学版)2013 年第 1 期。

26. 胡莹莹、赵玲、范思:《跨渠道环境下习惯的双重影响及动态演化机制研究》,

《管理学报》2018 年第 4 期。

27. 胡正明、王亚卓：《基于中国多渠道情境下消费者购买选择研究》，《东岳论丛》2011 年第 4 期。

28. 黄漫宇、李圆颖：《零售企业全渠道发展水平对经营效率的影响路径及效应研究》，《北京工商大学学报》（社会科学版）2017 年第 6 期。

29. 黄珍：《实体零售企业的顾客关怀与关系产出——基于顾客体验的中介效应》，《中国流通经济》2017 年第 8 期。

30. 黄珍：《北京店铺零售企业核心竞争力提升途径研究》，《北京工商大学学报》（社会科学版）2011 年第 7 期。

31. 贾根良、张峰：《传统产业的竞争力与地方化生产体系》，《中国工业经济》2001 年第 9 期。

32. 贾康、程瑜、张鹏：《中国大型零售业现状、趋势及行业发展战略设想》，《经济研究参考》2017 年第 46 期。

33. 贾平：《零售企业核心竞争力分析及战略调整》，《财贸经济》2006 年第 4 期。

34. 蒋亚萍、任晓韵：《从"零售之轮"理论看新零售的产生动因及发展策略》，《经济论坛》2017 年第 1 期。

35. 金碚、龚健健：《经济走势、政策调控及其对企业竞争力的影响——基于中国行业面板数据的实证分析》，《中国工业经济》2014 年第 3 期。

36. 金碚：《资源环境管制与工业竞争力关系的理论研究》，《中国工业经济》2009 年第 3 期。

37. 来玉申：《消费者价值链的理论构建和实证分析研究》，《中国流通经济》2013 年第 12 期。

38. 雷兵、赵梦佳：《线上与线下零售企业投入产出效率评价研究》，《统计与信息论坛》2015 年第 5 期。

39. 李飞、李达军、孙亚程：《全渠道零售理论研究的发展进程》，《北京工商大学学报》（社会科学版）2018 年第 5 期。

40. 李飞：《全渠道零售的含义、成因及对策——再论迎接中国多渠道零售革命风暴》，《北京工商大学学报》（社会科学版）2013 年第 2 期。

41. 李飞：《迎接中国多渠道零售革命的风暴》，《北京工商大学学报》（社会科学版）2012 年第 3 期。

42. 李桂华、刘铁：《传统零售商"优势触网"的条件与权变策略》，《北京工商大学学报》（社会科学版）2011 年第 5 期。

43. 李金铠：《中国内外资零售企业竞争态势比较分析》，《商业经济与管理》2006年第5期。

44. 李克卫：《供应链管理对提升企业核心竞争力的研究分析》，《现代商业》2016年第8期。

45. 李仉辉、康海燕：《基于客户价值的零售企业竞争力体系探讨》，《华东经济管理》2014年第1期。

46. 李子文、刘向东、陈成漳：《基于随机前沿模型的中国零售业技术效率影响因素研究》，《中国流通经济》2016年第11期。

47. 刘昊龙、王晓辉：《基于价值链和突变级数法的零售企业竞争力测评》，《商场现代化》2014年第3期。

48. 刘林青、黄起海、闫志山：《国家空间里的能力加值比赛——基于产业国际竞争力的结构观》，《中国工业经济》2013年第4期。

49. 刘颖：《关于西部零售业发展的思考》，《商业时代》2008年第28期。

50. 刘勇、汪旭晖：《对全国30个地区零售行业效率的分析》，《统计与决策》2007年第18期。

51. 刘悦、周默涵：《环境规制是否会妨碍企业竞争力：基于异质性企业的理论分析》，《世界经济》2018年第4期。

52. 路风、张宏音、王铁民：《寻求加入WTO后中国企业竞争力的源泉：对宝钢在汽车板市场赢得竞争优势过程的分析》，《管理世界》2002年第2期。

53. 马存：《企业动态能力评价研究》，华中科技大学2011年硕士学位论文。

54. 马顺福、闵宗陶：《零售企业的竞争力分析》，《中国流通经济》2002年第6期。

55. 马永斌：《全渠道模式下服装企业O2O路径研究》，《现代管理科学》2018年第1期。

56. 牛志勇、王军：《基于消费者购买成本的多渠道零售商价格竞争与均衡分析》，《软科学》2018年第5期。

57. 彭晖：《中国零售产业区域竞争力的比较研究》，《北京工商大学学报》（社会科学版）2016年第4期。

58. 齐永智、张梦霞：《全渠道零售：演化、过程与实施》，《中国流通经济》2014年第12期。

59. 钱丽娟：《我国中部地区零售业竞争力测度分析》，《商业经济研究》2016年第21期。

60. 任成尚：《全渠道整合对消费者满意度的影响研究：基于消费者感知赋权的视

角》,《上海管理科学》2018 年第 1 期。

　　61. 任晓丹:《零售行业上市公司竞争力评价研究》,《特区经济》2015 年第 7 期。

　　62. 芮明杰:《产业竞争力的"新钻石模型"》,《社会科学》2006 年第 4 期。

　　63. 沈国兵、李韵:《全球生产网络下中国出口竞争力的变化及其成因——基于增加值市场渗透率的分析》,《财经研究》2017 年第 3 期。

　　64. 石志红:《全渠道零售视角:传统零售企业渠道整合水平研究》,《商业经济研究》2018 年第 10 期。

　　65. 苏永彪:《零售企业的竞争力研究——以价值链为视角》,《商业经济研究》2016 年第 7 期。

　　66. 孙永波、王振山、杨洁:《零售企业竞争力影响因素分析——基于互联网时代分水岭》,《商业经济研究》2015 年第 34 期。

　　67. 汪旭晖等:《从多渠道到全渠道:互联网背景下传统零售企业转型升级路径——基于银泰百货和永辉超市的双案例研究》,《北京工商大学学报》2018 年第 4 期。

　　68. 汪旭晖、李燕艳:《多渠道零售商的定价策略研究》,《价格理论与实践》2012 年第 3 期。

　　69. 王宝义:《"新零售"的本质、成因及实践动向》,《中国流通经济》2017 年第 7 期。

　　70. 王宝义:《我国"新零售"实践回顾与展望》,《中国流通经济》2019 年第 3 期。

　　71. 王琛、黄凯悦:《互联网时代四大突破助力传统零售业走出困境》,《中外企业家》2016 年第 5 期。

　　72. 王卫东、季成:《零售银行经营的关键要素及 Bank4.0 时代的对策研究》,《新金融》2018 年第 10 期。

　　73. 王晓东、丛颖睿:《零售业国有资本效率研究——基于所有制改革视角的分析》,《中国流通经济》2016 年第 4 期。

　　74. 王子青:《基于基尼系数的东中西部收入差距测算及原因分析》,安徽大学 2014 年硕士学位论文。

　　75. 魏国伟、狄浩林:《新零售企业竞争力评价指标体系研究》,《经济问题》2018 年第 6 期。

　　76. 魏后凯、吴利学:《中国地区工业竞争力评价》,《中国工业经济》2002 年第 11 期。

　　77. 吴锦峰、常亚平、候德林:《多渠道整合对零售商权益的影响:基于线上与线下的视角》,《南开管理评论》2016 年第 2 期。

78. 吴志强:《基尼系数分解的测算与分析》,《统计与决策》2017 年第 1 期。

79. 夏萍:《企业核心竞争力内涵的再诠释》,《中央财经大学学报》2003 年第 5 期。

80. 徐健、汪旭晖:《中国区域零售业效率评价及其影响因素:基于 DEA-Tobit 两步法的分析》,《社会科学辑刊》2009 年第 5 期。

81. 徐宽:《基尼系数的研究文献在过去八十年是如何拓展的》,《经济学(季刊)》2004 年第 4 期。

82. 杨波:《我国零售业上市公司经营效率评价与分析》,《山西财经大学学报》2012 年第 1 期。

83. 杨慧、刘根:《从价值链角度架构零售业竞争力》,《北京工商大学学报》(社会科学版)2016 年第 4 期。

84. 杨银海、赵建建:《金融危机对我国地区经济冲击东强西弱》,《数据》2009 年第 4 期。

85. 杨玉娇等:《浙江省区域网络零售经济差异时空格局及影响因素》,《商业经济研究》2018 年第 8 期。

86. 姚兴华:《山东省中小物流企业竞争力评价研究》,《山东财经大学学报》2015 年第 2 期。

87. 易艳红、冯国珍:《基于财务视角的不同业态零售企业核心竞争力实证分析》,《企业经济》2013 年第 7 期。

88. 余佳能:《移动互联网对中国零售业效率的影响研究》,浙江工商大学 2017 年硕士学位论文。

89. 曾成:《湖南省零售业竞争力评价与影响因素研究》,山西财经大学 2018 年硕士学位论文。

90. 张春香:《基于钻石模型的区域文化旅游产业竞争力评价研究》,《管理学报》2018 年第 12 期。

91. 张丹:《全渠道零售转型背景下企业品牌传播创新研究》,山东大学 2017 年硕士学位论文。

92. 张沛然、黄蕾、卢向华、黄丽华:《互联网环境下的多渠道管理研究——一个综述》,《经济管理》2017 年第 1 期。

93. 赵霞、荆林波:《网络零售对地区经济差距的影响:收敛还是发散?》,《商业经济与管理》2017 年第 12 期。

94. 赵彦云、秦旭、王杰彪:《"再工业化"背景下的中美制造业竞争力比较》,《经济理论与经济管理》2012 年第 2 期。

95. 郑淑蓉:《科技是现代零售业竞争力提升的推动力量》,《商业经济文荟》2006年第 1 期。

96. 朱红军、汪辉:《"股权制衡"可以改善公司治理吗? ——宏智科技股份有限公司控制权之争的案例研究》,《管理世界》2004 年第 10 期。

97. 朱瑞庭、尹卫华:《全球价值链视阈下中国零售业国际竞争力及政策支撑研究》,《商业经济与管理》2014 年第 9 期。

98. 祝合良:《新世纪提高我国零售企业竞争力的基本思路》,《经济与管理研究》2005 年第 4 期。

99. 庄贵军:《营销渠道管理》(第三版),北京大学出版社 2018 年版。

100. 庄贵军:《营销管理——营销机会的识别、界定与利用》,中国人民大学出版社2015 年版。

二、英文文献

1. Ailawadi K.L., Farris P.W., *Managing multivariate and omni-channel distribution: metrics and research directions*, Journal of retailing, 2017, pp.120-135.

2. Alfred D., Chandler, Takashi Hikino, *Scale and Scope: The Dynamics of Industrial Capitalism*, Boston: Belknap Press of Harvard University Press, 1994.

3. Baum J.A.C., Dobbin F., *Firm Resources and Sustained Competitive Advantage*, Journal of Management, 2009, pp.3-10.

4. Beck N., Rygl D., *Categorization of Multiple Channel Retailing in Multi-, Cross and Omni-Channel Retailing for Retailers and Retailing*, Journal of Retailing and Consumer Services, 2015, pp.170-178.

5. Bell D.R., GallIno S., Moreno A., *Offline showrooms in omnichannel retail: demand and operational benefits*, Management science, 2017, pp.1629-1651.

6. Berman B., Thelen S., *AGuide to Developing and Managing a Well-integrated Multi-channel Retail Strategy*, International Journal of Retail & Distribution Management, 2004, pp.147-156.

7. Cao L., Li L., *The impact of cross-channel integration on retailers' sales growth*, Journal of Retailing, 2015, pp.198-216.

8. Cartwright W.R., *Multiple linked "diamonds" and the international competitiveness of export-dependent industries——The New Zealand experience*, Management International Review, 1993, pp.55-71.

9. Dhruv G., Anne L., *Roggeveen J., The future of retailing*, Journal of Retailing, 2017, pp.1-6.

10. Dunning J.H., *Internationalizing Porter's Diamond*, Management International Review, 1993, pp.7-15.

11. Eisenhardt K.M., *Martin J.A., 2000. Dynamic capabilities: what are they?*, Strategic Management Journal, 2000, pp.1105-1121.

12. Fare R., Grosskopf S., Norris M., *Productivity growth, technical progress and efficiency change in industrialized countries*, American Economic Review, 1997, pp.1040-1044.

13. Frambach R.T., Roest H.C.A., Krishnan T.V., *The Impact of Consumer Internet Experience on Channel Preference and Usage Intentions Across the Different Stages of the Buying Process*, Journal of Interactive Marketing, 2007, pp.26-41.

14. Frasquet M., Descals A.M., Ruiz-Molina M.E., *Understanding loyalty in multichannel retailing: The role of brand trust and brand attachment*, International Journal of Retail & Distribution Management, 2017, pp.608-625.

15. Gabriele Santoro, Fabio Fiano, Bernardo Bertoldi, Francesco Ciampi, *Big data for business management in the retail industry*, Management Decision, 2018.

16. Grant R.M., *Prospering in dynamically competitive environments: Organizational capability as knowledge integration*, Organization Science, 1996, pp.375-387.

17. Gulati R., Garino J., *Get the Right Mix of Bricks & Clicks*, Harvard Business Review, 1999, pp.107-114.

18. GUPTA A., MITTAL S., *Measuring retail productivity of food & grocery retail outlets using the DEA technique*, Journal of Strategic Marketing, 2010, pp.277-289.

19. Herhausen D., Binder J., Schoegel M., et al, *Integrating bricks with clicks: retailer-level and channel-level outcomes of online-offline channel integration*, Journal of retailing, 2015, pp.309-325.

20. Kartinaha A., Willlam K., *The impact of task and outcome interdependence and self-efficacy on employees' work motivation: an analysis of the Malaysian retail industry*, Asia Pacific Business Review, 2010, pp.123-142.

21. Kato A., *Productivity, returns to scale and product differentiation in the retail trade in-*

dustry：an empirical analysis using Japanese firm-level data，Journal of Productivity Analysis，2012，pp.345-353.

22. Kristina Demeter，*Manufacturing Strategic and Competitiveness*，International Journal of Production Economics，2003，pp.81-82.

23. Kumar S.，Chopra A.，*Determinants of customer satisfaction of traditional and modern formats in food and grocery：the case of Indian retail*，International Journal of Research in Commerce，2013，pp.44-51.

24. Lee H-H，Kim J.，*Investigating Dimensional of Multichannel Retailer's Cross-channel Integration Practices and Effectiveness：Shopping Orientation and Loyalty Intention*，Journal of Marketing Channels，2010，pp.281-312.

25. Michal L.，Weitz B.A.，*Retailing management*，The Mc Graw-Hill/Irwin Companies，2009.

26. Min S.，Wolfinbarger M.，*Market share，profit margin，and marketing efficiency of early movers，bricks and clicks，and specialists in e-commerce*，Journal of Business Research，2005，pp.1030-1039.

27. Mokaya B.O.，*Search engine advertising in web retailing：an efficiency analysis* ，Brock University Working Paper，2010.

28. Moorhouse N.，Tom Dieck M.C.，Jung T.，*Technological innovations transforming the consumer retail experience：a review of literature*，Augmented Reality and Virtual Reality，2018，pp.133-143.

29. Mukerjee H.S.，Deshmukh G.K.，Prasad U.D.，*Technology Readiness and Likelihood to Use Self-Checkout Services Using Smartphone in Retail Grocery Stores：Empirical Evidences from Hyderabad，India*，Business Perspectives and Research，2018.

30. Neslin S.A.，Shankar V.，*Key Issues in Multichannel Customer Management：Current Knowledge and Future Directions*，Journal of Interactive Marketing，2009，pp.70-81.

31. Pauwels K.，Neslin S.A.，*Building with Bricks and Mortar：The Revenue Impact of Opening Physical Stores in a Multichannel Environment*，Journal of Retailing，2015，pp.182-197.

32. Penrose E.T.，*The Theory of the Growth of the Firm*，Oxford Basil Blackwell.

33. Piotrowicz W.，Cuthbertson R.，*Introduction to the Special Issue Information Technology in Retail：Toward Omnichannel Retailing*，International Journal of Electronic Commerce，2014，pp.5-16.

34. Porter M.E.，*The Competitive Advantage of Nations*，The Free Press，1990.

35. Alison J. Smith, Paul Dieppe, *The competitive advantage of nations: is Porter's Diamond Framework a new theory that explains the international competitiveness of countries*, Southern African Business Review, 2010.

36. Prokhorova V.V., Kolomyts O.N., Nenasheva A.I., et al., *Logistics management as a tool to achieve competitive advantages of the enterprise trade*, International Review of Management and Marketing, 2016, pp.32-37.

37. Rajagopal P., Sundram K., Pandiyan V., et al., *Future directions of reverse logistics in gaining competitive advantages: A review of literature*, International journal of supply chain management, 2015, pp.39-48.

38. Rangaswamy A., Van Bruggen G. H., *Opportunities and Challenges in Multichannel Marketing: an Introduction to the Special Issue*, Journal of Interactive Marketing, 2005, pp.5-11.

39. Rigby D., *The Future of Shopping*, Harvard Business Review, 2011, pp.65-76.

40. Rugman A.M.& Cruz J.R.D., *The "double diamond" model of international competitiveness: The Canadian experience*, Manageme nt International Review, 1993, pp.17-39.

41. S.H.Choi, H.H.Cheung, B.Yang and Y.X.Yang, *Item-Level RFID for Retail Business Improvemen*, Journal of IGI Global, 2015, pp.26-34.

42. Saghiri S., Wilding R., Mena C., *Toward a three-dimensional framework for omni-channel*, Journal of Business Research, 2017, pp.53-67.

43. Scherer F.M., *Schumpeter and Plausible Capitalism*, Journal of Economic Literature, 1992, pp.1416-1433.

44. Shi F., *Omni-Channel Retailing: Knowledge, Challenges, and Opportunities for Future Research//Marketing at the Confluence between Entertainment and Analytics*, Springer, Cham, 2017, pp.91-102.

45. Smith, Adam, *The Wealth of Nations*, Transactions of the Institute of British Geographers, 1980, pp.255-276.

46. Teece Dvaid, Rumelt R., Dosi G., Winter S., *Understanding corporate coherence: Theory and evidence*, Journal of Economic Behavior & Organization, 1994, pp.1-31.

47. Vasanthakumar N.B., *Productivity in the retail industry: does insider ownership of shares matter?* Applied Financial Economics Letters, 2008, pp.121-125.

48. Voorveld H.A.M., Smit E.G., Neijens P.C., *Consumers' cross-channel use in online and offline purchases*, Journal of Advertising Research, 2016, pp.385-400.

49. Wang K. , Goldfarb A. , *Can offline stores drive online sales?* Journal of Marketing Research, 2017, pp.706-719.

50. Wen H. , Lim B. , Huang H. , *Measuring e-commerce efficiency: a data envelopment analysis approach*, Industrial Management & Data System, 2003, pp.703-710.

51. Wernfelt B. A. , *Resouree - Based View of the Fim*, Srtategic Management Joumal, 1984, pp.171-180.

52. Wu W. Y. , Bai C. , Gupta O. K. , *An appraisal system for monitoring performance of convenience stores in Taiwan*, South African Journal of Industrial Engineering, 2009, pp. 163-177.

53. Yang Z. , Shi Y. , Yan H. , *Scale, congestion, efficiency and effectiveness in e-commerce firms*, Electronic Commerce Research and Applications, 2016, pp.171-182.

54. Yang Z. , Shi Y. , Yan H. , *Scale, congestion, efficiency and effectiveness in e-commerce firms*, Electronic Commerce Research and Applications, 2016, pp.171-182.

55. Buckley P.J. , *Measures of International Competitiveness: A Critical Survey*, Journal of Market in Management, 1988, pp.175-200.

附录 A　31 个省、区、市的区位商回归数据

表 A-1　31 个省的区位商回归数据

	年份	区位商	市场化指数	人均消费支出	地区 FDI /全国 FDI	地方财政支出占全国比	人口密度	公路路网密度	互联网普及率
黑龙江	2003	0.9181	4.9263	3918.4797	0.0014	0.0229	80.6554	0.1376	0.0592
	2004	0.8889	5.0500	4202.5151	0.0015	0.0245	80.6977	0.1412	0.0728
	2005	0.9086	5.3300	4820.0785	0.0017	0.0232	80.7611	0.1419	0.0827
	2006	0.9203	5.6100	5139.3147	0.0020	0.0240	80.8245	0.2945	0.0957
	2007	0.9357	5.7600	6036.3232	0.0018	0.0238	80.8457	0.2979	0.1245
	2008	0.9197	4.9200	7134.3791	0.0017	0.0246	80.8668	0.3188	0.1621
	2009	0.8855	4.9500	7920.6221	0.0020	0.0246	80.8879	0.3203	0.2384
	2010	0.8524	4.8400	9112.7576	0.0018	0.0251	81.0359	0.3211	0.2940
	2011	0.8092	5.0200	10629.5253	0.0018	0.0256	81.0571	0.3290	0.3146
	2012	0.8013	6.0100	11600.7825	0.0020	0.0252	81.0571	0.3364	0.3466
	2013	0.7938	6.2000	12976.5841	0.0019	0.0240	81.0782	0.3387	0.3948
	2014	0.7936	6.2200	15218.9408	0.0020	0.0226	81.0359	0.3436	0.4172
	2015	0.7915	6.5300	16538.1952	0.0018	0.0229	80.5920	0.3450	0.4478
	2016	0.7667	6.8000	17423.1903	0.0022	0.0225	80.3171	0.3478	0.4830
	2017	0.7547	6.9707	18883.9535	0.0026	0.0229	80.1057	0.3510	0.5676

	年份	区位商	市场化指数	人均消费支出	地区FDI/全国FDI	地方财政支出占全国比	人口密度	公路路网密度	互联网普及率
吉林	2003	0.5830	5.4119	4553.2544	0.0033	0.0166	144.2903	0.2337	0.0544
	2004	0.5912	5.4900	4595.1274	0.0030	0.0178	144.5571	0.2497	0.0661
	2005	0.6147	5.7600	5183.6156	0.0032	0.0186	144.9306	0.2684	0.0740
	2006	0.6206	6.2000	5702.9012	0.0046	0.0178	145.3042	0.4504	0.0995
	2007	0.6362	6.5500	6665.9341	0.0040	0.0178	145.6777	0.4557	0.1590
	2008	0.6548	5.8100	7623.1163	0.0018	0.0189	145.8911	0.4648	0.1902
	2009	0.6331	5.8700	8527.9562	0.0021	0.0194	146.2113	0.4717	0.2650
	2010	0.6203	5.4900	9228.0670	0.0020	0.0199	146.5848	0.4824	0.3211
	2011	0.6115	5.6400	10806.8752	0.0020	0.0202	146.6916	0.4899	0.3514
	2012	0.6085	6.1500	12275.8545	0.0021	0.0196	146.7449	0.4973	0.3862
	2013	0.6059	6.2300	13674.9909	0.0027	0.0196	146.7983	0.5027	0.4228
	2014	0.5962	6.4200	13662.5363	0.0028	0.0192	146.8517	0.5123	0.4517
	2015	0.5837	6.4000	14629.1319	0.0028	0.0183	146.9050	0.5192	0.4769
	2016	0.5651	6.5200	13913.3919	0.0028	0.0191	145.8378	0.5470	0.5130
	2017	0.5470	6.6141	15085.7932	0.0030	0.0183	144.9840	0.5544	0.6097
山西	2003	0.6798	5.0949	3001.5993	0.0011	0.0169	212.0282	0.4037	0.0450
	2004	0.6962	5.1300	3664.1679	0.0011	0.0182	213.3717	0.4210	0.0633
	2005	0.9530	5.0600	4160.1490	0.0012	0.0197	214.6513	0.4453	0.0802
	2006	0.9406	5.5600	4868.2667	0.0017	0.0226	215.9309	0.7223	0.1126
	2007	0.9721	5.9100	5677.5715	0.0023	0.0211	217.0825	0.7671	0.1580
	2008	0.9656	4.3700	6501.0847	0.0019	0.0210	218.2342	0.7985	0.2401
	2009	0.9612	4.2300	6837.8465	0.0022	0.0205	219.2578	0.8145	0.3105
	2010	0.9157	4.6000	8270.4533	0.0021	0.0215	228.6628	0.8420	0.3497
	2011	0.8694	4.7000	9720.3729	0.0027	0.0216	229.8784	0.8624	0.3910
	2012	0.8742	4.8900	10802.2708	0.0028	0.0219	231.0301	0.8816	0.4400

续表

	年份	区位商	市场化指数	人均消费支出	地区 FDI/全国 FDI	地方财政支出占全国比	人口密度	公路路网密度	互联网普及率
山西	2013	0.8708	5.0800	12045.9780	0.0029	0.0216	232.2457	0.8919	0.4835
	2014	0.8582	5.2700	12526.4803	0.0033	0.0203	233.3973	0.8983	0.5038
	2015	0.8224	5.4000	14332.4782	0.0033	0.0195	234.4210	0.9021	0.5390
	2016	0.7801	5.5700	15027.8381	0.0033	0.0183	235.5726	0.9091	0.5527
	2017	0.7749	5.6083	18083.1172	0.0038	0.0185	236.8522	0.9143	0.6703
河南	2003	0.5257	5.5270	2969.0597	0.0022	0.0291	578.8623	0.4419	0.0234
	2004	0.5085	5.6400	3468.3647	0.0023	0.0309	581.8563	0.4533	0.0314
	2005	0.5045	6.5800	4070.2132	0.0032	0.0329	561.6766	0.4760	0.0422
	2006	0.4979	7.1100	4526.7249	0.0035	0.0356	562.3952	1.4156	0.0550
	2007	0.5252	7.3800	5149.5726	0.0033	0.0376	560.4790	1.4293	0.1021
	2008	0.5227	5.9900	5855.8278	0.0031	0.0365	564.6108	1.4407	0.1361
	2009	0.5214	6.0900	6586.8241	0.0038	0.0381	568.0838	1.4509	0.2116
	2010	0.5330	6.1900	7870.9197	0.0035	0.0380	563.1737	1.4677	0.2570
	2011	0.5432	6.3400	9179.6975	0.0036	0.0389	562.1557	1.4826	0.2750
	2012	0.5482	6.4800	10370.4125	0.0041	0.0397	563.2335	1.4946	0.3036
	2013	0.5494	6.6700	11778.0835	0.0040	0.0398	563.6527	1.4958	0.3488
	2014	0.5558	7.0000	13062.3357	0.0049	0.0397	565.0299	1.4964	0.3682
	2015	0.5695	7.0300	14473.5970	0.0054	0.0387	567.6647	1.5006	0.3906
	2016	0.5768	7.1900	15999.6013	0.0065	0.0397	570.7784	1.6012	0.4312
	2017	0.6068	7.3370	17815.3886	0.0080	0.0405	572.3952	1.6036	0.5395
湖北	2003	0.8987	6.0006	3848.7951	0.0031	0.0219	305.8096	0.4723	0.0670
	2004	0.8482	6.1100	4304.3524	0.0035	0.0227	306.5089	0.4825	0.0753
	2005	0.7729	6.4200	4878.1436	0.0040	0.0230	307.1544	0.4900	0.0811
	2006	0.7762	6.8500	5488.0906	0.0042	0.0259	306.2399	0.9779	0.0934
	2007	0.7914	7.0500	6509.3701	0.0040	0.0257	306.5627	0.9887	0.1239

续表

	年份	区位商	市场化指数	人均消费支出	地区FDI/全国FDI	地方财政支出占全国比	人口密度	公路路网密度	互联网普及率
湖北	2008	0.7884	5.4900	7398.6692	0.0036	0.0264	307.2082	1.0134	0.1839
	2009	0.7972	5.6600	7790.7517	0.0041	0.0274	307.6923	1.0608	0.2568
	2010	0.7923	5.5900	8967.8422	0.0039	0.0278	308.1226	1.1092	0.3321
	2011	0.8094	5.8300	10840.4828	0.0044	0.0294	309.7364	1.1442	0.3697
	2012	0.8216	6.3200	12260.7025	0.0051	0.0299	310.8661	1.1737	0.3996
	2013	0.8371	6.7100	13888.2911	0.0055	0.0312	311.9419	1.2205	0.4296
	2014	0.8404	7.2800	15688.5832	0.0065	0.0325	312.8564	1.2743	0.4513
	2015	0.8627	7.3000	17375.0342	0.0071	0.0349	314.7929	1.3609	0.4653
	2016	0.8611	7.5900	19335.9898	0.0079	0.0342	316.5680	1.3997	0.5113
	2017	0.8749	7.7284	21610.4371	0.0088	0.0335	317.4825	1.4497	0.5978
湖南	2003	0.9990	6.0587	3436.9053	0.0018	0.0233	314.5892	0.4023	0.0398
	2004	0.9994	6.1100	4002.1051	0.0019	0.0253	316.2417	0.4150	0.0466
	2005	1.0289	6.2500	4888.1600	0.0025	0.0257	298.6780	0.4164	0.0550
	2006	1.0444	6.7400	5500.7253	0.0032	0.0263	299.4334	0.8111	0.0643
	2007	1.0574	6.8600	6247.8836	0.0031	0.0273	300.0472	0.8281	0.1086
	2008	1.0362	5.3600	7138.1191	0.0028	0.0282	301.2276	0.8716	0.1566
	2009	0.9931	5.3400	7913.0347	0.0030	0.0290	302.4551	0.9037	0.2195
	2010	0.9723	5.4900	8811.0350	0.0030	0.0301	310.1983	1.0765	0.2659
	2011	0.9571	5.4900	10525.8945	0.0030	0.0322	311.4259	1.0963	0.2935
	2012	0.9390	5.7400	11701.0845	0.0034	0.0327	313.4561	1.1048	0.3314
	2013	0.9366	5.8700	12869.1376	0.0034	0.0335	315.9112	1.1114	0.3602
	2014	0.9238	6.7900	14334.4812	0.0039	0.0331	318.0831	1.1157	0.3828
	2015	0.9276	6.5600	16233.9525	0.0041	0.0326	320.2550	1.1185	0.3958
	2016	0.9160	6.7600	17440.1935	0.0046	0.0338	322.0963	1.1251	0.4417
	2017	0.9383	6.8172	19364.2566	0.0125	0.0338	323.8905	1.1317	0.5315

	年份	区位商	市场化指数	人均消费支出	地区 FDI /全国 FDI	地方财政支出占全国比	人口密度	公路路网密度	互联网普及率
安徽	2003	0.7475	5.8814	3306.9933	0.0021	0.0206	441.1596	0.4982	0.0299
	2004	0.7246	5.9900	3687.1869	0.0020	0.0211	445.8125	0.5140	0.0385
	2005	0.7382	6.5600	3920.5882	0.0024	0.0210	438.0816	0.5211	0.0451
	2006	0.7416	7.1500	4430.7692	0.0027	0.0233	437.3658	1.0565	0.0552
	2007	0.7498	7.4800	5272.1314	0.0030	0.0250	437.9384	1.0623	0.0959
	2008	0.7327	6.0000	5997.2942	0.0027	0.0263	439.1553	1.0651	0.1178
	2009	0.7076	6.1000	6831.3326	0.0030	0.0281	438.8690	1.0680	0.1744
	2010	0.6994	6.1800	8180.8796	0.0028	0.0288	426.4137	1.0694	0.2337
	2011	0.7007	6.5300	10045.4088	0.0028	0.0302	427.2011	1.0702	0.2656
	2012	0.6964	6.3600	10959.7862	0.0035	0.0314	428.6328	1.1825	0.3121
	2013	0.6986	6.6100	11577.6783	0.0035	0.0310	431.6392	1.2441	0.3566
	2014	0.6941	7.4600	12887.0130	0.0040	0.0307	435.4331	1.2484	0.3658
	2015	0.7026	7.2600	13871.1914	0.0084	0.0298	439.7996	1.3379	0.3898
	2016	0.7058	7.4600	15399.6611	0.0053	0.0294	443.5218	1.4145	0.4392
	2017	0.7398	7.5977	17058.9448	0.0066	0.0305	447.7452	1.4553	0.5400
安徽	2003	0.1525	5.6879	2753.3380	0.0024	0.0155	254.7305	0.3665	0.0397
	2004	0.1528	5.7600	3341.3165	0.0025	0.0159	256.5269	0.3707	0.0364
	2005	0.1512	6.2600	3809.3250	0.0029	0.0166	258.1437	0.3731	0.0434
	2006	0.1510	6.6400	4103.5723	0.0035	0.0172	259.8204	0.7677	0.0657
	2007	0.1561	7.1000	4661.2179	0.0037	0.0182	261.5569	0.7814	0.1170
	2008	0.1618	5.5000	5784.2727	0.0035	0.0193	263.4731	0.8012	0.1386
	2009	0.1648	5.5300	6189.7563	0.0040	0.0205	265.3892	0.8204	0.1782
	2010	0.1684	5.6600	7962.6401	0.0040	0.0214	267.1856	0.8419	0.2129
	2011	0.1744	5.8700	9495.6774	0.0042	0.0232	268.7425	0.8778	0.2424
	2012	0.1815	5.7400	10554.5959	0.0048	0.0240	269.7006	0.9018	0.2813

续表

	年份	区位商	市场化指数	人均消费支出	地区 FDI /全国 FDI	地方财政支出占全国比	人口密度	公路路网密度	互联网普及率
安徽	2013	0.1835	5.9000	11886.6652	0.0050	0.0248	270.7784	0.9108	0.3246
	2014	0.1841	6.7900	11923.3377	0.0056	0.0256	271.9760	0.9311	0.3397
	2015	0.1855	6.5300	14450.5256	0.0057	0.0251	273.4132	0.9377	0.3852
	2016	0.1827	6.7000	15994.9042	0.0062	0.0246	274.9701	0.9695	0.4432
	2017	0.1861	6.7849	17234.3574	0.0062	0.0252	276.7665	0.9719	0.5335
新疆	2003	0.3907	4.9536	3147.1044	0.0002	0.0149	11.6506	0.0504	0.0610
	2004	0.3819	4.7600	3419.6638	0.0002	0.0148	11.8253	0.0523	0.0606
	2005	0.4404	4.8600	3770.1493	0.0003	0.0153	12.1084	0.0539	0.0627
	2006	0.4283	4.8700	4110.8293	0.0004	0.0168	12.3494	0.0866	0.0756
	2007	0.4250	5.0400	4779.4749	0.0004	0.0160	12.6205	0.0875	0.1733
	2008	0.4124	3.5900	5474.1905	0.0005	0.0169	12.8373	0.0884	0.2933
	2009	0.3975	3.5500	5905.9750	0.0005	0.0177	13.0060	0.0908	0.2937
	2010	0.3778	2.8700	7355.7437	0.0005	0.0189	13.1627	0.0920	0.3748
	2011	0.3697	2.9500	8847.1254	0.0005	0.0209	13.3072	0.0935	0.3993
	2012	0.3692	2.9400	10616.5249	0.0006	0.0216	13.4518	0.0999	0.4308
	2013	0.3683	2.9800	11323.0565	0.0005	0.0219	13.6386	0.1025	0.4832
	2014	0.3667	3.4900	12345.6049	0.0006	0.0219	13.8434	0.1057	0.4956
	2015	0.3535	3.0000	13504.7034	0.0007	0.0216	14.2169	0.1074	0.5347
	2016	0.3436	2.9500	15125.9383	0.0008	0.0220	14.4458	0.1097	0.5405
	2017	0.3683	2.8347	16574.0695	0.0010	0.0228	14.7289	0.1116	0.6392
内蒙古	2003	2.6638	5.0950	3563.0344	0.0007	0.0181	20.1691	0.0626	0.0314
	2004	2.9600	5.1200	4035.8128	0.0017	0.0198	20.2282	0.0642	0.0389
	2005	4.0510	5.2600	4956.5959	0.0020	0.0201	20.3128	0.0668	0.0483
	2006	4.2372	5.8900	5732.0497	0.0022	0.0201	20.4142	0.1089	0.0663
	2007	4.5202	5.9100	6971.2227	0.0022	0.0217	20.5325	0.1172	0.1326

续表

	年份	区位商	市场化指数	人均消费支出	地区 FDI/全国 FDI	地方财政支出占全国比	人口密度	公路路网密度	互联网普及率
内蒙古	2008	4.5557	4.7900	8328.5188	0.0023	0.0232	20.6593	0.1245	0.1575
	2009	4.5214	4.8200	9433.8487	0.0026	0.0253	20.7777	0.1275	0.2339
	2010	4.2752	4.5600	10895.3479	0.0021	0.0253	20.8960	0.1336	0.3022
	2011	4.1243	4.6800	13237.3086	0.0022	0.0274	20.9806	0.1361	0.3441
	2012	4.0218	5.3400	15169.7590	0.0023	0.0272	21.0482	0.1385	0.3876
	2013	3.9299	5.3300	17138.7910	0.0019	0.0263	21.1158	0.1416	0.4376
	2014	3.8117	5.1000	19797.2854	0.0022	0.0256	21.1750	0.1456	0.4559
	2015	3.7601	5.3400	20809.3986	0.0028	0.0242	21.2257	0.1483	0.5014
	2016	3.6817	5.4300	22254.0476	0.0033	0.0240	21.3018	0.1658	0.5202
	2017	3.5955	5.4567	23865.7572	0.0035	0.0223	21.3779	0.1686	0.6456
甘肃	2003	0.4859	3.9725	2634.4896	0.0004	0.0122	55.8319	0.0887	0.0481
	2004	0.4802	3.9500	3052.0661	0.0005	0.0125	55.9199	0.0898	0.0472
	2005	0.5043	4.3200	3509.4303	0.0005	0.0127	56.0079	0.0909	0.0491
	2006	0.5177	4.5800	3808.4413	0.0004	0.0131	56.0519	0.2104	0.0597
	2007	0.5274	4.8200	4296.8210	0.0004	0.0136	56.0739	0.2214	0.0859
	2008	0.4912	3.8600	4943.7083	0.0004	0.0155	56.1400	0.2324	0.1282
	2009	0.4746	3.8100	5504.4227	0.0005	0.0163	56.2280	0.2509	0.2094
	2010	0.4724	3.4300	6228.0078	0.0006	0.0163	56.3380	0.2617	0.2559
	2011	0.4616	3.4800	7487.0515	0.0005	0.0164	56.4261	0.2722	0.2730
	2012	0.4544	3.3800	8518.3476	0.0006	0.0164	56.7342	0.2887	0.3084
	2013	0.4525	3.6300	9607.7072	0.0005	0.0165	56.8222	0.2940	0.3462
	2014	0.4412	4.0400	10659.2435	0.0006	0.0167	57.0202	0.3039	0.3670
	2015	0.4216	3.6800	11845.6154	0.0006	0.0168	57.2183	0.3083	0.3865
	2016	0.3997	3.6900	13059.3487	0.0006	0.0168	57.4384	0.3147	0.4218
	2017	0.3953	3.6691	14159.2917	0.0015	0.0163	57.7905	0.3132	0.4985

续表

	年份	区位商	市场化指数	人均消费支出	地区FDI/全国FDI	地方财政支出占全国比	人口密度	公路路网密度	互联网普及率
宁夏	2003	0.0593	4.5214	3265.0000	0.0007	0.0043	87.3494	0.0338	0.0569
	2004	0.0588	4.5600	3846.4286	0.0006	0.0043	88.5542	0.0389	0.0527
	2005	0.0652	4.4700	4439.0940	0.0007	0.0047	89.7590	0.0411	0.0537
	2006	0.0646	5.1000	5036.0927	0.0007	0.0048	90.9639	0.0660	0.0695
	2007	0.0655	5.4400	5714.4262	0.0003	0.0049	91.8675	0.0728	0.1000
	2008	0.0652	4.2600	7061.9741	0.0003	0.0052	93.0723	0.0784	0.1650
	2009	0.0628	4.3600	7872.8000	0.0003	0.0057	94.1265	0.0832	0.2256
	2010	0.0635	3.9200	8936.0190	0.0004	0.0062	95.3313	0.0861	0.2765
	2011	0.0639	3.9900	10889.3584	0.0004	0.0065	96.2349	0.0890	0.3239
	2012	0.0621	4.3700	12052.5502	0.0003	0.0069	97.4398	0.0914	0.3988
	2013	0.0618	4.5000	13468.1957	0.0003	0.0066	98.4940	0.0971	0.4327
	2014	0.0609	5.2600	15097.8852	0.0004	0.0066	99.6988	0.1007	0.4456
	2015	0.0599	4.9100	17124.5509	0.0007	0.0065	100.6024	0.1047	0.4880
	2016	0.0575	5.0500	18470.5185	0.0007	0.0067	101.6566	0.1088	0.5022
	2017	0.0564	5.0931	20945.7478	0.0023	0.0068	102.7108	0.1120	0.5938
陕西	2003	1.5653	4.3118	3344.4989	0.0021	0.0170	178.5992	0.2432	0.0536
	2004	1.5668	4.4600	3750.3396	0.0019	0.0181	179.0370	0.2563	0.0701
	2005	1.8193	4.3700	4208.1572	0.0021	0.0188	179.4747	0.2651	0.0851
	2006	1.8283	4.7100	4736.4423	0.0022	0.0204	179.9125	0.5511	0.1068
	2007	1.8388	4.8200	5473.7864	0.0021	0.0212	180.3502	0.5900	0.1394
	2008	1.8087	4.3600	6474.6907	0.0014	0.0228	180.8366	0.6372	0.2125
	2009	1.8074	4.2800	7145.6936	0.0018	0.0241	181.2743	0.7009	0.2670
	2010	1.8461	3.9500	8464.4444	0.0017	0.0247	181.6634	0.7174	0.3467
	2011	1.7831	4.3700	10042.7197	0.0017	0.0268	182.0525	0.7393	0.3818
	2012	1.6794	5.1800	11836.3975	0.0027	0.0264	182.5389	0.7850	0.4133

续表

	年份	区位商	市场化指数	人均消费支出	地区 FDI/全国 FDI	地方财政支出占全国比	人口密度	公路路网密度	互联网普及率
陕西	2013	1.5837	5.7100	13185.0956	0.0031	0.0261	183.0739	0.8035	0.4487
	2014	1.5065	6.3600	14792.8742	0.0037	0.0261	183.6089	0.8127	0.4623
	2015	1.4278	6.3300	15326.8916	0.0041	0.0249	184.4844	0.8273	0.4972
	2016	1.3932	6.6900	16613.3753	0.0045	0.0234	185.4572	0.8390	0.5216
	2017	1.3631	6.9199	18431.9948	0.0061	0.0238	186.5272	0.8482	0.6214
西藏	2003	0.0597	1.6077	2788.6029	0.0001	0.0059	2.2150	0.0336	0.0331
	2004	0.0562	1.5500	3118.8406	0.0001	0.0047	2.2476	0.0344	0.0254
	2005	0.0579	0.3000	2972.1429	0.0001	0.0055	2.2801	0.0356	0.0321
	2006	0.0626	0.2900	2853.3333	0.0001	0.0050	2.3208	0.0365	0.0561
	2007	0.0681	1.6300	3143.2526	0.0001	0.0055	2.3534	0.0396	0.1246
	2008	0.0635	1.3600	3443.1507	0.0001	0.0061	2.3779	0.0418	0.1610
	2009	0.0665	1.1500	3959.4595	0.0001	0.0062	2.4104	0.0438	0.1791
	2010	0.0695	0.4400	4440.0000	0.0000	0.0061	2.4430	0.0495	0.2700
	2011	0.0696	0.0600	4710.8911	0.0001	0.0069	2.4674	0.0514	0.2970
	2012	0.0677	0.0000	5295.1299	0.0001	0.0072	2.5081	0.0531	0.3279
	2013	0.0665	-0.3000	6276.2821	0.0001	0.0072	2.5407	0.0575	0.3686
	2014	0.0671	0.6200	7194.3396	0.0001	0.0078	2.5896	0.0615	0.3868
	2015	0.0684	0.8000	8754.9383	0.0002	0.0079	2.6384	0.0638	0.4383
	2016	0.0692	1.0000	9729.3051	0.0002	0.0085	2.6954	0.0669	0.4502
	2017	0.0716	0.9641	10994.6588	0.0002	0.0083	2.7443	0.0727	0.5503
青海	2003	1.4519	3.1418	3088.3895	0.0001	0.0050	7.3930	0.0338	0.0375
	2004	1.4270	3.1000	3425.0464	0.0001	0.0048	7.4623	0.0389	0.0371
	2005	1.7800	3.0900	3872.7440	0.0001	0.0050	7.5177	0.0411	0.0534
	2006	1.7412	3.2900	4209.6715	0.0003	0.0053	7.5869	0.0660	0.0675
	2007	1.7973	3.5400	4957.2464	0.0003	0.0057	7.6423	0.0728	0.1087

	年份	区位商	市场化指数	人均消费支出	地区FDI/全国FDI	地方财政支出占全国比	人口密度	公路路网密度	互联网普及率
青海	2008	1.8286	2.9400	5819.4946	0.0003	0.0058	7.6699	0.0784	0.2347
	2009	1.7835	2.7900	6487.2531	0.0003	0.0064	7.7115	0.0832	0.2765
	2010	1.8041	2.5300	7287.0337	0.0002	0.0083	7.7945	0.0861	0.3339
	2011	1.7786	2.5400	8710.7394	0.0003	0.0089	7.8638	0.0890	0.3662
	2012	1.7208	2.6400	10247.2949	0.0002	0.0092	7.9330	0.0914	0.4154
	2013	1.6453	2.8400	12016.9550	0.0003	0.0088	8.0022	0.0971	0.4740
	2014	1.5901	2.5300	13478.0446	0.0003	0.0089	8.0714	0.1007	0.4957
	2015	1.5347	2.5400	15113.9456	0.0006	0.0086	8.1407	0.1047	0.5408
	2016	1.4841	2.6400	16693.4233	0.0006	0.0081	8.2099	0.1088	0.5396
	2017	1.4342	2.6049	17957.6923	0.0006	0.0075	8.2791	0.1120	0.6626
重庆	2003	1.5618	7.1275	3598.2162	0.0012	0.0139	340.5832	0.3815	0.0631
	2004	1.5384	7.2000	4162.6208	0.0011	0.0139	339.3682	0.3925	0.0648
	2005	1.7398	6.6400	4697.9628	0.0013	0.0144	339.9757	0.4642	0.0675
	2006	1.7428	7.2600	5313.6752	0.0014	0.0147	341.1908	1.2187	0.0783
	2007	1.8266	7.4000	6444.1406	0.0025	0.0154	342.1628	1.2722	0.1264
	2008	1.8849	5.9600	7605.6006	0.0025	0.0162	344.9575	1.3196	0.2106
	2009	1.9169	6.0200	8464.3931	0.0030	0.0169	347.3876	1.3487	0.2809
	2010	1.9312	6.1400	9678.8215	0.0032	0.0190	350.5468	1.4204	0.3432
	2011	1.9637	6.2800	11762.0075	0.0038	0.0235	354.6780	1.4411	0.3659
	2012	1.9572	6.8900	13595.2122	0.0047	0.0242	357.8372	1.4666	0.4058
	2013	1.9500	7.1700	15358.3165	0.0050	0.0218	360.8748	1.4921	0.4354
	2014	1.9701	7.7800	17202.7081	0.0056	0.0218	363.4265	1.5480	0.4537
	2015	2.1566	7.8200	18778.3560	0.0062	0.0216	366.5857	1.7084	0.4790
	2016	2.2489	8.1300	20925.4593	0.0070	0.0213	370.3524	1.7363	0.5105
	2017	2.4235	8.2127	22828.3577	0.0072	0.0214	373.6330	1.7971	0.5995

	年份	区位商	市场化指数	人均消费支出	地区 FDI /全国 FDI	地方财政支出占全国比	人口密度	公路路网密度	互联网普及率
四川	2003	2.1146	6.3572	3154.7211	0.0024	0.0297	169.8380	0.2337	0.0519
	2004	2.0420	6.3800	3651.8418	0.0022	0.0314	168.0515	0.2347	0.0646
	2005	2.0924	6.6300	4099.4520	0.0026	0.0319	170.5858	0.2383	0.0742
	2006	2.0297	6.9500	4513.1840	0.0030	0.0333	169.6926	0.3421	0.0845
	2007	2.0584	7.3000	5272.8067	0.0034	0.0353	168.8201	0.3934	0.0995
	2008	1.8794	5.8500	6067.6702	0.0044	0.0471	169.0486	0.4663	0.1355
	2009	1.8464	5.8600	6843.3720	0.0050	0.0471	170.0249	0.5177	0.1998
	2010	1.7738	5.8000	8251.7464	0.0050	0.0474	167.1167	0.5528	0.2484
	2011	1.7271	5.8600	9897.5155	0.0049	0.0428	167.2206	0.5885	0.2769
	2012	1.6720	6.1000	11262.1347	0.0057	0.0433	167.7607	0.6097	0.3172
	2013	1.6576	6.2600	12461.4161	0.0061	0.0444	168.4047	0.6269	0.3497
	2014	1.6523	6.6200	13727.5184	0.0069	0.0448	169.0902	0.6433	0.3713
	2015	1.7554	6.5400	14716.5285	0.0070	0.0426	170.4196	0.6556	0.3974
	2016	1.7910	6.6600	15956.6691	0.0075	0.0427	171.6244	0.6732	0.4327
	2017	1.7888	6.6839	17876.6442	0.0086	0.0428	172.4553	0.6855	0.5094
贵州	2003	3.0768	4.1323	2358.0362	0.0004	0.0135	219.8864	0.2574	0.0214
	2004	3.0205	4.1700	2710.9631	0.0003	0.0147	221.8182	0.2619	0.0251
	2005	3.1056	4.6100	3332.2520	0.0004	0.0153	211.9318	0.2665	0.0292
	2006	3.0355	4.9400	3817.1816	0.0004	0.0151	209.6591	0.6438	0.0385
	2007	3.1068	5.4000	4297.3568	0.0004	0.0160	206.3636	0.7000	0.0617
	2008	2.9346	4.4700	4904.7275	0.0003	0.0168	204.3182	0.7125	0.1204
	2009	3.0217	4.3900	5501.8094	0.0004	0.0180	200.9659	0.8102	0.1620
	2010	2.9581	3.5500	6270.1064	0.0004	0.0182	197.6705	0.8614	0.2159
	2011	2.9645	3.6300	7399.1929	0.0005	0.0206	197.1023	0.8966	0.2421
	2012	3.0061	4.3600	8355.1378	0.0007	0.0219	197.9545	0.9347	0.2844

续表

	年份	区位商	市场化指数	人均消费支出	地区FDI/全国FDI	地方财政支出占全国比	人口密度	公路路网密度	互联网普及率
贵州	2013	2.9931	4.5200	9516.5620	0.0010	0.0220	198.9773	0.9807	0.3272
	2014	3.0073	4.8500	11351.9669	0.0013	0.0233	199.3182	1.0176	0.3483
	2015	3.0963	4.5700	12835.3541	0.0014	0.0224	200.5682	1.0591	0.3813
	2016	3.2108	4.6500	14613.6990	0.0019	0.0227	201.9886	1.0886	0.4287
	2017	3.5464	4.6924	16292.2346	0.0024	0.0227	203.4091	1.1045	0.5398
云南	2003	4.5976	4.8034	2573.7660	0.0013	0.0238	114.1664	0.4333	0.0379
	2004	4.4812	4.8100	3299.9094	0.0012	0.0233	115.1839	0.4360	0.0467
	2005	4.6582	4.8800	3829.4382	0.0013	0.0226	116.0971	0.4373	0.0542
	2006	4.6018	5.5700	4156.8592	0.0016	0.0221	116.9580	0.5179	0.0613
	2007	4.4674	5.8200	4641.8033	0.0015	0.0228	117.7668	0.5226	0.0671
	2008	4.0751	4.5400	5447.1054	0.0015	0.0235	118.5233	0.5317	0.1206
	2009	3.9701	4.5200	5958.1054	0.0017	0.0256	119.2538	0.5374	0.1846
	2010	3.9452	5.0100	6787.6793	0.0016	0.0254	120.0626	0.5458	0.2219
	2011	3.8509	5.1800	8251.8678	0.0018	0.0268	120.8192	0.5596	0.2462
	2012	3.8597	4.4900	9752.1571	0.0020	0.0284	121.5497	0.5716	0.2835
	2013	3.8959	4.5700	11189.6309	0.0020	0.0292	122.2802	0.5815	0.3260
	2014	3.9704	4.9400	12199.5969	0.0021	0.0292	122.9846	0.6011	0.3485
	2015	3.9952	4.8600	13399.9367	0.0026	0.0268	123.7151	0.6157	0.3714
	2016	4.0222	4.8900	14489.1637	0.0026	0.0267	124.4717	0.6212	0.3966
	2017	4.1798	4.8967	15829.5772	0.0029	0.0281	125.2544	0.6327	0.4750
广西	2003	1.1898	5.3238	2800.5971	0.0019	0.0180	205.8051	0.2479	0.0471
	2004	1.1985	5.4200	3145.8171	0.0020	0.0178	207.1610	0.2530	0.0583
	2005	1.4791	5.4000	3880.8369	0.0023	0.0180	197.4576	0.2627	0.0708
	2006	1.4752	5.1700	4252.9985	0.0027	0.0180	199.9576	0.3826	0.0793
	2007	1.5834	5.9000	5087.7307	0.0028	0.0198	202.0339	0.3992	0.1174

续表

	年份	区位商	市场化指数	人均消费支出	地区 FDI/全国 FDI	地方财政支出占全国比	人口密度	公路路网密度	互联网普及率
广西	2008	1.5922	5.6700	6120.8887	0.0027	0.0207	204.0678	0.4208	0.1524
	2009	1.7092	5.6400	6939.5799	0.0030	0.0213	205.7627	0.4258	0.2121
	2010	1.5887	5.1100	8125.4664	0.0026	0.0223	195.3390	0.4314	0.2659
	2011	1.5411	5.3000	9145.9634	0.0025	0.0233	196.8220	0.4445	0.2913
	2012	1.5115	6.1900	10477.9154	0.0027	0.0237	198.3898	0.4572	0.3387
	2013	1.4844	6.3400	11664.2933	0.0027	0.0229	199.9576	0.4720	0.3759
	2014	1.4682	6.5100	12897.6441	0.0031	0.0229	201.4407	0.4869	0.3887
	2015	1.5519	6.5400	13856.6722	0.0034	0.0231	203.2203	0.5000	0.4239
	2016	1.6218	6.7200	14947.8710	0.0035	0.0237	205.0000	0.5106	0.4574
	2017	1.6089	6.8415	16063.6029	0.0043	0.0242	206.9915	0.5225	0.5448
海南	2003	0.0517	5.3265	3466.3379	0.0016	0.0043	238.5294	0.6147	0.0493
	2004	0.0514	5.4100	3828.4841	0.0013	0.0045	240.5882	0.6147	0.0575
	2005	0.0553	5.3600	4140.2174	0.0014	0.0045	243.5294	0.6235	0.0833
	2006	0.0553	5.6600	4795.5742	0.0018	0.0043	245.8824	0.5176	0.1400
	2007	0.0571	6.3600	5599.8817	0.0120	0.0049	248.5294	0.5235	0.1704
	2008	0.0600	4.3100	6102.8103	0.0101	0.0057	251.1765	0.5471	0.2529
	2009	0.0612	4.2300	6657.6389	0.0098	0.0064	254.1176	0.5882	0.2824
	2010	0.0625	4.5900	7529.4591	0.0024	0.0065	255.5882	0.6235	0.3487
	2011	0.0663	4.7100	9195.2109	0.0019	0.0071	257.9412	0.6735	0.3854
	2012	0.0688	5.4400	10574.1826	0.0024	0.0072	260.8824	0.7147	0.4329
	2013	0.0705	5.6700	11658.4358	0.0023	0.0072	263.2353	0.7324	0.4592
	2014	0.0719	5.9400	12862.7907	0.0023	0.0072	265.5882	0.7647	0.4662
	2015	0.0704	6.2200	16947.2009	0.0025	0.0070	267.9412	0.7912	0.5115
	2016	0.0685	6.5200	18369.9019	0.0060	0.0073	269.7059	0.8294	0.5125
	2017	0.0701	6.6222	20836.1771	0.0058	0.0071	272.3529	0.9029	0.6137

	年份	区位商	市场化指数	人均消费支出	地区FDI/全国FDI	地方财政支出占全国比	人口密度	公路路网密度	互联网普及率
广东	2003	1.1789	9.3362	7293.9083	0.0430	0.0688	497.9444	0.6128	0.1060
	2004	1.1549	9.3600	8729.6674	0.0407	0.0650	506.1667	0.6194	0.1304
	2005	1.1663	9.0400	9754.7749	0.0453	0.0675	510.7778	0.6406	0.1616
	2006	1.1725	9.7200	10479.9089	0.0469	0.0632	524.5556	0.9911	0.1939
	2007	1.1905	10.1000	12196.3354	0.0448	0.0635	536.6667	1.0111	0.3462
	2008	1.1653	7.5100	13746.8210	0.0391	0.0604	549.6111	1.0178	0.4603
	2009	1.1321	7.6200	15065.4393	0.0429	0.0568	562.7778	1.0278	0.4798
	2010	1.0992	7.7300	16954.6499	0.0387	0.0603	580.0556	1.0561	0.5099
	2011	1.0773	7.9100	19518.4293	0.0384	0.0614	583.6111	1.0594	0.5997
	2012	1.0536	8.3700	21731.6122	0.0422	0.0587	588.5556	1.0828	0.6255
	2013	1.0401	8.6900	23683.2582	0.0432	0.0600	591.3333	1.1272	0.6569
	2014	1.0317	9.3500	24490.0597	0.0470	0.0603	595.7778	1.1783	0.6794
	2015	1.0247	9.3500	26213.0888	0.0510	0.0729	602.7222	1.2000	0.7160
	2016	0.9997	9.6500	28300.3728	0.0620	0.0716	611.0556	1.2117	0.7295
	2017	0.9969	9.6746	30528.2926	0.1345	0.0740	620.5000	1.2200	0.8462
福建	2003	0.6803	8.4804	5485.4083	0.0118	0.0183	288.7057	0.4526	0.0908
	2004	0.6724	8.3300	6092.7458	0.0107	0.0181	290.9316	0.4633	0.0924
	2005	0.6969	7.9400	6728.0574	0.0118	0.0175	293.2399	0.4806	0.1116
	2006	0.7127	8.4200	7940.2232	0.0131	0.0180	295.5482	0.7139	0.1439
	2007	0.7421	8.5900	8909.4131	0.0131	0.0183	297.7741	0.7164	0.2398
	2008	0.7640	6.6700	10605.7433	0.0118	0.0182	300.0000	0.7304	0.3790
	2009	0.7801	6.7700	11294.1626	0.0128	0.0185	302.2259	0.7378	0.4444
	2010	0.8068	6.6300	13138.9115	0.0115	0.0189	304.4518	0.7502	0.5004
	2011	0.8522	6.8400	14904.0591	0.0116	0.0201	306.6777	0.7609	0.5651
	2012	0.9031	7.2700	16083.5646	0.0129	0.0207	308.9860	0.7807	0.6083

	年份	区位商	市场化指数	人均消费支出	地区 FDI/全国 FDI	地方财政支出占全国比	人口密度	公路路网密度	互联网普及率
福建	2013	0.9261	7.4400	17056.0678	0.0132	0.0219	311.1294	0.8203	0.6365
	2014	0.9354	8.0700	19018.3395	0.0145	0.0218	313.7675	0.8343	0.6492
	2015	0.9533	6.5400	20738.5257	0.0156	0.0228	316.4880	0.8623	0.6898
	2016	0.9226	6.7200	23249.3030	0.0180	0.0228	319.3735	0.8805	0.6913
	2017	0.9519	6.6008	25846.0496	0.0199	0.0231	322.4237	0.8904	0.8081
浙江	2003	2.0361	9.7584	6873.9139	0.0109	0.0364	476.1765	0.4529	0.0929
	2004	2.0872	9.7700	7938.7208	0.0130	0.0373	482.8431	0.4598	0.1084
	2005	2.3092	9.5700	9289.6414	0.0160	0.0373	489.3137	0.4765	0.1417
	2006	2.3915	10.3700	11010.4495	0.0187	0.0364	497.2549	0.9343	0.1926
	2007	2.5481	10.9200	12627.6043	0.0186	0.0363	505.3922	0.9784	0.2927
	2008	2.5190	7.8100	14186.5886	0.0166	0.0353	510.9804	1.0167	0.4045
	2009	2.6303	8.0600	15770.2616	0.0179	0.0348	517.2549	1.0490	0.4647
	2010	2.6128	8.2300	17985.5333	0.0168	0.0357	534.0196	1.0804	0.5115
	2011	2.5962	8.3800	21314.0948	0.0172	0.0352	535.5882	1.0961	0.5587
	2012	2.6048	9.3300	22815.5925	0.0192	0.0330	536.9608	1.1137	0.5881
	2013	2.6978	9.4400	24723.8268	0.0202	0.0337	539.0196	1.1314	0.6057
	2014	2.7970	9.7800	26860.6028	0.0220	0.0340	540.0000	1.1412	0.6278
	2015	2.9900	9.6500	28631.1970	0.0231	0.0378	543.0392	1.1569	0.6492
	2016	3.1800	9.9100	30602.2719	0.0254	0.0371	548.0392	1.1676	0.6497
	2017	3.4254	9.9218	33650.8750	0.0285	0.0371	554.6078	1.1775	0.7546
上海	2003	2.1828	6.0508	13802.0385	0.0609	0.0442	2803.1746	1.0317	0.2446
	2004	2.1385	9.8100	15636.2943	0.0583	0.0485	2912.6984	1.2381	0.2403
	2005	2.2554	8.9700	17634.8677	0.0524	0.0485	3000.0000	1.2857	0.2450
	2006	2.1890	9.6300	19646.3340	0.0443	0.0444	3117.4603	1.6508	0.2597
	2007	2.1156	10.2700	22333.2849	0.0386	0.0438	3276.1905	1.7778	0.4021

续表

	年份	区位商	市场化指数	人均消费支出	地区FDI/全国FDI	地方财政支出占全国比	人口密度	公路路网密度	互联网普及率
上海	2008	1.9803	8.0100	24709.9486	0.0365	0.0414	3398.4127	1.8254	0.5184
	2009	1.8617	8.3300	26166.8778	0.0321	0.0392	3507.9365	1.8571	0.5299
	2010	1.8617	8.7400	31619.1055	0.0312	0.0368	3655.5556	1.9048	0.5380
	2011	1.7721	8.8300	35107.6268	0.0336	0.0358	3725.3968	1.9206	0.6498
	2012	1.6494	8.6700	36643.9076	0.0309	0.0332	3777.7778	1.9841	0.6748
	2013	1.6015	8.8900	38943.8923	0.0328	0.0323	3833.3333	2.0000	0.6969
	2014	1.5897	9.7700	42907.5021	0.0336	0.0324	3850.7937	2.0476	0.7073
	2015	1.6423	9.6500	45919.5031	0.0315	0.0352	3833.3333	2.0952	0.7342
	2016	1.6497	9.8800	49565.0826	0.0269	0.0369	3841.2698	2.1111	0.7401
	2017	1.7739	6.0392	53639.7849	0.0269	0.0372	3838.0952	2.1111	0.8059
江苏	2003	1.5548	8.5347	5242.0890	0.0267	0.0425	726.9006	0.6394	0.0819
	2004	1.6958	8.6300	5887.3056	0.0339	0.0461	733.2359	0.7632	0.0879
	2005	1.9532	8.6000	7036.2283	0.0416	0.0493	739.5712	0.8060	0.1041
	2006	1.9983	9.3900	8145.7941	0.0483	0.0498	746.1988	1.2378	0.1341
	2007	2.0647	10.1400	9488.7867	0.0488	0.0513	752.7290	1.3031	0.2275
	2008	2.0147	7.8000	10854.9472	0.0437	0.0519	756.5302	1.3733	0.2685
	2009	1.9775	8.1700	11825.0704	0.0484	0.0527	761.2086	1.4016	0.3540
	2010	1.9227	8.8500	13906.2397	0.0467	0.0547	766.9591	1.4649	0.4201
	2011	1.8831	9.1800	17134.0549	0.0487	0.0570	769.8830	1.4834	0.4665
	2012	1.8611	9.9500	19426.2247	0.0552	0.0558	771.9298	1.5019	0.4990
	2013	1.8733	9.8800	23557.3498	0.0561	0.0556	773.7817	1.5214	0.5158
	2014	1.9327	9.6300	28279.5980	0.0600	0.0558	775.8285	1.5351	0.5369
	2015	2.0576	9.9500	31651.4168	0.0619	0.0551	777.3879	1.5478	0.5537
	2016	2.8737	9.8600	35822.8654	0.0698	0.0532	779.6296	1.5331	0.5642
	2017	3.0381	9.9701	39721.4597	0.0737	0.0523	782.5536	1.5448	0.6545

	年份	区位商	市场化指数	人均消费支出	地区 FDI/全国 FDI	地方财政支出占全国比	人口密度	公路路网密度	互联网普及率
山东	2003	4.3129	7.4782	4340.7233	0.0106	0.0410	593.3030	0.4961	0.0687
	2004	4.0100	7.5200	4909.0523	0.0108	0.0418	596.8791	0.5059	0.0924
	2005	4.3278	7.8700	5894.4529	0.0123	0.0432	601.3004	0.5208	0.1068
	2006	4.0472	8.2400	7040.3695	0.0132	0.0454	605.2666	1.3322	0.1210
	2007	3.8681	8.4700	8117.2094	0.0123	0.0454	609.0377	1.3797	0.1341
	2008	3.4878	6.9800	9647.6797	0.0106	0.0432	612.2887	1.4350	0.2106
	2009	3.3248	7.0400	10464.8152	0.0122	0.0428	615.7347	1.4740	0.2924
	2010	3.2670	6.8700	11534.1781	0.0114	0.0461	623.4070	1.4948	0.3475
	2011	3.1139	7.0200	13489.6545	0.0122	0.0458	626.5930	1.5163	0.3762
	2012	3.1081	7.4100	15057.6975	0.0140	0.0469	629.7139	1.5904	0.3992
	2013	3.2181	7.5500	16686.9413	0.0149	0.0477	632.8349	1.6437	0.4448
	2014	3.3329	7.9300	19130.2380	0.0166	0.0473	636.4759	1.6873	0.4734
	2015	3.5490	7.8900	20623.9159	0.0174	0.0469	640.2471	1.7126	0.4863
	2016	3.7647	8.0400	25729.7879	0.0200	0.0466	646.7490	1.7276	0.5235
	2017	4.6846	8.0849	28268.4989	0.0232	0.0456	650.5852	1.7594	0.6120
辽宁	2003	2.1361	7.3917	5159.2874	0.0131	0.0318	288.5538	0.3434	0.0694
	2004	2.0128	7.3600	5492.1271	0.0106	0.0327	289.0336	0.3592	0.0764
	2005	1.9527	6.9700	6443.7574	0.0128	0.0355	289.3077	0.3667	0.0881
	2006	1.9730	7.5600	6885.4835	0.0141	0.0352	292.7347	0.6703	0.1131
	2007	1.9634	7.9700	7908.6552	0.0139	0.0354	294.5853	0.6724	0.1822
	2008	1.9125	6.4200	9670.4751	0.0131	0.0344	295.7505	0.6929	0.2637
	2009	2.0692	6.6100	10873.7848	0.0144	0.0352	297.5326	0.6929	0.3674
	2010	1.9525	6.3600	12965.3257	0.0136	0.0356	299.8629	0.6957	0.4379
	2011	1.8776	6.3600	15620.4426	0.0141	0.0358	300.4112	0.7128	0.4773
	2012	1.9293	6.6500	17986.8535	0.0164	0.0362	300.8225	0.7238	0.5010

续表

	年份	区位商	市场化指数	人均消费支出	地区FDI/全国FDI	地方财政支出占全国比	人口密度	公路路网密度	互联网普及率
辽宁	2013	2.0400	6.7000	20153.5535	0.0154	0.0371	300.8910	0.7608	0.5588
	2014	2.1914	7.0000	22258.3238	0.0166	0.0335	300.9596	0.7910	0.5876
	2015	2.2833	6.9100	23719.6029	0.0164	0.0255	300.3427	0.8252	0.6232
	2016	2.2890	6.9900	23681.0873	0.0169	0.0244	300.0685	0.8266	0.6261
	2017	1.9925	6.9600	24890.8904	0.0241	0.0240	299.4517	0.8410	0.7415
河北	2003	0.8234	6.0508	3263.0078	0.0031	0.0262	360.6287	0.3484	0.0427
	2004	0.8094	6.0500	3747.1582	0.0031	0.0276	362.7597	0.3740	0.0568
	2005	0.8128	6.5100	4256.3129	0.0034	0.0289	364.9973	0.4044	0.0709
	2006	0.8307	6.8400	4907.2920	0.0037	0.0292	367.5013	0.7661	0.0915
	2007	0.8599	6.9400	5648.3221	0.0037	0.0303	369.8988	0.7848	0.1098
	2008	0.8666	5.5800	6477.0210	0.0036	0.0301	372.3495	0.7965	0.1909
	2009	0.8762	5.7200	7169.9602	0.0040	0.0308	374.7469	0.8103	0.2619
	2010	0.8724	5.0700	7966.9725	0.0037	0.0314	383.2712	0.8221	0.3054
	2011	0.8543	5.3000	9518.9338	0.0039	0.0324	385.7752	0.8364	0.3587
	2012	0.8746	5.5800	10714.0368	0.0043	0.0324	388.2792	0.8684	0.4127
	2013	0.9028	5.7700	11520.6055	0.0046	0.0314	390.6766	0.9297	0.4622
	2014	0.9476	6.1900	12128.7378	0.0052	0.0308	393.3937	0.9547	0.4879
	2015	0.9935	5.9500	12793.4141	0.0058	0.0320	395.5781	0.9835	0.5025
	2016	0.9975	6.0400	14284.8327	0.0067	0.0322	397.9755	1.0037	0.5296
	2017	1.0479	6.0392	15839.5479	0.0073	0.0327	400.6393	1.0213	0.6428
北京	2003	1.0017	8.0816	11879.9451	0.0083	0.0298	866.6667	0.8631	0.273352
	2004	0.9881	8.1900	13258.6068	0.0083	0.0315	888.6905	0.8690	0.269257
	2005	1.1449	8.2000	14445.9688	0.0095	0.0312	915.4762	0.8750	0.278283
	2006	1.1255	8.5400	16162.3985	0.0104	0.0321	952.9762	1.2202	0.292317
	2007	1.1242	9.0200	18138.1862	0.0112	0.0331	997.6190	1.2381	0.439737

续表

	年份	区位商	市场化指数	人均消费支出	地区 FDI /全国 FDI	地方财政支出占全国比	人口密度	公路路网密度	互联网普及率
北京	2008	1.1620	7.2300	19573.9130	0.0103	0.0313	1054.1667	1.2083	0.55336
	2009	1.1445	7.3400	21495.8602	0.0116	0.0304	1107.1429	1.2381	0.593011
	2010	1.1717	7.6600	24332.1101	0.0110	0.0302	1167.8571	1.2560	0.620795
	2011	1.1583	7.8300	27365.1313	0.0114	0.0297	1201.7857	1.2679	0.683011
	2012	1.1412	8.3100	29982.0686	0.0132	0.0293	1231.5476	1.2798	0.704688
	2013	1.0941	8.7000	32975.5083	0.0149	0.0298	1258.9286	1.2917	0.735697
	2014	1.0657	9.0800	35741.7751	0.0168	0.0298	1280.9524	1.2976	0.740242
	2015	1.0240	9.3000	39020.7278	0.0302	0.0326	1292.2619	1.3036	0.758637
	2016	0.9548	9.6100	48880.3497	0.0339	0.0341	1293.4524	1.3095	0.777727
	2017	0.9259	9.7389	52931.9668	0.0371	0.0336	1292.2619	1.3214	0.842865
天津	2003	0.9362	7.7268	7727.2008	0.0074	0.0127	894.6903	0.9027	0.143422
	2004	0.9204	7.8600	8566.0156	0.0073	0.0132	906.1947	0.9292	0.188477
	2005	0.8431	7.6500	9417.0662	0.0089	0.0130	923.0088	0.9558	0.219559
	2006	0.8593	8.2800	10452.1860	0.0102	0.0134	951.3274	1.0000	0.24186
	2007	0.9070	8.5900	11817.9372	0.0106	0.0135	986.7257	1.0177	0.257399
	2008	0.8601	6.5300	13783.3333	0.0098	0.0139	1040.7080	1.0708	0.412415
	2009	0.8465	6.5500	14879.3974	0.0106	0.0147	1086.7257	1.2655	0.459283
	2010	0.8087	6.9800	17367.2055	0.0101	0.0153	1149.5575	1.3097	0.498845
	2011	0.7826	7.2900	20197.1956	0.0098	0.0164	1199.1150	1.3451	0.530627
	2012	0.7639	8.8700	22510.1203	0.0105	0.0170	1250.4425	1.3628	0.561217
	2013	0.7558	9.3000	25738.2473	0.0107	0.0182	1302.6549	1.3894	0.588315
	2014	0.7107	9.1700	28069.2815	0.0120	0.0190	1342.4779	1.4248	0.595913
	2015	0.7246	9.4300	32276.1474	0.0144	0.0184	1369.0265	1.4690	0.61797
	2016	0.7017	9.6500	36083.7388	0.0177	0.0197	1382.3009	1.4867	0.639565
	2017	0.6922	9.8164	39037.5723	0.0194	0.0162	1377.8761	1.4602	0.71751

附录 B 62 家零售业上市公司全要素生产率及其分解

表 B-1 62 家零售业上市公司全要素生产率

企业名称	技术效率变化	技术进步指数	纯技术效率指数	规模效率指数	全要素生产率指数	渠道性质
当当	1.201	1.453	1.200	1.000	1.745	网络
京东	1.000	1.563	1.000	1.000	1.563	网络
上海医药	1.723	0.818	1.067	1.615	1.410	多渠道
百联股份	1.546	0.880	1.513	1.022	1.361	多渠道
南京医药	1.537	0.884	1.534	1.002	1.358	多渠道
阿里	1.414	0.953	1.000	1.414	1.348	网络
王府井	1.394	0.925	1.283	1.087	1.289	多渠道
鄂武商 A	1.251	0.998	1.325	0.944	1.249	多渠道
首商股份	1.460	0.847	1.513	0.965	1.236	纯实体
大商股份	1.322	0.885	1.158	1.142	1.169	纯实体
广深铁路	1.051	1.089	1.000	1.051	1.144	纯实体
广百股份	1.136	0.998	1.100	1.033	1.134	多渠道
铁龙物流	1.152	0.983	1.000	1.152	1.132	纯实体
豫园商城	1.409	0.782	0.984	1.433	1.102	纯实体
银座股份	1.115	0.988	1.124	0.992	1.101	多渠道
步步高	1.106	0.975	1.074	1.029	1.078	纯实体
重庆百货	1.169	0.922	1.010	1.158	1.077	多渠道

250

企业名称	技术效率变化	技术进步指数	纯技术效率指数	规模效率指数	全要素生产率指数	渠道性质
武汉中商	1.371	0.784	1.146	1.196	1.076	纯实体
广州友谊	1.071	0.983	1.000	1.071	1.052	多渠道
永辉超市	1.210	0.863	1.195	1.013	1.044	多渠道
天虹商场	1.080	0.958	1.040	1.039	1.035	多渠道
健民集团	1.112	0.926	1.006	1.106	1.030	纯实体
徐家汇	1.078	0.948	1.000	1.078	1.023	多渠道
南京新百	1.066	0.958	1.029	1.036	1.022	纯实体
百大集团	1.091	0.936	1.100	0.992	1.021	多渠道
宏图高科	1.108	0.916	1.203	0.921	1.016	纯实体
飞亚达 A	1.192	0.850	1.154	1.033	1.013	纯实体
三联商社	1.011	0.994	1.000	1.011	1.005	纯实体
大东方	1.073	0.928	0.959	1.119	0.995	纯实体
新世界	1.081	0.918	0.902	1.199	0.993	多渠道
新华百货	1.075	0.919	1.052	1.021	0.988	纯实体
通程控股	1.075	0.918	1.000	1.075	0.986	纯实体
南宁百货	1.012	0.971	1.012	1.000	0.983	多渠道
兰州民百	1.024	0.957	1.056	0.970	0.980	纯实体
友阿股份	0.971	1.004	0.996	0.975	0.974	多渠道
宁波中百	1.000	0.968	1.000	1.000	0.968	纯实体
中兴商业	1.000	0.956	0.967	1.034	0.956	纯实体
北京城乡	1.019	0.937	1.004	1.015	0.955	多渠道
聚美优品	1.000	0.948	1.000	1.000	0.948	网络
友好集团	0.966	0.977	0.962	1.004	0.944	纯实体
杭州解百	0.949	0.993	1.026	0.925	0.943	纯实体
香溢融通	0.966	0.975	1.000	0.966	0.942	纯实体
中百集团	1.238	0.755	1.040	1.190	0.935	多渠道
三江购物	1.005	0.924	1.003	1.002	0.929	多渠道
茂业商业	1.014	0.901	0.894	1.134	0.914	纯实体
华东医药	0.988	0.889	1.000	0.988	0.878	纯实体
东百集团	0.944	0.928	0.873	1.081	0.876	纯实体

续表

企业名称	技术效率变化	技术进步指数	纯技术效率指数	规模效率指数	全要素生产率指数	渠道性质
苏宁云商	0.989	0.879	1.000	0.989	0.869	多渠道
欧亚集团	0.929	0.916	0.973	0.954	0.851	多渠道
美克家居	0.984	0.863	1.188	0.829	0.849	纯实体
第一医药	0.982	0.857	0.967	1.015	0.842	多渠道
合肥百货	0.985	0.851	0.883	1.115	0.839	多渠道
大连友谊	0.955	0.875	0.937	1.020	0.836	纯实体
恒信移动	1.009	0.829	1.008	1.001	0.836	纯实体
唯品会	0.999	0.828	1.000	0.999	0.827	网络
申华控股	0.958	0.814	0.959	0.999	0.779	纯实体
昆百大 A	0.958	0.792	0.894	1.072	0.759	纯实体
高鸿股份	0.984	0.736	0.985	0.999	0.725	纯实体
茂业通信	0.783	0.918	0.968	0.809	0.719	纯实体
人人乐	0.934	0.685	0.934	0.999	0.639	多渠道
国际医学	0.800	0.797	0.866	0.924	0.637	纯实体
海航基础	0.786	0.734	0.817	0.962	0.577	纯实体
多渠道零售企业均值	1.131	0.909	1.064	1.065	1.026	
纯实体零售企业均值	1.050	0.899	1.021	1.030	0.943	
网络零售企业均值	1.123	1.149	1.040	1.083	1.286	
所有企业均值	1.080	0.915	1.038	1.040	0.988	

表 B-2　2015 年 62 家零售上市公司投入产出效率值及规模收益

企业名称	综合效率	纯技术效率	规模效率	规模收益
合肥百货	0.566	0.609	0.929	递减
鄂武商 A	0.535	0.934	0.573	递减
中百集团	0.783	0.784	0.999	递增
广州友谊	1	1	1	—

续表

企业名称	综合效率	纯技术效率	规模效率	规模收益
苏宁云商	1	1	1	—
广百股份	0.835	1	0.835	递减
友阿股份	0.453	0.613	0.739	递减
人人乐	0.76	0.763	0.996	递增
天虹商场	0.592	1	0.592	递减
徐家汇	1	1	1	—
新世界	0.5	0.505	0.991	递减
欧亚集团	0.472	0.651	0.725	递减
南宁百货	0.621	0.621	1	—
重庆百货	1	1	1	—
百联股份	0.512	0.688	0.744	递减
第一医药	0.798	0.876	0.911	递减
银座股份	0.606	0.626	0.968	递减
王府井	0.597	0.766	0.78	递减
北京城乡	0.45	0.545	0.826	递减
百大集团	0.718	1	0.718	递减
三江购物	0.779	0.779	1	—
上海医药	0.696	1	0.696	递减
永辉超市	0.875	1	0.875	递减
南京医药	1	1	1	—
飞亚达 A	0.584	0.761	0.767	递减
通程控股	0.564	0.59	0.956	递减
国际医学	0.395	0.561	0.703	递减
昆百大 A	0.236	0.236	0.999	—
大连友谊	0.364	0.365	0.998	递增
中兴商业	0.663	0.668	0.993	递减
武汉中商	0.772	0.773	0.999	递增
高鸿股份	0.938	0.941	0.997	递减
茂业通信	0.376	0.879	0.427	递减
华东医药	0.951	1	0.951	递减

续表

企业名称	综合效率	纯技术效率	规模效率	规模收益
步步高	0.575	0.608	0.947	递减
恒信移动	0.71	0.714	0.995	递增
宏图高科	0.664	0.962	0.69	递减
铁龙物流	1	1	1	—
大东方	0.816	0.839	0.973	递减
美克家居	0.31	0.673	0.461	递减
海航基础	0.382	0.445	0.858	递减
申华控股	0.841	0.845	0.995	递增
豫园商城	0.737	0.936	0.788	递减
南京新百	0.461	0.5	0.922	递减
东百集团	0.581	0.582	0.999	—
大商股份	0.868	1	0.868	递减
首商股份	0.819	0.944	0.867	递减
兰州民百	0.633	0.804	0.788	递减
友好集团	0.451	0.451	0.999	—
新华百货	0.862	1	0.862	递减
杭州解百	0.637	0.967	0.659	递减
茂业商业	0.64	0.64	0.999	—
香溢融通	0.87	1	0.87	递减
宁波中百	1	1	1	—
三联商社	1	1	1	—
健民集团	1	1	1	—
广深铁路	0.239	1	0.239	递减
京东	1	1	1	—
聚美	1	1	1	—
唯品	0.996	1	0.996	递减
当当	1	1	1	—
阿里	0.901	1	0.901	递减
均值	0.709	0.814	0.876	

注:"—"代表规模收益不变。

附录 C 32 家多渠道零售企业效率 回归数据（2011—2018 年）

表 C-1 32 家多渠道零售企业回归数据（2011—2018 年）

年份	名称	效率	资产 负债率	总资产 周转率	股权 集中度	存货 周转率	成立年数
2011	永辉超市	1.002	0.41726	0.716031	0.107645	1.787979501	3
2011	上海医药	0.995	0.454948	0.834686	0.163198	1.731685633	19
2011	三江购物	1.002	0.527155	1.11486	0.3825	2.402938263	4
2011	百大集团	1.03	0.620873	1.63764	0.129661	−1.167943074	20
2011	北京城乡	1.019	0.289693	0.407843	0.11309	3.271494954	20
2011	王府井	1	0.49258	0.970755	0.242219	3.645420392	19
2011	银座股份	0.996	0.761168	3.187047	0.046206	1.067801473	20
2011	第一医药	1.015	0.335498	0.504886	0.092595	1.783010811	20
2011	百联股份	0.996	0.630425	1.70581	0.192762	2.705581289	19
2011	重庆百货	0.997	0.730921	2.716382	0.238128	2.186695788	20
2011	南京医药	1.001	0.712966	2.483909	0.044606	2.412411044	19
2011	南宁百货	0.999	0.445385	0.803052	0.040478	2.909348827	20
2011	欧亚集团	0.993	0.784468	3.639682	0.05526	2.399480833	6
2011	大商股份	1.005	0.494923	0.979898	0.017397	3.590006184	20
2011	豫园股份	1.004	0.564361	1.295478	0.034996	3.209956122	20
2011	新世界	1.018	0.6164	1.60688	0.064223	4.464653619	19
2011	美克家居	1.016	0.3279	0.487874	0.176144	1.16143152	13

续表

年份	名称	效率	资产负债率	总资产周转率	股权集中度	存货周转率	成立年数
2011	中央商场	1.011	0.902448	9.25091	0.121663	0.40074934	20
2011	开开实业	1.014	0.448443	0.813049	0.035787	2.138343858	19
2011	天虹股份	1.007	0.585997	1.415439	0.312043	2.879528403	5
2011	人人乐	1.003	0.515753	1.065063	0.282263	1.760887462	5
2011	友阿股份	1.002	0.576751	1.362676	0.17142	2.547255431	8
2011	新华都	0.998	0.173071	0.209293	0.191661	3.677319166	6
2011	步步高	1.003	0.679672	2.121801	0.331058	1.76649995	9
2011	广百股份	1.057	0.544206	1.193972	0.285335	4.168440268	10
2011	苏宁易购	0.992	0.708558	2.431216	0.096749	1.734861198	11
2011	中百集团	0.996	0.646195	1.826413	0.017803	1.710220365	23
2011	中兴商业	1.019	0.448881	0.81449	0.116166	3.593210545	16
2011	供销大集	1.003	0.729097	2.69136	0.08023	2.442929474	20
2011	鄂武商A	1	0.743502	2.898667	0.068163	2.408817768	20
2011	合肥百货	1.004	0.321035	0.47283	0.070983	2.370152616	19
2011	海王生物	1.004	0.799178	3.97953	0.07649	1.900808026	20
2012	永辉超市	1.002	0.594529	1.466268	0.099905	1.933680673	4
2012	上海医药	1.001	0.45758	0.843589	0.16106	1.790644348	20
2012	三江购物	0.999	0.50769	1.031242	0.3825	1.940710224	5
2012	百大集团	0.985	0.699646	2.3294	0.142394	-1.400332435	21
2012	北京城乡	0.978	0.327869	0.487805	0.113014	0.668573711	21
2012	王府井	0.991	0.578056	1.369982	0.244356	3.608263853	20
2012	银座股份	0.978	0.751207	3.019401	0.046206	1.545758968	21
2012	第一医药	0.987	0.439807	0.785099	0.092413	1.563434601	21
2012	百联股份	1	0.611784	1.575884	0.192959	2.393608187	20
2012	重庆百货	1.002	0.691446	2.240929	0.238401	2.601151911	21
2012	南京医药	1.006	0.857626	6.023769	0.048082	2.551062378	20
2012	南宁百货	1	0.49014	0.961321	0.040509	2.702360646	21
2012	欧亚集团	1	0.80748	4.194254	0.055734	1.959967311	7
2012	大商股份	1.004	0.677144	2.097355	0.017411	3.579865551	21
2012	豫园股份	1.008	0.411564	0.699419	0.034996	1.726907121	21

续表

年份	名称	效率	资产负债率	总资产周转率	股权集中度	存货周转率	成立年数
2012	新世界	0.983	0.562017	1.283195	0.067576	2.732397648	20
2012	美克家居	0.978	0.333769	0.500981	0.182139	0.216377513	14
2012	中央商场	0.983	0.909504	10.05018	0.252551	0.079210361	21
2012	开开实业	0.975	0.638169	1.763721	0.071019	1.785066454	20
2012	天虹股份	0.993	0.580714	1.385007	0.312043	3.253500686	6
2012	人人乐	1.003	0.548759	1.216112	0.282263	1.982116847	6
2012	友阿股份	1.001	0.496785	0.987223	0.171096	2.05017814	9
2012	新华都	0.995	0.613916	1.590111	0.187506	1.998416529	7
2012	步步高	0.998	0.678836	2.113671	0.331461	1.932370182	10
2012	广百股份	1.007	0.545698	1.201179	0.285335	3.265269023	11
2012	苏宁易购	0.985	0.617766	1.616197	0.090223	1.546808182	12
2012	中百集团	1.03	0.63168	1.715033	0.022346	1.921986973	24
2012	中兴商业	0.988	0.454237	0.832297	0.115908	3.447710575	21
2012	供销大集	0.983	0.67882	2.113522	0.164946	2.739509979	21
2012	鄂武商 A	0.998	0.760921	3.18272	0.071571	2.626173184	26
2012	合肥百货	0.988	0.539711	1.172547	0.070531	2.484686042	20
2012	海王生物	0.999	0.819737	4.547435	0.076495	2.044894351	21
2013	永辉超市	1.002	0.544024	1.193096	0.093919	1.997548227	5
2013	上海医药	1.001	0.48499	0.941711	0.156284	1.821636829	21
2013	三江购物	0.998	0.492316	0.969731	0.3825	1.885462753	6
2013	百大集团	1.036	0.56607	1.304522	0.096218	4.627741995	22
2013	北京城乡	1.007	0.354385	0.548911	0.113376	0.439447123	22
2013	王府井	1.005	0.553541	1.239845	0.244249	3.725868713	21
2013	银座股份	0.999	0.747605	2.962046	0.068191	1.538995491	22
2013	第一医药	1.015	0.414802	0.708823	0.092413	1.567546179	22
2013	百联股份	1	0.609161	1.558597	0.192765	2.374216773	21
2013	重庆百货	1	0.615592	1.6014	0.276315	2.621441216	22
2013	南京医药	1.001	0.864374	6.373192	0.046226	2.424372545	21
2013	南宁百货	0.996	0.510663	1.04358	0.040593	2.75417262	22
2013	欧亚集团	0.997	0.797805	3.945724	0.05656	1.786572708	8

续表

年份	名称	效率	资产负债率	总资产周转率	股权集中度	存货周转率	成立年数
2013	大商股份	1.005	0.633316	1.727144	0.017521	3.371075883	22
2013	豫园股份	1.001	0.480514	0.924981	0.040091	1.471891384	22
2013	新世界	1.003	0.5315	1.13447	0.063983	2.694035316	21
2013	美克家居	1.027	0.282634	0.393988	0.174695	0.138057012	15
2013	中央商场	1.034	0.871188	6.763238	0.259645	0.042213346	22
2013	开开实业	1.01	0.61761	1.615133	0.071019	1.668905347	21
2013	天虹股份	1.002	0.588426	1.429699	0.312043	2.588385722	7
2013	人人乐	0.998	0.565756	1.302855	0.282263	1.837837705	7
2013	友阿股份	1	0.528077	1.11899	0.168469	1.80288172	10
2013	新华都	0.995	0.738875	2.829585	0.185439	2.13709316	8
2013	步步高	0.996	0.604818	1.530478	0.228623	1.730331838	11
2013	广百股份	0.965	0.540109	1.174426	0.296045	3.033403229	12
2013	苏宁易购	0.995	0.651036	1.865622	0.093338	1.587144245	13
2013	中百集团	1.029	0.667444	2.007016	0.047136	1.775184697	25
2013	中兴商业	1.004	0.422104	0.730415	0.117751	3.770587175	18
2013	供销大集	1.003	0.746669	2.947412	0.130866	2.707290579	22
2013	鄂武商A	1.005	0.752536	3.040992	0.080733	2.623406347	22
2013	合肥百货	0.999	0.540901	1.178178	0.060695	2.465924796	21
2013	海王生物	0.997	0.764565	3.247463	0.067121	2.068006535	22
2014	永辉超市	1.007	0.582403	1.394652	0.084936	2.076535072	6
2014	上海医药	1.004	0.516648	1.068885	0.156228	1.822669139	22
2014	三江购物	1.04	0.439503	0.78413	0.379393	2.108298763	7
2014	百大集团	1.054	0.280752	0.39034	0.096148	6.061751123	23
2014	北京城乡	1.033	0.476475	0.910128	0.11391	−0.224890076	23
2014	王府井	1.012	0.498941	0.995771	0.244054	3.622609862	22
2014	银座股份	1.016	0.749932	2.998914	0.06903	1.491569048	23
2014	第一医药	1.059	0.397796	0.660566	0.094868	1.470367551	23
2014	百联股份	0.992	0.562769	1.28712	0.19409	−0.848842386	22
2014	重庆百货	1.006	0.608689	1.555513	0.25034	2.616310719	23
2014	南京医药	1.006	0.78549	3.661788	0.087196	2.490831314	22

年份	名称	效率	资产负债率	总资产周转率	股权集中度	存货周转率	成立年数
2014	南宁百货	1.036	0.479597	0.921587	0.038991	2.530139701	23
2014	欧亚集团	1.008	0.78783	3.713203	0.055748	1.325853832	9
2014	大商股份	1.009	0.571165	1.331902	0.017521	3.522643862	23
2014	豫园股份	1.006	0.419335	0.722163	0.050203	1.768154552	23
2014	新世界	1.03	0.497564	0.990305	0.063983	2.59492622	22
2014	美克家居	1.045	0.286707	0.401948	0.175386	-0.251840138	16
2014	中央商场	1.012	0.875725	7.046661	0.259472	-0.432677016	23
2014	开开实业	1.075	0.551608	1.230194	0.071168	1.730413181	22
2014	天虹股份	1.014	0.602747	1.517287	0.307381	2.236494648	8
2014	人人乐	1.01	0.606144	1.538998	0.281824	1.785536144	8
2014	友阿股份	1.021	0.554804	1.246204	0.129731	1.137047116	11
2014	新华都	1.027	0.724518	2.630001	0.199431	2.029891332	9
2014	步步高	1.026	0.615598	1.601444	0.228461	1.86101093	12
2014	广百股份	1.032	0.472352	0.895202	0.295083	3.346193281	13
2014	苏宁易购	1.001	0.640644	1.782757	0.093338	1.749883447	14
2014	中百集团	0.884	0.655902	1.906148	0.056892	1.944036824	26
2014	中兴商业	1.036	0.507915	1.03217	0.134756	3.417045402	19
2014	供销大集	1.034	0.765431	3.263135	0.154548	4.031445159	23
2014	鄂武商 A	1.014	0.759467	3.157434	0.086207	2.709299487	23
2014	合肥百货	1.02	0.532677	1.139847	0.071911	2.263553474	22
2014	海王生物	1.021	0.814926	4.403249	0.060912	2.122642305	23
2015	永辉超市	0.992	0.395138	0.653269	0.094125	2.073096203	7
2015	上海医药	0.999	0.54525	1.19901	0.156292	1.815460208	24
2015	三江购物	0.978	0.436032	0.77315	0.378687	2.070192274	8
2015	百大集团	0.989	0.171489	0.206984	0.096288	6.288272402	24
2015	北京城乡	0.984	0.483679	0.93678	0.115011	0.286894763	24
2015	王府井	0.995	0.470582	0.888865	0.24501	3.498636687	23
2015	银座股份	1.004	0.714754	2.505741	0.075585	1.967438877	24
2015	第一医药	0.982	0.36341	0.570871	0.094841	1.572848407	24
2015	百联股份	0.998	0.549517	1.219839	0.194179	2.422354066	23

259

续表

年份	名称	效率	资产负债率	总资产周转率	股权集中度	存货周转率	成立年数
2015	重庆百货	0.995	0.598863	1.492916	0.203536	2.857828766	24
2015	南京医药	0.998	0.786691	3.688024	0.087145	2.415670177	23
2015	南宁百货	0.986	0.501571	1.006302	0.046759	2.683500235	24
2015	欧亚集团	0.996	0.784315	3.636381	0.06104	1.186080284	10
2015	大商股份	0.988	0.599343	1.495901	0.02329	2.886118057	24
2015	豫园股份	0.988	0.508954	1.03647	0.042641	1.303532397	24
2015	新世界	1	0.457015	0.841672	0.075531	2.389095211	23
2015	美克家居	0.982	0.366101	0.577537	0.114616	−0.453336894	17
2015	中央商场	0.99	0.894146	8.447005	0.196711	−0.622220979	24
2015	开开实业	0.965	0.49774	0.991001	0.071019	1.70968172	23
2015	天虹股份	0.994	0.602885	1.518164	0.273201	2.552902547	9
2015	人人乐	0.998	0.637748	1.760509	0.277147	1.700310077	9
2015	友阿股份	0.987	0.641219	1.787217	0.134562	0.802137451	12
2015	新华都	0.986	0.823108	4.653166	0.201432	1.996353096	10
2015	步步高	0.991	0.592982	1.456892	0.17561	1.891424396	13
2015	广百股份	0.954	0.453592	0.830134	0.284907	3.408082127	14
2015	苏宁易购	1.003	0.637527	1.758825	0.092973	2.114028096	15
2015	中百集团	0.996	0.654269	1.892418	0.062085	1.970318819	27
2015	中兴商业	0.988	0.47122	0.891145	0.134756	3.767954232	20
2015	供销大集	0.995	0.74073	2.856979	0.177491	3.491937742	24
2015	鄂武商 A	0.996	0.767476	3.300623	0.075413	2.737509646	24
2015	合肥百货	0.992	0.530825	1.131403	0.072511	2.035427479	23
2015	海王生物	1.002	0.832078	4.955152	0.058354	2.186327306	24
2016	永辉超市	0.992	0.34638	0.529942	0.086236	1.988605314	8
2016	上海医药	1	0.554831	1.24634	0.156295	1.870193345	24
2016	三江购物	0.984	0.402515	0.673682	0.368571	2.134100404	9
2016	百大集团	0.988	0.175312	0.21258	0.096056	6.58801425	25
2016	北京城乡	0.987	0.462715	0.86121	0.112625	0.311204244	25
2016	王府井	0.985	0.400103	0.666954	0.164069	3.567191874	24
2016	银座股份	0.99	0.730175	2.706106	0.075585	1.855082877	25

年份	名称	效率	资产负债率	总资产周转率	股权集中度	存货周转率	成立年数
2016	第一医药	0.984	0.379057	0.610453	0.094699	1.463659256	25
2016	百联股份	0.991	0.560917	1.277472	0.21154	2.351475919	24
2016	重庆百货	1	0.611818	1.576111	0.204244	2.396482457	25
2016	南京医药	1	0.780163	3.548828	0.087779	2.280431913	24
2016	南宁百货	0.983	0.526513	1.111992	0.052915	2.614492352	25
2016	欧亚集团	0.993	0.754093	3.066582	0.06513	1.104634121	11
2016	大商股份	0.992	0.605322	1.533714	0.044208	2.54579312	25
2016	豫园股份	0.979	0.528105	1.119117	0.042641	1.398764781	25
2016	新世界	0.988	0.305864	0.44064	0.066791	2.709096454	24
2016	美克家居	0.985	0.376878	0.604823	0.080124	-0.118345569	18
2016	中央商场	0.994	0.891875	8.24859	0.194554	-0.71934127	25
2016	开开实业	0.967	0.51817	1.075421	0.071019	1.623264089	24
2016	天虹股份	0.982	0.620661	1.636164	0.253962	2.215484621	10
2016	人人乐	0.999	0.592059	1.451338	0.277147	1.653653821	10
2016	友阿股份	0.981	0.520519	1.085589	0.098443	0.451042498	13
2016	新华都	0.996	0.552342	1.233848	0.159371	1.824020927	11
2016	步步高	0.995	0.559716	1.271264	0.155089	1.731833405	14
2016	广百股份	0.986	0.394999	0.652889	0.28492	3.380542055	15
2016	苏宁易购	0.988	0.490243	0.961719	0.123871	2.179441163	16
2016	中百集团	0.986	0.668667	2.018112	0.062085	1.870721439	28
2016	中兴商业	0.981	0.429003	0.751322	0.134622	3.625824845	21
2016	供销大集	0.968	0.361606	0.566431	0.031903	0.127749208	25
2016	鄂武商 A	1.002	0.659722	1.938777	0.06246	2.722360715	25
2016	合肥百货	0.99	0.551745	1.230875	0.147348	1.837109278	24
2016	海王生物	0.984	0.647212	1.834565	0.211061	2.054090913	25
2017	永辉超市	1.002	0.379137	0.610662	0.086236	8.309175	9
2017	上海医药	0.999	0.579458	1.377882	0.152524	6.608163	25
2017	三江购物	1.008	0.408079	0.689414	0.271706	9.638587	10
2017	百大集团	1.014	0.214408	0.272925	0.096557	716.07089	26
2017	北京城乡	1.003	0.394444	0.651375	0.112636	1.508052	26

年份	名称	效率	资产负债率	总资产周转率	股权集中度	存货周转率	成立年数
2017	王府井	1.012	0.465585	0.871206	0.164069	26.905392	25
2017	银座股份	1.003	0.724592	2.63098	0.075585	6.458769	26
2017	第一医药	1.002	0.371404	0.590847	0.1956	6.360493	26
2017	百联股份	1.003	0.545111	1.198338	0.212148	13.015448	25
2017	重庆百货	1	0.611253	1.57237	0.204752	10.749875	26
2017	南京医药	1.001	0.799907	3.997677	0.087201	9.762491	25
2017	南宁百货	1.007	0.524702	1.103943	0.052915	10.473976	26
2017	欧亚集团	0.996	0.763551	3.22925	0.06513	3.425518	12
2017	大商股份	1.003	0.56587	1.303457	0.07706	7.846762	26
2017	豫园股份	1.004	0.527574	1.116733	0.042641	4.67518	26
2017	新世界	1.011	0.25776	0.347273	0.066791	13.243666	25
2017	美克家居	1.001	0.287802	0.404104	0.063601	1.246201	19
2017	中央商场	1.015	0.893923	8.427141	0.194554	0.613806	26
2017	开开实业	1.03	0.517983	1.074615	0.071019	5.291809	25
2017	天虹股份	1.003	0.608818	1.556353	0.253956	10.084911	11
2017	人人乐	0.996	0.662992	1.967289	0.277147	5.647848	11
2017	友阿股份	1.005	0.527469	1.116261	0.094273	1.955589	14
2017	新华都	1.009	0.541798	1.182442	0.159371	6.625473	12
2017	步步高	1	0.595361	1.471338	0.155089	6.680252	15
2017	广百股份	1.024	0.384643	0.625073	0.284848	35.25147	16
2017	苏宁易购	1.003	0.468277	0.880678	0.123871	8.701823	17
2017	中百集团	1.002	0.581445	1.389173	0.082239	9.938621	29
2017	中兴商业	1.01	0.40653	0.685005	0.134622	41.051437	22
2017	供销大集	1.032	0.43963	0.784537	0.031858	3.459168	26
2017	鄂武商A	1.016	0.601671	1.510491	0.062524	6.208045	26
2017	合肥百货	1	0.572341	1.338312	0.148773	5.80459	25
2017	海王生物	1.002	0.790469	3.772571	0.211567	6.412154	26
2018	永辉超市	0.987	0.485327	0.942981	0.067621	7.229601	10
2018	上海医药	0.985	0.631766	1.715665	0.167122	4.348253	26
2018	三江购物	0.948	0.293864	0.416158	0.228789	8.368665	11

续表

年份	名称	效率	资产负债率	总资产周转率	股权集中度	存货周转率	成立年数
2018	百大集团	0.975	0.130068	0.149515	0.108447	126.885452	27
2018	北京城乡	0.95	0.353648	0.547144	0.117332	1.053975	27
2018	王府井	0.987	0.465671	0.871505	0.089717	17.927302	26
2018	银座股份	0.988	0.756017	3.098651	0.075585	4.942489	27
2018	第一医药	0.95	0.397904	0.660863	0.195524	3.021535	27
2018	百联股份	0.987	0.555746	1.250963	0.213109	10.661923	26
2018	重庆百货	0.988	0.596792	1.48011	0.208827	8.976788	27
2018	南京医药	0.991	0.780481	3.55541	0.079915	6.620083	26
2018	南宁百货	0.971	0.508144	1.033115	0.048966	11.038429	27
2018	欧亚集团	0.98	0.754009	3.065183	0.066471	2.893006	13
2018	大商股份	0.984	0.537197	1.160748	0.083052	3.68734	27
2018	豫园股份	0.977	0.609005	1.557579	0.082656	0.603112	27
2018	新世界	0.97	0.215785	0.27516	0.066791	8.568678	26
2018	美克家居	0.97	0.438247	0.780143	0.08056	0.80268	20
2018	中央商场	0.974	0.878496	7.230158	0.19429	0.543471	27
2018	开开实业	0.943	0.491379	0.966099	0.071019	3.903933	26
2018	天虹股份	0.987	0.590341	1.441054	0.248033	8.08794	12
2018	人人乐	0.989	0.671968	2.04848	0.277147	3.85973	12
2018	友阿股份	0.982	0.529974	1.127542	0.094273	1.410317	15
2018	新华都	0.983	0.559189	1.268545	0.090395	4.689959	13
2018	步步高	0.984	0.592678	1.45506	0.131018	5.876016	16
2018	广百股份	1.031	0.368502	0.583536	0.28492	27.789448	17
2018	苏宁易购	0.99	0.527976	1.118538	0.123871	7.293909	18
2018	中百集团	0.984	0.543498	1.190573	0.082239	7.930055	30
2018	中兴商业	0.962	0.411331	0.698748	0.129383	33.128222	23
2018	供销大集	0.971	0.431205	0.758104	0.031239	2.049923	27
2018	鄂武商 A	0.979	0.622934	1.652055	0.062524	3.956584	27
2018	合肥百货	0.976	0.570457	1.328054	0.148773	4.036132	26
2018	海王生物	0.987	0.799534	3.988383	0.211616	6.370773	27

附录1 新零售企业竞争力评价指标体系权重调查问卷

尊敬的专家：

您好，在"新零售企业竞争力评价"研究中，本课题欲构建一套针对新零售企业竞争力的评价指标体系，现需确定各指标的权重，得知您在这一领域有着较深入的理论研究和实践经验，希望您能抽时间完成此问卷。

真诚感谢您给予的帮助与支持。

1.问卷说明部分

该问卷调查目的是确定指标体系权重，具体指标体系见下表，并通过专家评分法进行计算确定。

2.具体指标体系

表 9-1　竞争力评价指标体系

一级指标	二级指标	三级指标	指 标 说 明
竞争力评价指标	诚信因子	安全度	产品安全、隐私安全、支付安全
		美誉度	企业可信度、企业知名度、服务满意度
		真实度	产品宣传真实度、活动宣传真实度、服务承诺真实度
	效用因子	产品效用	产品质量、产品多样性、产品知名度
		情感效用	消费环境舒适度、消费满足度、顾客和企业的社会交往程度
		成本节约	经济成本节约、时间成本节约、精神成本节约

续表

一级指标	二级指标	三级指标	指 标 说 明
竞争力评价指标	服务因子	创新服务	体验创新、场景创新、物流创新
		物流服务	需求响应速度、时效性、配送质量
		售后服务	服务速度、服务价格、人员素质
	联通因子	入口联通	各种入口和渠道,即社交媒体入口、实体店、网店入口、移动渠道、网络渠道、实体渠道的联通程度
		互动联通	企业与顾客互动的频率、互动的深度和互动的广度
		数据关联	竞争者数据、产品数据和消费者行为数据的关联和融通程度
	成长因子	环境感知能力	市场预警能力、环境信息解读能力、产业规律认知能力
		变革创新能力	管理者和员工的素质、核心人才匹配度、技术开发与服务能力、企业技术合作能力
		组织能力	组织的柔性、企业内外部资源整合能力、组织学习能力、跨部门合作能力

3.问卷举例说明

您填制的结果反映的是指标间的相对重要程度。

具体见下例:U 表示评价元指标,U_{ij} 的数值表示 U_j 相比 U_i 对竞争力的重要程度。$U_{ij} = 1/U_{ji}$。

表 9-2 竞争力评价指标二级指标权重矩阵

竞争力评价指标	诚信因子 U_{1j}	效用因子 U_{2j}	服务因子 U_{3j}	联通因子 U_{4j}	成长因子 U_{5j}
诚信因子 U_{1j}	1(U_{11})	3(U_{12})	3(U_{13})	5(U_{14})	4(U_{15})
效用因子 U_{2j}		1(U_{22})	3(U_{23})	1/3(U_{24})	1/5(U_{25})
服务因子 U_{3j}			1(U_{33})	1/5(U_{34})	3(U_{35})
联通因子 U_{4j}				1(U_{44})	5(U_{45})
成长因子 U_{5j}					1(U_{55})

其中只需要您填写右上角的区域,左下角的区域将从您右上角所填数值推出。

表 9-3　U_{ji} 取值含义表

U_{ij} 的取值	含　义
1	U_i 与 U_j 同等重要
2	U_i 较 U_j 稍微重要
3	U_i 较 U_j 明显重要
4	U_i 较 U_j 相当重要
5	U_i 较 U_j 极其重要
$U_{ji} = 1/\ U_{ij}$	表示 U_j 相对 U_i 的不重要性(可取值为 1,1/2,1/3,1/4,1/5)

指标意义:

表 1 中 U_{11} 的值为 1,表示诚信因子相对诚信因子对竞争力的作用同等重要。

U_{12} 填的值为 3,表示诚信因子相对效用因子对竞争力的作用明显重要。

U_{24} 填的值为 1/3,表示效用因子相对联通因子对竞争力的不重要程度,由于 $U_{ij} = 1/U_{ji}$,即表示的意思是联通因子相对于效用因子对竞争力明显重要。

4.具体指标评价部分

(1)竞争力评价二级指标权重矩阵

表 9-4　竞争力评价二级指标权重矩阵

竞争力评价指标	诚信因子	效用因子	服务因子	联通因子	成长因子
诚信因子	1				
效用因子		1			
服务因子			1		
联通因子				1	
成长因子					1

（2）三级指标比较

表 9-5　诚信因子指标权重矩阵

诚信因子	安全度	美誉度	真实度
安全度	1		
美誉度		1	
真实度			1

表 9-6　效用因子指标权重矩阵

诚信因子	产品效用	情感效用	成本节约
产品效用	1		
情感效用		1	
成本节约			1

表 9-7　服务因子指标权重矩阵

服务因子	创新服务	物流服务	售后服务
创新服务	1		
物流服务		1	
售后服务			1

表 9-8　联通因子指标权重矩阵

联通因子	入口联通	互动联通	数据关联
入口联通	1		
互动联通		1	
数据关联			1

表 9-9　成长因子指标权重矩阵

成长因子	环境感知能力	变革创新能力	组织能力
环境感知能力	1		
变革创新能力		1	
组织能力			1

附录2　永辉竞争力调查问卷

尊敬的消费者：

您好！我们目前正以永辉作为研究对象开展关于新零售企业竞争力的研究。为了更加全面、客观地评价永辉的竞争力，我们设置了以下问卷。问卷共分为三个部分，第一部分主要调查您对永辉基本情况的认知；第二部分主要考察永辉的竞争力；第三部分为基本信息部分。请您认真阅读问卷中的题项，按照要求作答。您的意见和反馈对我们的研究至关重要。最后，非常感谢您能在百忙之中抽出时间接受调研，您的作答将给予我们莫大的帮助，祝您身体健康，万事如意！

第一部分：基本情况

1.您是否在永辉购物过？

A 是　　　B 否(如选择此项可停止作答)

2.您在永辉的哪种业态上购买过商品？

A 红标店　B 绿标店　C 精品店　D 会员店　E 超级物种　F 线上平台

3.下列永辉的互联网赋能方案中，您认为哪一种最有价值？

A 多渠道有效触达，实现门店智慧引流

B 一键扫码入会，实现会员追踪营销

C 融合线上线下,促进门店成交转化

D 通过数据洞察消费者行为和兴趣偏好

4.您认为永辉在物流配送上有哪些地方需要进一步改进?

A 订单响应速度　B 配送的时效性　C 配送质量　D 配送追踪

5.您认为和其他零售企业相比,永辉的支付方式:

A 安全性更高　B 保密性更好　C 支付速度更快　D 操作更加简单

6.您认为和其他零售企业相比,永辉的购买渠道:

A 更加多样化　B 可触达性更强　C 效率更高　D 协同性更高

7.您认为永辉今后的新零售布局应该更重视哪一个环节?

A 供应链　　　B 数字化　　　C 物流　　　D 终端　　　E 支付

第二部分:模糊综合评价调查

请您仔细阅读表1,在充分了解各竞争力评价指标的基础之上,确定指标体系中评语集的模糊隶属度,并在表2的相应的位置打"√"(调查说明:以下的调查中评语高的分数为100分,较高的分数为80分,一般的分数为60分,较低的分数为40分,低的分数为20分。)

表 9-10　永辉竞争力评价指标

一级指标	二级指标	三级指标	指　标　说　明
竞争力评价指标	诚信因子	安全度	产品安全、隐私安全、支付安全
		美誉度	企业可信度、企业知名度、服务满意度
		真实度	产品宣传真实度、活动宣传真实度、服务承诺真实度
	效用因子	产品效用	产品质量、产品多样性、产品知名度
		情感效用	消费环境舒适度、消费满足度、顾客和企业的社会交往程度
		成本节约	经济成本节约、时间成本节约、精神成本节约

续表

一级指标	二级指标	三级指标	指　标　说　明
竞争力评价指标	服务因子	创新服务	体验创新、场景创新、物流创新
		物流服务	需求响应速度、时效性、配送质量
		售后服务	服务速度、服务价格、人员素质
	联通因子	入口联通	各种入口和渠道,即社交媒体入口、实体店、网店入口、移动渠道、网络渠道、实体渠道的联通程度
		互动联通	企业与顾客互动的频率、互动的深度和互动的广度
		数据关联	竞争者数据、产品数据和消费者行为数据的关联和融通程度
	成长因子	环境感知能力	市场预警能力、环境信息解读能力、产业规律认知能力
		变革创新能力	管理者和员工的素质、核心人才匹配度、技术开发与服务能力、企业技术合作能力
		组织能力	组织的柔性、企业内外部资源整合能力、组织学习能力、跨部门合作能力

表9-11　永辉竞争力模糊隶属度调查表

		高（100分）	较高（80分）	一般（60分）	较低（40分）	低（20分）
诚信因子	安全度					
	美誉度					
	真实度					
效用因子	产品效用					
	情感效用					
	成本节约					
服务因子	创新服务					
	物流服务					
	售后服务					
联通因子	入口联通					
	互动联通					
	数据关联					

续表

		高 （100分）	较高 （80分）	一般 （60分）	较低 （40分）	低 （20分）
成长因子	环境感知能力					
	变革创新能力					
	组织能力					

第三部分：基本信息

1. 您的性别：

A 男　　　B 女

2. 您的年龄：

A 20 岁以下　　　B 21—35 岁　　　C 36—50 岁　　　D 50 岁以上

3. 您的学历：

A 初中及以下　　　B 高中　　　C 大专或本科　　　D 硕士及以上

4. 您的月收入？

A 5000 元以下　　　B 5001 元—8000 元　　　C 8001 元—10000 元

D 10000 元以上

附录3 大润发竞争力调查问卷

尊敬的消费者：

您好，我们目前正以大润发作为研究对象开展关于新零售企业竞争力的研究。为了更加全面、客观地评价大润发的竞争力，我们设置了以下问卷。问卷共分为三个部分，第一部分主要调查您对大润发基本情况的认知；第二部分主要考察大润发的竞争力；第三部分为基本信息部分。请您认真阅读问卷中的题项，按照要求作答。您的意见和反馈对我们的研究至关重要。最后，非常感谢您能在百忙之中抽出时间接受调研，您的作答将给予我们莫大的帮助，祝您身体健康，万事如意！

第一部分：基本情况

1. 您是否在大润发购物过？

A 是　　　B 否（如选择此项可停止作答）

2. 您是否在大润发优鲜上购买过商品？

A 是　　　B 否

3. 下列大润发的互联网赋能方案中，您认为哪一种最有价值？

A 多渠道有效触达，实现门店智慧引流

B 一键扫码入会，实现会员追踪营销

C 融合线上线下,促进门店成交转化

D 通过数据洞察消费者行为和兴趣偏好

4.您认为大润发在物流配送上有哪些地方需要进一步改进?

A 订单响应速度　　B 配送的时效性　　C 配送质量　　D 配送追踪

5.您认为和其他零售企业相比,大润发的支付方式:

A 安全性更高　B 保密性更好　C 支付速度更快　D 操作更加简单

6.您认为和其他零售企业相比,大润发的购买渠道:

A 更加多样化　　B 可触达性更强　　C 效率更高　　D 协同性更高

7.您认为大润发今后的新零售布局应该更重视哪一个环节?

A 供应链　　B 数字化　　C 物流　　D 终端　　E 支付

第二部分:模糊综合评价调查

请您仔细阅读表1,在充分了解各竞争力评价指标的基础之上,确定指标体系中评语集的模糊隶属度,并在表2的相应的位置打"√"(调查说明:以下的调查中评语高的分数为100分,较高的分数为80分,一般的分数为60分,较低的分数为40分,低的分数为20分。)

表9-12　大润发竞争力评价指标说明

一级指标	二级指标	三级指标	指标说明
竞争力评价指标	诚信因子	安全度	产品安全、隐私安全、支付安全
		美誉度	企业可信度、企业知名度、服务满意度
		真实度	产品宣传真实度、活动宣传真实度、服务承诺真实度
	效用因子	产品效用	产品质量、产品多样性、产品知名度
		情感效用	消费环境舒适度、消费满足度、顾客和企业的社会交往程度
		成本节约	经济成本节约、时间成本节约、精神成本节约

一级指标	二级指标	三级指标	指　标　说　明
竞争力评价指标	服务因子	创新服务	体验创新、场景创新、物流创新
		物流服务	需求响应速度、时效性、配送质量
		售后服务	服务速度、服务价格、人员素质
	联通因子	入口联通	各种入口和渠道,即社交媒体入口、实体店、网店入口、移动渠道、网络渠道、实体渠道的联通程度
		互动联通	企业与顾客互动的频率、互动的深度和互动的广度
		数据关联	竞争者数据、产品数据和消费者行为数据的关联和融通程度
	成长因子	环境感知能力	市场预警能力、环境信息解读能力、产业规律认知能力
		变革创新能力	管理者和员工的素质、核心人才匹配度、技术开发与服务能力、企业技术合作能力
		组织能力	组织的柔性、企业内外部资源整合能力、组织学习能力、跨部门合作能力

表9-13　大润发竞争力模糊隶属度调查表

		高（100分）	较高（80分）	一般（60分）	较低（40分）	低（20分）
诚信因子	安全度					
	美誉度					
	真实度					
效用因子	产品效用					
	情感效用					
	成本节约					
服务因子	创新服务					
	物流服务					
	售后服务					
联通因子	入口联通					
	互动联通					
	数据关联					

		高 （100 分）	较高 （80 分）	一般 （60 分）	较低 （40 分）	低 （20 分）
成长因子	环境感知能力					
	变革创新能力					
	组织能力					

第三部分：基本信息

1. 您的性别：

A 男　　　B 女

2. 您的年龄：

A 20 岁以下　　　B 21—35 岁　　　C 36—50 岁　　　D 50 岁以上

3. 您的学历：

A 初中及以下　　　B 高中　　　C 大专或本科　　　D 硕士及以上

4. 您的月收入？

A 5000 元以下　　　B 5001 元—8000 元　　　C 8001 元—10000 元

D 10000 元以上

附录4 永辉、大润发访谈提纲

访谈目的：

　　本次访谈主要是想进一步探究驱动传统零售企业转型的因素及新零售进程中零售业竞争力的情况。

　　访谈对象：永辉郑州市凤凰城店门店经理、市场部经理、员工代表

　　大润发郑州市陇海路店门店经理、市场部经理、员工代表

　　1. 企业发展历程中有哪些节点让人印象深刻？

　　2. 如何看待企业的信息化发展？

　　3. 企业在数字化过程中，最关键的因素是什么？

　　4. 永辉/大润发的运营效率怎样评价？

　　5. 永辉/大润发给顾客提供的特殊服务有哪些？

　　6. 永辉/大润发与同行相比的竞争优势在哪里？企业是如何保持这种竞争优势的？

　　7. 如何看待当前的新零售？

　　8. 驱动企业转型新零售的动因是什么？

　　9. 面对新起点，企业如何规划未来？

责任编辑：王怡石
封面设计：石笑梦
版式设计：胡欣欣

图书在版编目（CIP）数据

基于渠道变革、时空质均衡发展的零售业竞争力提升研究/雷蕾 著. —
　北京：人民出版社，2021.10
ISBN 978－7－01－023055－9

Ⅰ.①基…　Ⅱ.①雷…　Ⅲ.①零售企业-企业竞争-竞争力-研究-中国
Ⅳ.①F724.2

中国版本图书馆 CIP 数据核字（2021）第 013411 号

基于渠道变革、时空质均衡发展的零售业竞争力提升研究
JIYU QUDAO BIANGE SHIKONGZHI JUNHENG FAZHAN DE
LINGSHOUYE JINGZHENGLI TISHENG YANJIU

雷　蕾　著

人民出版社 出版发行
（100706　北京市东城区隆福寺街 99 号）

北京汇林印务有限公司印刷　新华书店经销

2021 年 10 月第 1 版　2021 年 10 月北京第 1 次印刷
开本：710 毫米×1000 毫米 1/16　印张：17.75
字数：285 千字

ISBN 978－7－01－023055－9　定价：88.00 元

邮购地址 100706　北京市东城区隆福寺街 99 号
人民东方图书销售中心　电话 （010）65250042　65289539